L'INQUIÉTANTE VÉRITÉ

Sheera Frenkel et Cecilia Kang

L'INQUIÉTANTE VÉRITÉ

Comment Facebook cherche à dominer le monde

Traduit de l'américain par Nathalie Cunnington, Valérie Le Plouhinec et Béatrice Taupeau

Albin Michel

NOTE DES AUTRICES

Ce livre est issu de plus de mille heures d'entretiens avec plus de quatre cents personnes, majoritairement des cadres et des employés ou ex-employés ainsi que leur famille, leurs amis et leurs camarades de classe, mais également des investisseurs et des conseillers de Facebook. Nous avons aussi puisé dans des interviews données par plus de cent législateurs et régulateurs et leurs conseillers, militants de la défense des consommateurs et de la vie privée, chercheurs aux États-Unis, en Europe, au Moyen-Orient, en Amérique du Sud et en Asie. Les personnes interviewées ont participé directement aux événements décrits ou, dans de rares cas, en ont été informées par des témoins directs. Les mentions de journalistes du *New York Times* dans certaines scènes se rapportent à nous et/ou à nos collègues.

Le livre s'appuie sur des e-mails, mémos et rapports inédits, rédigés ou approuvés par des cadres de haut niveau. La plupart des personnes interviewées se rappelaient en détail les conversations relatées et nous ont fourni des notes prises sur le moment, des agendas et autres documents que nous avons utilisés pour procéder à des recoupements et à des vérifications. En raison de procès d'État et fédéraux en cours contre Facebook, de clauses de confidentialité dans les contrats d'embauche et de craintes de représailles, la majorité des personnes interrogées ont parlé à la condition d'être identifiées comme sources anonymes plutôt que par leur nom. Dans la plupart des cas, les scènes ont été confirmées par plusieurs personnes, y compris des témoins directs ou indirects. Par conséquent, le lecteur ne doit pas partir du principe que l'individu qui parle dans telle ou telle scène est celui qui a fourni l'information. Si les porte-parole de Facebook voulaient contester la réalité d'un événement, la description d'un cadre dirigeant ou le déroulement d'une scène, qu'ils sachent que plusieurs témoins directs ont confirmé notre récit.

Les personnes qui nous ont parlé, souvent au péril de leur carrière, nous ont été indispensables pour écrire ce livre. Sans leurs témoignages, l'histoire de l'expérience sociale la plus lourde de conséquences de notre époque n'aurait pu être entièrement racontée. Elles ont rendu possible une rare incursion au sein d'une entreprise qui revendique la mission de créer un monde connecté fait de libre expression, mais dont la culture interne exige le secret et une loyauté sans faille.

Si Zuckerberg et Sandberg avaient d'abord informé leurs communicants qu'ils tenaient à ce que leur point de vue soit exposé dans ce livre, ils ont finalement refusé toutes les demandes d'interview. À trois reprises, Sandberg nous a conviées à des conversations en *off* à Menlo Park et à New York, avec l'assurance que ces discussions mèneraient à des interviews plus longues et officielles. Une fois informée de la nature critique de certains aspects de notre enquête, elle a coupé court à toute communication directe. Il faut croire que le récit sans fard de l'épopée de Facebook ne collait pas avec sa vision de l'entreprise ni de son rôle de numéro 2.

Quant à Zuckerberg, on nous a dit qu'il n'avait aucune intention de s'impliquer dans notre projet de livre.

PROLOGUE

À tout prix

D'après un ancien cadre supérieur de Facebook, Mark Zuckerberg avait trois craintes majeures : que le site soit piraté, que ses employés soient agressés physiquement, et que les instances de régulation ne viennent un jour briser son réseau social.

À 14 h 30, le 9 décembre 2020, cette dernière crainte tourne à la menace imminente. La Federal Trade Commission (FTC, l'agence fédérale de concurrence et de protection des consommateurs) et presque tous les États du pays attaquent Facebook en justice pour avoir nui à ses utilisateurs et à ses concurrents. Ils ont bien l'intention de démanteler l'entreprise.

Des alertes info surgissent sur les écrans de dizaines de millions de smartphones. CNN et CNBC chamboulent leur programmation aussitôt l'annonce tombée. Les sites du *Wall Street Journal* et du *New York Times* ajoutent des bandeaux en haut de leur page d'accueil.

Quelques minutes plus tard, la procureure générale de l'État de New York Letitia James, dont le bureau coordonne la coalition bipartite de quarante-huit procureurs généraux, donne une conférence de presse pour exposer la teneur des poursuites judiciaires. C'est la plus grande offensive gouvernementale contre une entreprise privée depuis le démantèlement d'AT&T en 1984[1]. Une remise en cause complète de l'histoire de Facebook – et plus précisément de ses dirigeants, Mark Zuckerberg et Sheryl Sandberg[2].

« Cela remonte au tout début, à la création même de Facebook à l'université de Harvard », déclare Letitia James. Depuis des années, Facebook mène une stratégie sans merci consistant à « acheter ou enterrer » pour éliminer la concurrence. Le résultat a été la création d'un puissant monopole dont le pouvoir de nuisance est important. Facebook a mis à mal la vie privée de ses usagers et encouragé une épidémie de contenus toxiques et nuisibles touchant trois milliards d'individus. « Mettant à profit ses vastes réserves de données et de liquidités, Facebook a écrasé ou entravé tout ce qui était perçu comme une menace potentielle, affirme James. Ils ont réduit le choix des consommateurs, étouffé l'innovation et dégradé la protection de la vie privée de millions d'Américains. »

Cité nommément plus de cent fois dans la plainte, Mark Zuckerberg y est décrit comme le fondateur sans foi ni loi d'un projet potache, qui doit son succès au harcèlement et à la tromperie. « Aussitôt que vous marchiez sur les plates-bandes de Facebook ou que vous résistiez à la pression en refusant de vendre, Zuckerberg se mettait "en mode destruction", exposant votre entreprise à "la fureur de Mark" », écrivent les procureurs généraux, citant des e-mails de concurrents et d'investisseurs. Le P-DG avait si peur de se faire distancer par ses rivaux qu'il a « cherché à supprimer ou à entraver toute menace de concurrence, plutôt qu'à la dépasser par ses performances ou ses innovations ». En outre, les États allèguent dans leur plainte qu'il a espionné ses concurrents et trahi les engagements pris vis-à-vis des fondateurs d'Instagram et de WhatsApp peu après l'acquisition de ces deux start-ups.

Zuckerberg, pendant tout ce temps, a eu à ses côtés Sheryl Sandberg. Cette ancienne cadre de Google a su convertir la prouesse technique du jeune prodige en machine à profit, au moyen d'une mécanique publicitaire innovante et pernicieuse qui « sonde » les données personnelles des utilisateurs. L'activité publicitaire de Facebook est fondée sur une boucle de *feedback* dangereuse : plus les utilisateurs passent de temps sur le site, plus Facebook récolte de données. L'attrait est la gratuité du service, mais le consommateur paie le prix fort à d'autres égards. « Les utilisateurs ne déboursent rien pour se servir de Facebook. Au lieu de cela, ils échangent leur temps, leur attention et leurs données personnelles contre l'accès aux services proposés », explique encore la plainte des États.

C'est une stratégie de croissance à tout prix, et Sandberg était la meilleure du secteur pour développer ce modèle. Intensément organisée, l'esprit analytique, travailleuse et douée d'un sens du contact hors du commun, elle est l'acolyte parfait pour Zuckerberg. Elle supervise toutes les activités dont il se désintéresse : politique d'entreprise et communication, service juridique, ressources humaines, création de revenus. Forte de ses années d'expérience dans la communication, et épaulée par des consultants politiques pour façonner son image publique, elle est devenue le visage acceptable de Facebook pour les investisseurs comme pour le public, détournant leur attention du problème de fond.

« Le problème, c'est leur modèle de gestion », diagnostique un représentant du gouvernement dans une interview. Le principe de publicité comportementale appliqué par Sandberg traite les données personnelles comme des instruments financiers propres à être négociés sur les marchés, comme le cours du maïs ou du lard. C'est « une maladie contagieuse », ajoute le fonctionnaire, reprenant l'image employée par la chercheuse et activiste Shoshana Zuboff qui, un an plus tôt, a décrit Sandberg comme « jouant le rôle de Typhoid Mary [la première porteuse saine du virus de la typhoïde aux États-Unis] en important le capitalisme de surveillance de Google à Facebook, où elle est arrivée comme bras droit de Mark Zuckerberg[3] ».

L'absence de véritable concurrence – laquelle aurait forcé la direction à veiller au bien-être des utilisateurs – a permis « une prolifération de désinformation et de contenus violents ou à tout le moins répréhensibles sur les plateformes appartenant à Facebook », indiquent les procureurs généraux dans leur plainte. Même confrontés à des dysfonctionnements majeurs comme la campagne de désinformation russe ou le scandale de l'appropriation de données privées par la société Cambridge Analytica, les utilisateurs ne quittent pas le site parce qu'il y a peu d'alternatives. Selon la description succincte de James, « au lieu d'affronter la concurrence au mérite, Facebook a joué de sa position dominante pour éliminer ses rivaux afin de mieux exploiter ses utilisateurs et de gagner des milliards en faisant des données personnelles sa vache à lait. »

Au moment où la FTC et les États lançaient leur série de procès historiques contre Facebook, nous étions en train de boucler notre propre enquête sur l'entreprise, une enquête fondée sur quinze ans de reportages et qui nous offrait un point de vue exceptionnel, de l'intérieur. Plusieurs versions de l'épopée Facebook ont été contées, dans des livres comme au cinéma. Mais si leurs noms sont désormais connus de tous, Zuckerberg et Sandberg restent des énigmes pour le grand public, et ce n'est pas un hasard. Ils protègent farouchement l'image qu'ils ont cultivée – lui, celle du technovisionnaire philanthrope ; elle, de la businesswoman féministe – et ont barricadé le fonctionnement interne de « MPK » (l'acronyme utilisé par les employés pour décrire le campus du siège à Menlo Park, en Californie) derrière une muraille de loyalisme et de culture du secret.

Ils sont nombreux à considérer Facebook comme une entreprise qui s'est égarée en chemin : l'histoire classique, à la Frankenstein, d'un monstre qui a échappé à son créateur. Nous nous inscrivons en faux. Selon nous, dès l'instant de leur rencontre lors d'une fête de Noël en décembre 2007, Zuckerberg et Sandberg ont flairé le potentiel du réseau social, la possibilité d'en faire la puissance mondiale qu'il est devenu[4]. En s'associant, ils ont méthodiquement construit un *business model* irrésistible dans son ascension (85,9 milliards de dollars de chiffre d'affaires en 2020, et une valeur marchande de 800 milliards) et entièrement délibéré dans sa conception[5].

Nous avons choisi de nous concentrer sur une période de cinq ans – d'une élection présidentielle à la suivante –, pendant laquelle l'échec de Facebook à protéger ses utilisateurs et sa vulnérabilité en tant que plateforme ultrapuissante ont l'un et l'autre été exposés au grand jour. Tous les éléments qui ont posé les bases de ce que le réseau social est devenu aujourd'hui sont arrivés à un point critique au cours de cette période.

Il serait facile de classer un peu vite l'histoire de Facebook comme celle d'un algorithme qui a mal tourné. La vérité est bien plus complexe.

1

Ne réveillez pas la bête

Il est tard ce soir-là à Menlo Park, et il y a longtemps que tout le monde est parti du bureau, mais l'ingénieur est tenté de rouvrir son laptop. Il s'est envoyé quelques bières. En partie, se dit-il, parce qu'il sent sa volonté flancher. Il sait qu'en quelques clics il peut accéder au compte Facebook d'une femme avec qui il a dîné quelques jours plus tôt. Il lui a semblé que le rendez-vous s'était bien passé, pourtant elle a cessé de répondre à ses messages au bout de vingt-quatre heures. Tout ce qu'il veut, c'est jeter un petit coup d'œil à son profil pour satisfaire sa curiosité, voir si par hasard elle n'est pas tombée malade, ou partie en vacances, ou si elle a perdu son chien… quelque chose qui puisse expliquer ce silence.

À 22 heures, sa décision est prise. Il se connecte sur son portable et, mettant à profit son accès illimité aux flux de données des utilisateurs Facebook, cherche la demoiselle. Il en sait assez sur elle – nom et prénom, lieu de naissance, université – pour la trouver en quelques minutes. Les systèmes internes recèlent un trésor d'informations, notamment des années de conversations privées avec ses amis par Facebook Messenger, les événements auxquels elle a participé, les photos qu'elle a postées (y compris celles qu'elle a supprimées), et les posts qu'elle a commentés ou sur lesquels elle a cliqué. Il voit les catégories dans lesquelles Facebook l'a placée pour les annonceurs : l'entreprise a déterminé qu'elle était trentenaire, politiquement de centre gauche, et qu'elle menait une vie active. Elle a un vaste éventail de centres d'intérêt, de l'amour des chiens aux vacances en Asie du Sud-Est. Et grâce à l'appli Facebook installée sur son téléphone, il peut la localiser en temps réel. Il aurait pu dîner dix fois avec elle sans en apprendre autant. Alors que là, moins d'une semaine après leur premier rendez-vous, il a accès à tout.

Les managers de Facebook précisent bien aux employés que quiconque sera surpris à utiliser son accès aux données à des fins personnelles, pour espionner le compte d'un ami ou d'un parent, sera mis à pied sur-le-champ. Mais les mêmes cadres savent aussi qu'il n'y a aucun garde-fou. Le système est conçu pour être ouvert, transparent et accessible à tout le personnel. Supprimer la paperasserie qui ralentit les ingénieurs et les empêche de produire du résultat rapidement et sans entraves, c'est la philosophie même de Zuckerberg. Cette règle a été mise en place à l'époque où Facebook avait moins de cent salariés. L'entreprise compte désormais des milliers d'ingénieurs, et personne n'est jamais revenu sur cette pratique. Le seul rempart contre les violations de la vie privée, c'est la bonne volonté des employés eux-mêmes.

L'ingénieur qui a espionné sa cavalière d'un soir n'est que l'un des cinquante-deux salariés de Facebook licenciés entre janvier 2014 et août 2015 pour avoir exploité leur accès aux données utilisateurs à leurs fins personnelles. La vaste majorité d'entre eux sont des hommes qui ont consulté le profil de femmes qui les intéressaient. La plupart des contrevenants n'ont guère fait que regarder des données privées. Mais quelques-uns sont allés beaucoup plus loin. L'un d'eux s'en est servi pour traquer une femme avec qui il était parti en vacances en Europe ; ils se sont disputés pendant le voyage, et l'ingénieur a suivi sa trace jusqu'au nouvel hôtel où elle s'était installée après avoir quitté leur chambre commune. Un autre a accédé à la page Facebook d'une femme avant même leur premier rendez-vous. Voyant qu'elle se rendait régulièrement au parc Dolores, à San Francisco, il l'y a retrouvée un jour, en train de prendre le soleil avec ses amies.

Les ingénieurs licenciés se sont servis d'ordinateurs portables de travail pour consulter certains comptes en particulier, et cette activité inhabituelle a déclenché des alertes et attiré l'attention de la hiérarchie. Ceux-là se sont fait prendre la main dans le sac. Combien d'autres s'en sont tirés sans être inquiétés ?

Le problème est porté à la connaissance de Mark Zuckerberg pour la première fois en septembre 2015, trois mois après l'arrivée d'Alex Stamos, le nouveau directeur de la sécurité. Dans la salle de réunion de la direction, « l'Aquarium », les hauts responsables de l'entreprise de Zuckerberg se sont mentalement préparés à de mauvaises nouvelles : Stamos a la réputation de ne pas mâcher ses mots et d'être extrêmement exigeant. L'un des premiers objectifs qu'il a fixés à son arrivée pendant l'été était une évaluation exhaustive de la sécurité au sein de Facebook. Ce serait la première étude de ce type jamais réalisée par une personne venue de l'extérieur.

Entre eux, les cadres de la direction murmurent qu'il est impossible de réaliser une telle évaluation en si peu de temps, et que le rapport de Stamos va sans doute signaler des problèmes superficiels qui lui assureront quelques victoires faciles dans ses nouvelles fonctions. La vie sera plus simple pour tout le monde si Stamos adopte la posture d'optimisme sans bornes qui règne à la direction de Facebook. La boîte se porte mieux que jamais, la publicité a récemment été accrue sur Instagram et le cap d'un milliard d'utilisateurs quotidiens a été franchi[1]. Il ne leur reste plus qu'à se reposer et à laisser ronronner la machine.

Au lieu de quoi Stamos arrive en réunion armé d'une liste détaillée de problèmes détectés d'un bout à l'autre des services, qu'il s'agisse des produits phares, du personnel ou de la structure de l'entreprise. Celle-ci consacre une trop grande part de ses efforts de sécurité à la protection de ses sites, tandis que les applis – Instagram et WhatsApp comprises – sont largement ignorées. Elle n'a pas avancé dans sa promesse de chiffrer les données utilisateurs dans ses serveurs

– contrairement à Yahoo, l'ancien employeur de Stamos, qui a agi prestement pour commencer à sécuriser les informations lorsque, deux ans auparavant, le lanceur d'alerte de la NSA, Edward Snowden, a révélé que le gouvernement espionnait probablement les données personnelles qui dormaient dans les disques durs de la Silicon Valley[2]. Les responsabilités en matière de sécurité sont éparpillées d'un bout à l'autre de l'organigramme, et, toujours d'après le rapport de Stamos, Facebook n'est « pas préparé, tant techniquement que culturellement », à affronter ses adversaires à leur niveau actuel.

Le pire, ajoute-t-il, est que, malgré des dizaines de licenciements depuis dix-huit mois, Facebook ne fait rien pour résoudre ou prévenir ce qui apparaît clairement comme un problème systémique. Graphiques à l'appui, Stamos démontre que presque tous les mois les outils mis à la disposition des ingénieurs pour leur permettre de créer de nouveaux produits ont été utilisés pour violer l'intimité d'utilisateurs et infiltrer leur existence. Si jamais le public a vent de ces transgressions, ce sera le tollé général : depuis plus de dix ans, des milliers d'ingénieurs de Facebook accèdent librement aux données privées des utilisateurs. Et encore, les cas indiqués par Stamos sont ceux dont l'entreprise est informée. Il souligne que des centaines d'autres ont pu passer inaperçus.

Ces chiffres déconcertent visiblement Zuckerberg, contrarié qu'on ne l'ait pas alerté plus tôt. « Tout le monde, dans les équipes, savait qu'il y avait eu des abus dans la gestion des données. Ces cas n'avaient jamais été compilés, et leur nombre étonnait les responsables », se rappelle Stamos.

« Comment se fait-il que personne n'ait songé à réévaluer ce système qui donne l'accès à n'importe qui ? » demande alors Zuckerberg. Personne dans la salle ne fait remarquer que c'est lui-même qui l'a conçu et mis en place. Au fil des années, ses employés ont suggéré d'autres manières de structurer la conservation des données, en vain. « À plusieurs moments dans l'histoire de Facebook, il y a eu des chemins possibles, des décisions que nous aurions pu prendre, et qui auraient limité, ou même diminué, le volume des données utilisateurs que nous récoltions, explique un employé de longue date, entré chez Facebook en 2008 et passé par divers services au sein de l'entreprise. Mais c'était contraire à l'ADN de Mark. Avant même de lui soumettre ces options, on savait qu'il n'irait pas par là. »

Les dirigeants de Facebook, y compris ceux chargés du volet ingénierie, comme Jay Parikh et Pedro Canahuati, brandissent l'accès comme un argument de vente lorsqu'ils recrutent des nouveaux dans leurs équipes. Facebook est le plus grand laboratoire de recherche au monde, avec pour cobayes un quart de la population mondiale. Les chefs de service présentent cet accès comme une manifestation de la transparence radicale de Facebook, et de sa confiance envers ses ingénieurs. Telle utilisatrice apprécie-t-elle le lancer de ballons qui se déclenche lorsqu'elle souhaite un joyeux anniversaire à son frère, ou bien l'emoji gâteau d'anniversaire obtient-il plus de réactions ? Au lieu d'en passer par des processus interminables et bureaucratiques pour savoir ce qui fonctionne, les ingénieurs peuvent simplement soulever le capot et voir par eux-mêmes, en temps réel. Mais Canahuati les avertit que l'accès à ces données est un privilège. « Nous n'avions aucune tolérance pour les abus, c'est pourquoi l'entreprise avait toujours licencié quiconque était surpris à consulter des données sans raison valable », se justifiera-t-il plus tard.

Stamos, toujours lors de cette réunion de septembre 2015, soutient que licencier des employés après les faits ne suffit pas. Facebook a la responsabilité de prévenir ces atteintes à la vie privée. Il demande l'autorisation de modifier le système en place, de telle manière que l'accès de la majorité des ingénieurs soit révoqué. Si l'un d'eux a besoin de renseignements sur un utilisateur, il devra en faire formellement la demande en passant par les canaux appropriés. Sous le système en place, 16 744 employés ont accès aux données privées. Stamos veut réduire ce nombre à moins de cinq mille. En ce qui concerne les informations les plus sensibles, comme la localisation GPS et les mots de passe, il souhaite limiter l'accès à moins de cent personnes. « Alors que tout le monde savait qu'une masse gigantesque de données était à la portée des ingénieurs, personne n'avait pensé au fait que la boîte avait énormément grossi ni au nombre de gens qui avaient désormais accès à ces données, se souvient Stamos. Ils n'avaient pas fait attention. »

Parikh, responsable de l'ingénierie, demande alors en quoi il est nécessaire de chambouler entièrement le système. Il est sûrement possible de mettre en place des procédures qui limiteraient le volume des informations mises à disposition d'un ingénieur, ou qui sonneraient l'alarme lorsque des salariés consultent certains types de données. Les changements proposés par Stamos risquent de ralentir gravement le travail des équipes Produits.

Canahuati, directeur de l'ingénierie des produits, abonde dans le même sens. Il explique à Stamos que son idée d'obliger les ingénieurs à soumettre une demande écrite chaque fois qu'ils veulent accéder à des données n'est pas tenable. « Cela aurait dramatiquement freiné le travail dans toute l'entreprise, y compris le travail sur d'autres mesures de protection et de sécurité », dira-t-il plus tard.

Revoir le système est une priorité absolue, tranche Zuckerberg. Il demande à Stamos et à Canahuati de trouver une solution et de tenir le groupe au courant de leurs avancées dans les douze mois. Mais au sein des équipes d'ingénieurs, cela va sérieusement ruer dans les brancards. Beaucoup de cadres présents à la réunion grommellent en privé que Stamos a volontairement présenté un scénario catastrophe pour convaincre le patron de remanier entièrement la structure.

Une personne brille par son absence, lors de cette réunion de septembre 2015 : Sheryl Sandberg, veuve depuis tout juste quatre mois. La sécurité fait partie de ses responsabilités, et sur le papier Stamos est placé sous son autorité. Mais jamais elle n'a suggéré les changements d'envergure qu'il propose, pas plus qu'elle n'a été consultée à ce sujet.

Stamos l'a emporté ce jour-là, mais il s'est aussi fait plusieurs ennemis puissants.

Le 8 décembre 2015, tard dans la soirée, Joel Kaplan se trouve dans le centre d'affaires d'un hôtel de New Delhi lorsqu'il reçoit un coup de téléphone en provenance de Menlo Park. Un collègue l'informe que sa présence est requise à une réunion convoquée en urgence.

Quelques heures plus tôt, l'équipe de campagne de Donald Trump a posté sur Facebook la vidéo d'un discours prononcé par le candidat à Mount Pleasant, en Caroline du Sud. On y voit Trump promettre d'adopter une ligne extrêmement dure contre les terroristes, après quoi il fait un lien entre terrorisme et immigration. Le président Obama, dit-il, a mieux traité les immigrants illégaux que les blessés de guerre. Avec lui, ce sera autre chose, assure-t-il à son public. « Donald J. Trump appelle à une interdiction totale et complète d'entrée sur le territoire pour les musulmans, jusqu'à ce que les représentants de notre pays arrivent à comprendre ce qui se passe[3] », annonce-t-il dans un tonnerre d'applaudissements.

Trump a fait de ses propos incendiaires sur la race et l'immigration un pilier central de sa course à la présidence. Sa campagne se sert activement des réseaux sociaux pour verser de l'huile sur le feu. Sur Facebook, le discours islamophobe a rapidement généré plus de 100 000 *likes* et a été partagé 14 000 fois.

Cette vidéo met la plateforme dans une position délicate. Elle n'est pas préparée à un candidat tel que Trump, qui provoque un intérêt énorme, mais qui divise aussi beaucoup les utilisateurs comme les employés. Pour un éclairage avisé sur cette situation, Zuckerberg et Sandberg se tournent maintenant vers leur vice-président chargé de la politique publique internationale, qui est en Inde pour tenter de sauver le service d'Internet gratuit de Zuckerberg.

Kaplan se joint à une visioconférence où sont également présents Sandberg, Monika Bickert (responsable internationale de la politique de l'entreprise), Elliot Schrage (responsable de la politique extérieure et de la communication), et une poignée d'autres chargés de politique et de communication. Kaplan, en déplacement depuis des jours, a treize heures et demie de décalage horaire avec ses collègues au siège. Il regarde la vidéo en silence et écoute les inquiétudes exprimées par le groupe. Zuckerberg, lui dit-on, a clairement indiqué qu'il trouvait cette publication préoccupante et que l'idée de la supprimer, selon lui, pouvait se défendre.

Lorsque Kaplan rend son verdict, c'est pour déconseiller toute réaction précipitée. Des considérations politiques viennent compliquer les décisions sur la rhétorique islamophobe de Trump. Toutes ces années de soutien financier et public apporté au camp démocrate ont terni l'image de Facebook aux yeux des républicains, qui croient de moins en moins à la neutralité de la plateforme. Kaplan n'appartient pas au monde de Trump, mais il voit dans sa campagne une réelle menace. La large audience du candidat sur Facebook et sur Twitter met en évidence une fracture béante au sein même du parti républicain.

Supprimer le post d'un candidat à la présidentielle est une décision monumentale, qui sera vue comme une censure par Trump et par ses adeptes, ajoute Kaplan. Ce sera interprété comme un nouveau signe de favoritisme gauchisant envers sa rivale Hillary Clinton. « Ne réveillez pas la bête[4] », les met-il en garde.

Sandberg et Schrage sont indécis. Ils se fient à l'instinct politique de Kaplan ; ils n'ont aucun contact dans l'entourage de Trump et aucune expérience de cette politique de l'électrochoc. En revanche, certains responsables présents à la réunion sont horrifiés : Kaplan semble faire passer la politique politicienne avant les principes. Comme l'expliquera l'un d'eux, « son obsession de ne pas faire de vagues l'empêchait de voir que c'étaient les commentaires de Trump qui déchaînaient la tempête ».

Plusieurs membres de la direction s'expriment en faveur de la position de Kaplan. Ils s'inquiètent des gros titres et du contrecoup à prévoir si la plateforme supprime les déclarations d'un candidat à la présidentielle. Trump et ses supporters considèrent déjà les leaders tels que Sandberg et Zuckerberg comme des représentants de l'élite libérale, de riches et puissants gardiens de l'information capables de bâillonner les voix conservatrices à l'aide de leurs algorithmes secrets. Facebook doit apparaître comme impartial. C'est indispensable pour protéger les affaires.

La conversation porte ensuite sur l'explication de la décision. Le post de Trump peut être vu comme contraire aux « Standards de la communauté », les règles d'utilisation de Facebook. Des utilisateurs ont déjà signalé le compte de la campagne de Trump pour incitation à la haine, et la répétition des blâmes constitue un motif suffisant pour la suppression pure et simple d'un compte. Schrage, Bickert et Kaplan, tous diplômés en droit de Harvard, se donnent du mal pour trouver des arguments juridiques justifiant le choix de maintenir la publication. Ils coupent les cheveux en quatre pour déterminer ce qui constitue un discours haineux, jusqu'à l'usage que fait Trump de la grammaire.

« À un moment, ils ont dit en plaisantant que Facebook allait devoir refaire le même coup que le juge de la Cour suprême qui avait un jour défini la pornographie comme ceci : "Je la reconnais quand j'en vois", se souvient un employé qui a assisté à la conversation. Leur était-il possible de tracer une ligne au-delà de laquelle un propos de Trump lui vaudrait l'exclusion ? Cela ne semblait pas bien sage. »

En principe, la plateforme interdit les discours haineux, mais sa définition de la haine évolue constamment. Sa politique à ce sujet diffère d'ailleurs d'un pays à l'autre, en fonction de la législation en vigueur. Il existe une définition universelle pour les contenus prohibés en matière de pédopornographie et de violence. En revanche, la notion d'incitation à la haine fluctue non seulement selon les pays, mais aussi selon les cultures.

À force de débattre, les responsables parviennent à la conclusion qu'ils n'auront pas à défendre la rhétorique de Trump s'ils trouvent une stratégie de contournement. Ils tombent d'accord pour dire que le discours politique doit être protégé au nom d'un critère de « valeur informative ». L'idée est que le public mérite, pour se faire son propre avis sur les candidats, de connaître leurs opinions dans leur intégralité. Les dirigeants de Facebook sont là en train de poser les bases d'une nouvelle approche de la liberté d'expression, et cela uniquement par réaction réflexe face à Donald Trump. « C'était n'importe quoi, se souvient un employé. De l'improvisation totale. »

C'est un moment critique pour Joel Kaplan, pour ce qui est de prouver sa valeur. Bien qu'impopulaire aux yeux de certains pendant la réunion, il apporte des conseils cruciaux sur une menace croissante en provenance de Washington.

À l'arrivée de Sandberg en 2008, il y avait déjà un moment que l'entreprise négligeait les conservateurs. Une erreur fondamentale : dans la bataille entre la récolte des données et les régulations, les républicains sont les alliés de Facebook. Lorsque la Chambre des représentants a basculé vers une majorité républicaine en 2010, Sandberg a embauché Kaplan pour rééquilibrer les rangs lourdement démocrates du bureau de lobbying et pour infléchir l'idée reçue, à Washington, selon laquelle Facebook favorisait le camp démocrate.

Kaplan présentait des états de service conservateurs impeccables. Cet ancien chef de cabinet adjoint du président George W. Bush est aussi un ancien officier d'artillerie des US Marines, diplômé en droit de Harvard, qui a assisté le juge à la Cour suprême Antonin Scalia : l'antithèse du geek libéral typique de la Silicon Valley. En outre, du haut de ses quarante-cinq ans, il est plus vieux de vingt ans que l'essentiel du personnel de Menlo Park. (Sandberg et lui se sont rencontrés en 1987, pendant leur première année à Harvard. Ils ont eu une brève aventure et sont restés amis depuis.)

Kaplan est un bourreau de travail qui, comme Sandberg, ne jure que par l'organisation. À la Maison-Blanche, il avait toujours dans son bureau un tableau blanc à trois volets avec des listes de problèmes brûlants sous les titres « Renflouement de l'industrie automobile », « Réforme de l'immigration », « Crise financière ». Son travail consistait à gérer des questions de stratégie politique complexes et à empêcher que les problèmes n'arrivent jusqu'au Bureau ovale. Chez Facebook, il fait peu ou prou la même chose. Il est chargé de protéger le modèle de gestion contre l'ingérence du gouvernement, et il remplit ce rôle avec zèle.

En 2014, Sandberg l'a promu en lui offrant de diriger la politique internationale en plus du lobbying à Washington. Depuis deux ans, les dirigeants de la plateforme se préparent à l'éventualité d'une administration républicaine après les mandats d'Obama. Mais Trump les désarçonne. Il n'est pas issu de l'establishment républicain. Le capital politique de Kaplan ne vaut plus rien avec lui.

Et Trump, s'il provoque des migraines en cascade chez Facebook, est aussi un utilisateur puissamment moteur et un important annonceur. Depuis le début de la campagne présidentielle, son gendre, Jared Kushner, et son directeur du numérique, Brad Parscale, réservent l'essentiel de leur budget médias au réseau social[5]. Ils concentrent leurs efforts sur Facebook parce que la plateforme offre des outils de ciblage simples et peu chers pour amplifier la portée des clips de campagne. Parscale utilise les outils de microciblage pour atteindre les électeurs en couplant les listes de mailing de la campagne avec les listes d'utilisateurs de Facebook. Il travaille avec des salariés de Facebook directement intégrés au QG de campagne à New York pour rebondir sur les discours quotidiens d'Hillary Clinton et diriger les clips négatifs vers un public précis[6]. Ils achètent des publicités de type carte postale et des messages vidéo par centaines. Ils touchent facilement un public plus étendu qu'à la télévision, et Facebook les seconde avec ardeur. Trump est devenu une présence incontournable sur la plateforme[7].

L'élection présidentielle de 2016 va balayer les derniers doutes sur le poids des médias sociaux dans les campagnes politiques. Début 2016,

44 % des Américains diront que c'est sur Facebook, Instagram et YouTube qu'ils trouvent leurs informations sur les candidats[8].

Pendant presque dix ans, Facebook a tenu chaque fin de semaine une réunion informelle, ouverte à toute l'entreprise, appelée « Questions and Answers » (Questions-Réponses), ou Q&A. Le format est simple, et assez standard dans la profession : Zuckerberg s'exprime brièvement, puis répond aux questions qui ont récolté le plus de voix dans une liste soumise aux votes des employés au cours de la semaine. Une fois qu'il a traité celles ayant reçu le plus de suffrages, il prend encore des questions non filtrées dans le public. C'est plus décontracté que les réunions générales trimestrielles, les « plénières », à l'ordre du jour plus rigide et comprenant des programmes et des présentations.

Environ deux cents employés sont réunis dans les locaux de Menlo Park, et des milliers d'autres suivent la séance en vidéo depuis les bureaux de Facebook du monde entier. Après le discours de Trump sur les musulmans, des salariés se sont plaints dans leurs groupes Facebook internes – appelés « Tribus » – que la plateforme ne l'ait pas supprimé. Dans les forums plus larges qui abritent des discussions plus professionnelles – appelés « groupes Workplace » –, on réclame un historique de la manière dont Facebook a traité les publications de responsables politiques. Les gens sont furieux que la direction n'ait pas pris position contre ce qui est clairement vu comme une incitation à la haine.

Lors de la Q&A qui suit l'incident, un employé s'approche du micro, et le silence se fait. Vous sentez-vous l'obligation de supprimer la vidéo de campagne de Trump appelant au bannissement des musulmans ? demande-t-il. La stigmatisation des musulmans, ajoute-t-il, semble enfreindre la règle de Facebook interdisant les discours haineux[9].

Zuckerberg a l'habitude de répondre à des questions difficiles lors des Q&A. Il a déjà été attaqué sur des accords commerciaux douteux, sur le manque de diversité dans le personnel, et sur ses plans de conquête de la concurrence. Mais cette fois, l'employé qui lui fait face pose une question sur laquelle la direction elle-même n'arrive pas à se mettre d'accord. Zuckerberg se rabat sur un de ses arguments de base. C'est une question difficile, dit-il. Mais il est un fervent défenseur de la liberté d'expression. Supprimer la publication serait trop radical.

C'est là un refrain fondamental de l'école de pensée libertarienne, auquel il reviendra encore et toujours : l'importance capitale de la protection de la liberté de parole, telle que décrite dans le premier amendement de la Constitution américaine. Selon son interprétation de ce précepte, le discours ne peut souffrir aucune entrave ; Facebook abritera une cacophonie de voix et d'idées opposées pour le bien de l'éducation et de l'information de ses utilisateurs. Mais la protection de la liberté de parole adoptée en 1791 a été conçue spécifiquement pour favoriser une démocratie saine en assurant la pluralité des idées sans contraintes gouvernementales. Le premier amendement est censé protéger la société. Et le ciblage publicitaire qui donne la priorité au nombre de clics, aux contenus scabreux et à l'exploration des données personnelles est absolument contraire aux idéaux d'une société saine. Les dangers que représentent les algorithmes de Facebook sont « utilisés et distordus par des politiciens et des commentateurs médiatiques hurlant à la censure et présentant à tort la modération des contenus comme le trépas de la liberté de parole en ligne », pour reprendre les mots de Renée DiResta, chercheuse en désinformation à l'Internet Observatory de Stanford. « Le droit à l'amplification algorithmique n'existe pas. Au contraire, c'est là le problème même qui doit être réglé[10]. »

La question est complexe, mais pour certains, au moins, la solution est simple. Dans un post publié sur le groupe Workplace ouvert à tout le personnel, Monika Bickert explique que le discours de Trump ne sera pas supprimé. Les gens, dit-elle, pourront juger par eux-mêmes.

2

La nouvelle sensation

Impossible de comprendre comment Facebook en est arrivé à son seuil critique sans prendre la mesure du chemin parcouru par le réseau social, et de la vitesse à laquelle cela s'est fait.

La première fois que Mark Zuckerberg a vu un site web appelé « The Facebook », celui-ci avait été conçu, codé et baptisé par quelqu'un d'autre. C'était un projet bénévole pour aider les amis à se connecter entre eux. C'était gratuit. Et le premier instinct de Zuckerberg a été de le briser.

En septembre 2001, Mark Zuckerberg, dix-sept ans, est en terminale à la Phillips Exeter Academy, un prestigieux internat dans le New Hampshire qui s'emploie depuis plus de deux siècles à former les futurs leaders de l'industrie et de la politique. Fils de dentiste, Zuckerberg n'a pas le même pedigree que ses camarades, descendants d'anciens chefs d'État et de capitaines d'industrie. Mais l'adolescent dégingandé a rapidement trouvé sa place. Avec ses résultats brillants en latin et en informatique, il s'est attiré une réputation de geek du lycée. Carburant au Red Bull et aux Cheetos, il entraîne les autres dans des marathons de codage qui durent des nuits entières, essayant de pirater le système informatique du lycée ou de créer des algorithmes pour faire les devoirs plus vite. Parfois, il organise des concours de programmation ; la plupart du temps, c'est lui qui gagne.

Au même moment, le Bureau des élèves projette de mettre en ligne le trombinoscope du lycée. Le « Photo Address Book », un recueil à la couverture plastifiée qui recense les noms, numéros de téléphone, adresses et photos d'identité de tous les élèves, est une institution à Exeter. « The Facebook », comme tout le monde l'appelle, n'a pratiquement pas changé depuis des décennies.

L'initiative émane d'un certain Kristopher Tillery, en terminale comme Zuckerberg. Il se considère comme un codeur du dimanche, mais est fasciné par les entreprises comme Napster et Yahoo, devenues extrêmement populaires auprès des jeunes. Il veut faire d'Exeter, ce lycée fondé en 1781, un lieu cool et moderne. Et pour ça, quoi de mieux, se dit-il, que de transférer le trombinoscope sur Internet ?

Jamais il ne se serait attendu à un succès si fulgurant. La facilité qu'il y a à afficher le profil de n'importe quel camarade en appuyant sur quelques touches, ça change tout. L'art de la farce atteint alors de nouveaux sommets. Des pizzas aux anchois sont livrées dans les dortoirs. Des élèves se faisant passer pour des administrateurs du lycée appellent des camarades pour leur faire croire que le bâtiment est inondé ou pour les accuser d'avoir plagié une dissertation.

Mais les utilisateurs ne tardent pas à signaler un problème à Tillery : la page de Mark Zuckerberg ne fonctionne pas. Chaque fois qu'on essaie d'ouvrir son profil en ligne, ça fait planter le navigateur. La fenêtre se ferme toute seule, et parfois l'ordinateur se fige entièrement et doit être redémarré.

En menant l'enquête, Tillery découvre que Zuckerberg a lui-même inséré dans son profil une ligne de code qui provoque ces plantages. C'est facilement réglé. Évidemment que ça vient de Mark, songe Tillery, qui racontera : « Il avait un sens aigu de la compétition, et il était très, très, très intelligent. Il voulait voir s'il pouvait pousser ce que je faisais un peu plus loin. J'ai pris ça comme un test, et comme une manière de signaler aux autres que ses talents, eh bien… dépassaient largement les miens. »

L'histoire de la genèse de Facebook – Zuckerberg prenant une cuite un soir à Harvard, deux ans plus tard, et lançant un blog pour noter ses camarades de sexe féminin – est aujourd'hui bien rodée. Mais ce qui est souvent omis de la mythologie, c'est le fait que, si beaucoup d'étudiants ont immédiatement adopté la création de Zuckerberg, appelée « FaceMash », d'autres ont été alarmés par cette invasion de leur vie privée. Quelques jours à peine après le lancement, deux groupes d'étudiants de Harvard, Fuerza Latina (un groupe culturel pan-latino) et l'Association des femmes noires de Harvard, ont écrit un mail à Zuckerberg pour lui faire part de leurs inquiétudes[1].

Zuckerberg a répondu directement aux deux groupes, en expliquant que la popularité de son site l'avait pris par surprise. « J'ai compris qu'il comportait quelques éléments un peu problématiques et je voulais un peu plus de temps pour réfléchir à l'opportunité de le lancer dans la communauté de Harvard », écrit-il, conscient que son mail sera rendu public. Il ajoute : « Je ne voulais pas que les choses se passent ainsi, et je vous présente mes excuses pour tout dommage qu'aurait causé ma négligence à envisager une diffusion si rapide du site et les conséquences qui en découlent. »

Le département des services informatiques de Harvard dépose plainte, alléguant que Zuckerberg a commis des atteintes au copyright ; il a potentiellement aussi enfreint le règlement sur les documents d'identité des élèves. À l'audience, il répète les explications qu'il a données aux groupes d'étudiants : le site n'est guère qu'une expérience de programmation ; ce qui l'intéresse, ce sont les algorithmes et la science informatique qui fait tourner le site. Il ne s'attendait pas à ce que le projet connaisse un succès viral, insiste-t-il, et il s'excuse si certaines de ses camarades se sont senties atteintes dans leur intimité. Dans ce qui va devenir un schéma récurrent, il s'en tire avec un sermon et la promesse de s'entretenir régulièrement avec un conseiller de l'université.

Cela fait, il se remet au travail pour créer un réseau social privé, exclusivement réservé aux étudiants. Plusieurs de ses pairs tournent autour de la même idée, notamment Cameron et Tyler Winklevoss, qui, avec Divya Narendra, tout aussi connecté, l'ont approché en lui proposant de coder pour eux. Mais Zuckerberg, à l'époque, ne s'intéresse qu'à un étudiant un peu plus âgé, qui a déjà une bonne avance sur lui. Au début de l'automne, un certain Aaron Greenspan, en troisième année, a lancé un site de réseautage appelé « The Face Book ». C'est un site simple, au look professionnel. L'idée de Greenspan était de créer un outil utile pour les professeurs et les jeunes en recherche d'emploi. Mais les premières versions sont critiquées parce qu'elles permettent aux étudiants de publier des détails personnels sur leurs camarades, et le *Harvard Crimson* démolit le projet en pointant les problèmes de sécurité[2]. À cause de ces critiques, le site est vite arrêté dans son élan.

Greenspan a contacté Zuckerberg après avoir entendu son nom circuler dans le campus, et une amitié empreinte de rivalité s'est alors formée entre eux. Lorsque, le 8 janvier 2004, un message instantané de Zuckerberg surgit sur son écran, Greenspan est étonné : il ne lui a jamais donné son identifiant AOL. Tous deux viennent de partager un dîner un peu gêné à Kirkland House, l'une des résidences universitaires de Harvard, où Zuckerberg a esquivé ses questions sur la suite de ses projets. Mais au fil des conversations par tchat[3], Zuckerberg se met à évoquer l'idée de combiner son réseau social en développement avec le projet de Greenspan. Celui-ci se refuse à revoir la conception de son site, mais propose à Zuckerberg d'y incorporer ce qu'il est en train de construire. « Ce serait un peu comme Delta avec Song Airlines », écrit-il.

« Song Airlines appartient à Delta », réplique Zuckerberg.

Zuckerberg ne tient pas à rogner ses ambitions pour les faire entrer dans le cadre créé par Greenspan et se demande tout haut s'ils ne vont pas plutôt devenir concurrents. Il veut que sa création à lui soit moins guindée. Les utilisateurs ont plus de chances de parler de leurs hobbies ou de leurs musiques préférées dans leur salon que dans leur bureau. Si le réseau social apparaît comme « trop fonctionnel », écrit-il à Greenspan, les utilisateurs partageront moins de choses. Ce qu'il veut faire, lui, c'est un endroit « où on va pour perdre son temps ».

Il révèle aussi qu'il songe déjà aux manières de réutiliser les données personnelles. Le site de Greenspan demande à ses utilisateurs des informations spécifiques dans un but bien précis. Les numéros de téléphone permettent aux étudiants de s'appeler ; les adresses, de trouver des lieux où se réunir pour réviser en groupe. « Avec un site où les gens donnent leurs infos personnelles dans un seul but, il faut énormément de travail et de précautions pour employer ces infos à autre chose », écrit Zuckerberg. Il veut, lui, que ses utilisateurs communiquent leurs données d'une manière ouverte, afin d'étendre et de diversifier le genre d'informations qu'il peut récolter.

Tous deux envisagent un moment de partager une base de données d'utilisateurs, et d'inscrire automatiquement les étudiants sur les deux versions de Thefacebook (comme cela s'écrit désormais) lorsqu'ils ouvrent un compte sur l'une ou sur l'autre. Leurs conversations connaissent des hauts et des bas, mais Zuckerberg finit par décider que son projet à lui a des caractéristiques uniques, et qu'il préfère son approche plus décontractée.

Zuckerberg a l'intuition que la réussite de son site dépendra de la volonté des étudiants à partager des détails intimes sur eux-mêmes. Les comportements humains le fascinent ; sa mère a été psychiatre avant d'avoir des enfants, et lui-même suit un cursus de psychologie. Il s'intéresse particulièrement à la facilité avec laquelle les étudiants livrent des informations personnelles. Les photos alcoolisées, les blagues blessantes, les anecdotes vantardes, tout ça, c'est du contenu gratuit. Ce contenu poussera de plus en plus de gens à s'inscrire sur Thefacebook pour voir ce qu'ils ratent. Le défi consiste à faire du site un lieu où les utilisateurs feront distraitement défiler les pages : « Je veux un peu devenir le nouveau MTV[4] », dit-il à des amis. Plus les utilisateurs passeront de temps sur Thefacebook, plus ils en révéleront sur eux-mêmes, volontairement ou non. Les amis dont ils vont voir les pages, la fréquence à laquelle ils y vont, les coups d'un soir qu'ils avouent… Chaque connexion renforce sa vision d'un immense réseau d'interactions sociales.

« Mark récoltait des données pour les données car, je crois, il me ressemble beaucoup. Je pense qu'il comprenait que plus vous aviez de données, plus vous pouviez construire une modélisation précise du monde et le comprendre, explique Greenspan, qui a continué de le fréquenter même lorsqu'il a lancé son site concurrent. Les données sont quelque chose d'extrêmement puissant, et ça, Mark le voyait. Ce qu'il voulait, au bout du compte, c'était le pouvoir. »

Zuckerberg assure en page d'accueil que le réseau, du fait qu'il est limité à Harvard, reste intrinsèquement privé. Mais les premières conditions d'utilisation ne mentionnent nulle part l'usage qui sera fait des infos personnelles des utilisateurs (lesquels ne songent même pas encore à les considérer comme des données personnelles). Des années plus tard, Zuckerberg vantera jusqu'à plus soif la capacité de son invention à relier les gens – le monde entier, même. Mais dans les débuts, son intérêt se porte tout à fait ailleurs. Sur un tchat[5], il ne se cache pas de collectionner les données. Il commence la conversation par une fanfaronnade, en disant à son pote que si jamais celui-ci a besoin de se renseigner sur quelqu'un à Harvard, il n'a qu'un mot à dire.

ZUCK : j'ai plus de 4 000 mails, photos, adresses, dtc
SON AMI : hein !? comment t'as fait ?
ZUCK : les gens me donnent ça d'eux-mêmes
ZUCK : je sais pas pourquoi
ZUCK : ils « me font confiance »
ZUCK : les pauvres couillons

En janvier 2005, Zuckerberg entre en traînant les pieds dans une petite salle de réunion du *Washington Post* pour un rendez-vous d'affaires avec le président du journal, l'un des plus anciens et des plus vénérés des États-Unis. Il va bientôt fêter le premier anniversaire de son réseau social, Thefacebook. Son site compte plus d'un million d'utilisateurs, ce qui le place déjà dans les hautes sphères à vingt et un ans. Il assume son statut de célébrité parmi les geeks comme lui, mais en arrivant à ce rendez-vous-là il est visiblement intimidé.

Il est mal à l'aise dans les couloirs politiques de Washington DC, et hors de son élément dans le milieu feutré des médias de la côte Est. Depuis six mois, il est installé à Palo Alto, en Californie, avec quelques amis de Harvard[6]. L'expérience qui devait durer le temps des grandes vacances – faire tourner Thefacebook depuis une grande maison de plain-pied avec tyrolienne tendue au-dessus de la piscine – s'est transformée en congé de longue durée, passé à rencontrer des investisseurs en capital-risque et les patrons de quelques-unes des entreprises technologiques les plus excitantes du monde.

« Il était comme une sorte de star de ciné ultra-geek », raconte un de ses amis qui a travaillé pour la start-up et fréquenté la maison de Palo Alto, rebaptisée par Zuckerberg et ses colocs la « Casa Facebook ». « Facebook était encore petit, du moins pour la Silicon Valley, mais beaucoup de gens voyaient déjà en lui la nouvelle sensation. »

Les idées que Zuckerberg aurait absorbées s'il était retourné en troisième année à Harvard sont remplacées par la philosophie d'entrepreneurs comme Peter Thiel, cofondateur de PayPal, qui a investi 500 000 dollars dans Thefacebook en août 2004, ou Marc Andreessen, cofondateur de Netscape. Deux des hommes les plus puissants de la Silicon Valley qui ne se contentent pas de créer des start-ups et d'y investir : ils façonnent aussi la mentalité des pionniers de la tech. Leur idéologie émane directement de la philosophie libertarienne américaine, qui porte aux nues l'innovation et le libre marché, et rejette l'ingérence de l'État et des instances de régulation[7]. Son noyau dur est une foi dans l'autonomie de l'individu inspirée par des philosophes et des écrivains comme John Stuart Mill et Ayn Rand, fervents défenseurs du rationalisme et grands sceptiques envers l'autorité. Les buts ultimes sont le progrès et le profit. Les jeunes pousses de la Silicon Valley jettent aux orties les anciens usages, les mauvaises habitudes inefficaces qui doivent être brisées. (En 2011, Thiel accordait une bourse aux étudiants qui arrêtaient leurs études pour apprendre sur le terrain et lancer leur entreprise[8].)

L'instruction est informelle. « Je n'ai jamais vu Mark lire un bouquin ou exprimer le moindre intérêt pour les livres », témoigne un de ses amis, qui en revanche se souvient de nombreux marathons de jeux vidéo nocturnes au cours desquels de vagues idées sur l'art de la guerre et sur les batailles faisaient office d'allégories des affaires. « Il absorbait les idées qui flottaient dans l'air à l'époque, mais ne s'intéressait pas spécialement à l'origine de ces idées. Et il est certain que, de manière générale, il ne s'intéressait pas à la philosophie, à la pensée politique ni à l'économie. Quand on lui posait la question, il répondait qu'il n'avait pas le temps de lire : il était trop occupé à conquérir le monde. »

Zuckerberg a alors peu de contacts en dehors du milieu des passionnés de technologie et des ingénieurs. Mais pendant les vacances, sa camarade de classe Olivia Ma a convaincu son père, vice-président du *Washington Post* chargé des nouvelles initiatives, de rencontrer ce jeune développeur précoce dont le site fait un tabac sur les campus du pays entier. L'homme, impressionné, lui a donné rendez-vous au siège du journal, à Washington.

Zuckerberg se pointe dans les bureaux en jean et pull, accompagné par Sean Parker, le créateur de Napster, président de Thefacebook depuis quelques mois. Le dernier à entrer dans la petite salle de réunion où on les a emmenés est Donald Graham, directeur du *Post*, propriété de sa famille depuis trois générations.

Graham, qui fréquente depuis l'enfance les familles de John F. Kennedy et de Lyndon Johnson ainsi que des magnats des affaires comme Warren Buffett, est un pilier des pages mondaines de New York et de Washington. Sous sa direction, le *Post*, propulsé par la réputation qui l'auréole depuis sa couverture du scandale du Watergate, a remporté presque deux douzaines de prix Pulitzer et autres prix de journalisme[9]. Mais Graham perçoit la menace des médias numériques. Les annonceurs sont surexcités par l'explosion de la fréquentation d'Internet, et les sites tels que Google et Yahoo piquent des articles à CNN, au *Post* et à d'autres pour attirer le public vers leurs propres plateformes et le soustraire aux sites web naissants des journaux eux-mêmes.

Graham veut toucher une nouvelle génération de lecteurs. Contrairement à beaucoup de ses homologues dans le secteur de la musique et à Hollywood, il n'a pas d'hostilité envers les plateformes technologiques ; au contraire, il cherche à se renseigner sur des partenariats potentiels. Il a déjà parlé à Jeff Bezos du service de livraison de livres Amazon, et ce jeune passionné de nouvelles technologies qui s'est mis en congé de sa vénérable université pique sa curiosité. « Je n'étais pas quelqu'un qui avait des connaissances profondes en technologie, mais je voulais apprendre », se souvient-il.

Le gamin lui semble extrêmement gauche et timide. Zuckerberg, apparemment sans cligner des yeux, entreprend d'expliquer à son aîné de presque quarante ans le fonctionnement de Thefacebook. Les étudiants de Harvard créent eux-mêmes leur page en y mettant des informations de base : leur nom, leur classe, leur dortoir, leurs clubs universitaires, leur ville d'origine, les cursus qu'ils suivent. N'importe lequel d'entre eux peut aller voir la page d'un autre et le demander comme « ami ». Une fois la connexion faite, chacun peut laisser des commentaires sur la page de l'autre et y poster des messages. « Qui veut aller à la bibliothèque Widener jeudi soir ? » ; « Qui veut réviser pour l'exam de chimie ? ». Le site diffuse quelques publicités pour les commerces des environs, juste de quoi réinvestir dans du matériel[10].

« Eh bien, c'est la fin du *Crimson*, commente Graham, parlant du journal étudiant de Harvard. Toutes les pizzerias de Cambridge vont arrêter d'y passer leurs pubs à cause de vous. » Étant donné l'attention que s'attire le réseau social, et le tarif relativement bas de ses publicités, les magasins de sport, d'informatique ou les agences de voyages qui veulent toucher les étudiants seraient fous de ne pas y faire leur pub, ajoute-t-il.

Zuckerberg éclate de rire, et en convient. Mais, poursuit-il, ce n'est pas vraiment le chiffre d'affaires qui l'intéresse (Graham remarquera plus tard qu'il ne semble pas connaître la différence entre chiffre d'affaires et bénéfice), ce sont les gens. Il veut plus d'utilisateurs. Il dit à Graham qu'il doit se dépêcher de s'étendre à toutes les universités du pays avant que quelqu'un d'autre ne le fasse.

La plateforme cherche avant tout à développer son envergure et l'implication des usagers. Et contrairement au *Post*, Zuckerberg a une longue piste de décollage pour construire cette audience sans la pression de devoir faire rentrer de l'argent. Graham est frappé par le potentiel du concept. Il le voit non comme une menace envers la presse papier traditionnelle, mais comme une avancée technique à laquelle il pourrait s'associer pour négocier l'avenir du *Post* en ligne ; il a vu les dégâts dans les secteurs de la musique et de l'audiovisuel au moment du passage au numérique. Au bout de vingt minutes de conversation, il dit à Zuckerberg que Thefacebook est une des meilleures idées qu'il ait vues depuis des années. Quelques jours après le rendez-vous, il propose 6 millions de dollars pour une participation de 10 % dans l'entreprise.

Parker aime l'idée d'un investissement venu d'une société de médias. Il a l'impression de s'être fait rouler dans la farine par les investisseurs en capital-risque à l'époque où il dirigeait Napster, et il s'en méfie. En contraste avec Zuckerberg, Parker dégage une image de commercial raffiné ; sa préférence pour l'implication d'une société de médias ne manque pas d'ironie, étant donné son historique comme cofondateur d'un service de partage de musique en *peer-to-peer* qui a essuyé de nombreux procès pour piratage de la part des labels de disques. Quoi qu'il en soit, tous trois ne tardent pas à esquisser les grandes lignes d'un accord. Il n'y a pas de contrat écrit, juste un engagement oral.

Pendant les semaines suivantes, les avocats du *Washington Post* et de Thefacebook entreprennent de négocier un contrat officiel. À un moment donné, le réseau social demande plus d'argent et souhaite que Graham siège au conseil d'administration. En mars, Zuckerberg le rappelle. Il a un « dilemme moral », avoue-t-il. Il a reçu une offre d'Accel Partners, des investisseurs en capital-risque, plus de deux fois supérieure à ce que Graham a mis sur la table.

Accel apporte des moyens conséquents sans les tracasseries ni les valeurs à l'ancienne de la finance traditionnelle[11]. Il n'y a aucun intérêt à entraver de jeunes entrepreneurs comme Zuckerberg avec des questions comme la profitabilité ou la reddition de comptes. Les start-ups sont encouragées à opérer avec des millions de pertes par mois, du moment qu'elles attirent des clients et qu'elles innovent. La stratégie est simple : être les premiers sur le marché, grossir à un rythme effréné, et s'occuper de l'argent plus tard.

Graham apprécie que Zuckerberg lui parle franchement de son dilemme. Il dit au jeune homme d'accepter l'offre la plus sensée pour son affaire. Le conseil correspond parfaitement à l'instinct de compétition de Zuckerberg. « Quand on rencontrait Mark, c'était la première chose qu'on retenait de lui, dit l'ami de longue date qui a fréquenté la Casa Facebook. C'était un type qui n'aimait pas perdre. »

À l'hiver 2005, Thefacebook est devenu l'une des entreprises qui font le plus parler d'elles dans la Silicon Valley. Pas seulement pour le nombre d'utilisateurs qui rejoignent chaque jour la plateforme, mais aussi pour sa mine d'or de données. Les gens livrent d'eux-mêmes leurs informations personnelles dès l'instant où ils se créent un compte : ville d'origine, numéro de téléphone, écoles fréquentées, emplois occupés, préférences en livres et en musique. Aucune autre entreprise technologique ne récolte de données comparables, en profondeur comme en envergure. Fin 2004, la plateforme a passé le cap du million d'utilisateurs[12]. Plus impressionnant encore, ils s'y connectent plus de quatre fois par jour, et sur chaque campus que Zuckerberg approuve pour le site, la majorité des étudiants s'inscrit.

Les investisseurs voient dans Zuckerberg le nouveau génie fondateur, marchant dans les pas des Gates, Jobs, Bezos. « C'était une idée prégnante dans la Vallée à l'époque, cette notion qu'on ne pouvait pas contester les fondateurs, qu'ils étaient des rois, note Kara Swisher, une journaliste témoin de l'ascension de Zuckerberg, et qui a suivi de près ses mentors. L'impression qu'il me faisait, c'était d'être intellectuellement un poids plume, très facilement influencé par Andreessen ou Peter Thiel ; comme il voulait que ceux-ci le trouvent intelligent, il adoptait les changements qu'ils suggéraient et les idées libertariennes qu'ils professaient. De toute manière, Zuckerberg était tellement motivé qu'il était prêt à tout pour que son entreprise réussisse. »

Il a déjà montré cet instinct de tueur dans sa manière de verrouiller le contrôle de Thefacebook dès la première année. Tout au début, à Harvard, il a généreusement distribué les titres et recruté ses copains dans sa nouvelle boîte ; un camarade de classe, Eduardo Saverin, a ainsi reçu le titre de cofondateur contre la somme modeste qu'il avait investie pour aider au lancement de la plateforme. Mais dès juillet 2004, Zuckerberg a procédé à une restructuration qui revenait globalement à un rachat de la société qu'il avait formée avec Saverin. Cet arrangement a permis à Zuckerberg de redistribuer les parts d'une manière qui lui garantissait la majorité, tout en faisant fondre la participation de Saverin d'un tiers à moins de 10 %. Saverin proteste et, plus tard, attaquera en justice pour réclamer une compensation. Le conseil d'administration, qui comprend deux des premiers investisseurs, Jim Breyer d'Accel et Peter Thiel, a un rôle essentiellement consultatif et laisse à Zuckerberg les coudées franches pour ce genre de décisions[13].

En septembre 2005, la plateforme, qui a abandonné l'article défini devant son nom pour devenir « Facebook » tout court, commence à accepter les lycées tout en continuant à s'étendre dans les universités. Depuis ses locaux minuscules au-dessus d'un restaurant chinois dans le centre de Palo Alto, Zuckerberg motive ses employés à faire des journées de plus en plus longues pour suivre la demande. À la fin de l'année, alors que la plateforme enregistre plus de 5,5 millions d'utilisateurs, il prend l'habitude de conclure les réunions hebdomadaires en brandissant le poing et en braillant : « Domination ! »

Les investisseurs et les offres de rachat affluent[14] : Viacom, MySpace, Friendster... Toutes se mettent sur les rangs, dans le sillage des offres du *Washington Post* et d'Accel. Celle de Yahoo, qui en juin 2006 propose 1 milliard de dollars, est la plus difficile à refuser. Aucune start-up aussi petite que Facebook, et n'engrangeant aucun bénéfice, ne s'est jamais vu proposer une somme pareille. Un certain nombre d'employés implorent Zuckerberg d'accepter. Son conseil d'administration et d'autres conseillers lui disent qu'il pourrait partir de Facebook avec la moitié de la somme – et une stature suffisante pour faire tout ce qu'il veut.

L'offre de Yahoo le force à réfléchir à sa vision à long terme. En juillet, il dit à Thiel et à Breyer qu'il ne sait pas ce qu'il ferait de cet argent, et qu'il ne ferait sans doute que recréer une autre version de Facebook[15]. Et au fond, il a pris conscience que la plateforme pouvait encore connaître une croissance exponentielle. « Pour la première fois, nous étions vraiment obligés de regarder vers l'avenir », racontera-t-il par la suite. Lui et son cofondateur Dustin Moskovitz ont conclu qu'ils pouvaient « en fait connecter bien plus que les dix millions d'individus présents dans les universités[16] ».

Tout l'encadrement démissionne en signe de protestation lorsqu'il décline l'offre de Yahoo. Son pire moment en tant que dirigeant d'entreprise, reconnaîtra-t-il plus tard. La boîte se trouve aussi à la croisée des chemins. « Le plus douloureux n'a pas été de décliner l'offre, commentera-t-il. Ça a été le fait qu'énormément de gens s'en aillent parce qu'ils ne croyaient pas à ce qu'on faisait. »

Et pourtant, ce geste va booster la réputation de Zuckerberg. Son audace apporte à l'entreprise un regain de confiance en soi. Il commence à débaucher du monde chez Microsoft, Yahoo et Google. « Les gens voulaient travailler chez Facebook. Tout le monde sentait que ça allait devenir quelque chose d'énorme, observe un employé qui faisait partie des cinquante premières embauches. On savait qu'avoir Facebook sur son CV, ça en jetait. »

Le prestige de l'entreprise a beau grimper, le fonctionnement en interne reste folklorique. Les employés s'agglutinent autour des mêmes petits bureaux, souvent jonchés de gobelets de café et d'emballages de barres chocolatées laissés par ceux du quart précédent. Les réunions sont abruptement annulées si les ingénieurs n'arrivent pas à montrer un prototype achevé de leur idée, alors qu'ils n'ont pas de chefs pour donner un avis ou des conseils. Les marathons nocturnes pendant lesquels les employés, carburant à la bière et aux boissons énergisantes, programment de nouvelles fonctionnalités, sont monnaie courante.

Zuckerberg adore les sessions de programmation, mais il consacre l'essentiel de son temps à une idée qui, pense-t-il, propulsera Facebook loin devant la concurrence, l'idée qui lui a déjà donné le culot de repousser Yahoo[17] : une page d'accueil centrale personnalisée. Pour l'instant, quand les utilisateurs veulent voir les publications de leurs amis, ils doivent se rendre sur la page de chacun. Facebook fonctionne comme un simple annuaire, sans connexion entre les profils ni possibilité de communiquer facilement. La nouvelle fonctionnalité, baptisée « fil d'actualité », ira chercher dans les posts, les photos et les mentions des différents profils, et les réorganisera en un flux unifié : un flot continu d'informations perpétuellement rafraîchies, en somme.

Malgré le nom, Zuckerberg veut que son fil d'actualité vienne brouiller la conception traditionnelle de l'info. Alors que dans la presse c'est la rédaction qui décide de la hiérarchie des articles apparaissant en une du journal et en page d'accueil du site, Zuckerberg imagine une hiérarchie personnalisée « selon l'intérêt », qui déterminera ce que chaque utilisateur verra sur sa version individuelle du fil[18]. En premier, les utilisateurs voudront voir des contenus parlant d'eux, si bien que toute publication, photo ou mention les concernant devra apparaître tout en haut. Ensuite viendront les contenus parlant de leurs amis, par ordre décroissant, jusqu'à ceux avec qui ils interagissent le moins. Les contenus des pages et groupes annexes arriveront en dernier.

Aussi simple que puisse paraître le fil d'actualité dans ses carnets, Zuckerberg sait que ce sera compliqué à mettre en œuvre. Il a besoin de quelqu'un de compétent pour l'aider à concevoir un algorithme capable d'évaluer et de classer ce que les utilisateurs désirent voir. Il charge Ruchi Sanghvi, une ingénieure embauchée dès les débuts de la boîte, d'assurer la partie technique. Et il affecte à la supervision du projet un groupe de cadres récemment arrivés, notamment Chris Cox.

Il est allé chercher Cox à Stanford, dans un programme de troisième cycle consacré à l'étude du traitement du langage naturel, un champ de la linguistique qui analyse comment l'intelligence artificielle peut aider les ordinateurs à traiter et à analyser la manière dont les gens parlent. Avec sa boule à zéro et son bronzage perpétuel, Cox a l'air d'un surfeur, mais il parle comme un technologue. Il s'est taillé une brillante réputation à Stanford; son départ pour une petite start-up qui rivalise avec des sociétés bien plus grosses et mieux financées comme MySpace et Friendster a déconcerté ses professeurs et ses collègues. Il a accepté le poste chez Facebook sans rencontrer Zuckerberg, mais dès l'instant où ils ont été présentés, l'alchimie entre eux a fonctionné. Cox a du charisme et le talent de mettre son patron à l'aise, et il semble savoir d'instinct ce que Zuckerberg pensera d'un produit ou d'une idée.

Cox est idéalement placé pour traduire aux autres employés la vision de Zuckerberg : le boss veut que les gens restent connectés à leurs amis en passant des heures chaque jour à faire défiler le fil d'actualité. Il veut aussi qu'ils restent connectés au site. Le but est de les inciter à rester actifs le plus longtemps possible une fois qu'ils sont connectés : la durée de ce qu'on appellera bientôt « sessions » est suivie avec attention. Du point de vue de l'ingénierie, le système de fil d'actualité est de loin le plus intense et compliqué auquel Facebook se soit jamais attaqué. Il faudra presque un an pour écrire le code, mais son impact sera démesuré : le fil d'actualité ne va pas seulement changer le cours de l'histoire de la plateforme, il va pousser des dizaines d'autres entreprises de tech dans le monde à réimaginer l'offre sur Internet.

Juste après 1 heure du matin, heure standard du Pacifique, le 5 septembre 2006, les employés s'entassent dans un coin du bureau pour assister à la mise en ligne du fil d'actualité. En dehors du personnel de Facebook et d'une poignée d'investisseurs briefés par Zuckerberg, personne n'est au courant de cet énorme projet de refonte. Quelques conseillers ont supplié le patron d'opter pour un lancement progressif, avec une version d'essai en avant-première réservée à un petit comité. Il n'a rien voulu savoir.

Au lieu de cela, passé l'heure dite, les utilisateurs qui se branchent sur Facebook dans tous les États-Unis tombent sur un message les informant que le site lance une nouvelle fonctionnalité. Il n'y a qu'un bouton sur lequel cliquer, et il dit : « Génial ». Aussitôt qu'on clique dessus, l'ancien Facebook disparaît à jamais. Rares sont les utilisateurs qui prennent la peine de lire le texte d'accompagnement de Sanghvi, qui présente sur un ton joyeux le nouveau fonctionnement : la plupart plongent la tête la première dans la création de Zuckerberg. Il y en a au moins un qui n'est pas conquis : « Le fil d'actualité, c'est à chier », dit un des premiers commentaires. Zuckerberg et ses ingénieurs préfèrent en rire. Certains mettront un peu de temps à s'habituer à la nouveauté, pensent-ils. Ils rentrent chez eux se coucher.

Mais le lendemain matin, des utilisateurs mécontents manifestent devant les bureaux de Facebook dans Emerson Street, et un groupe Facebook appelé « Les étudiants contre le fil d'actualité » est apparu dans la nuit[19]. Ses membres sont furieux que leur situation amoureuse soit visible sur ce qui revient, en somme, à un tableau d'affichage public. Quel besoin a Facebook de clamer sur tous les toits qu'une relation est passée de « Juste amis » à « C'est compliqué » ? demandent-ils. D'autres se désolent de voir leurs photos de vacances partagées avec le monde entier. La fonctionnalité s'appuie pourtant sur des informations qu'ils ont eux-mêmes publiées, mais ils réalisent seulement maintenant tout ce que Facebook sait sur eux. C'est un choc.

Dans les quarante-huit heures, 7 % des utilisateurs ont rejoint le groupe anti-fil créé par un étudiant en troisième année à l'université Northwestern. Les investisseurs paniquent, et plusieurs décrochent leur téléphone pour demander à Zuckerberg de désactiver la nouvelle fonctionnalité. La crise de relations publiques qui s'ensuit semble leur donner raison : les défenseurs de la vie privée se liguent contre Facebook, décriant la nature invasive du nouveau fonctionnement. Devant les manifestations aux portes des bureaux de Palo Alto, Zuckerberg se voit contraint d'engager son premier vigile.

Et pourtant, les chiffres le confortent dans son idée. Les données de Facebook lui indiquent qu'il a vu juste : les utilisateurs passent plus de temps que jamais sur le site. D'ailleurs, le groupe protestataire apporte la preuve même que c'est une réussite : les gens s'y inscrivent parce qu'ils le trouvent en première place dans leur fil. C'est la première expérimentation en direct du pouvoir du fil d'actualité à rendre une publication virale.

« Quand on regardait les gens l'utiliser, ils s'en servaient vraiment, vraiment, vraiment beaucoup, se rappelle Cox. Ils s'impliquaient à fond, et ça montait sans cesse[20]. » L'expérience confirme que Cox a bien fait de voir dans la première réaction du public un simple réflexe, comme toujours dans l'histoire chaque fois qu'une nouvelle technologie a été lancée. « Si on remonte dans le temps et qu'on voit la première radio… ou la première fois qu'on a parlé du téléphone : tout le monde disait qu'installer le téléphone dans les foyers allait envahir notre intimité, car des gens allaient appeler, savoir si on n'était pas là, et venir cambrioler. C'est sans doute arrivé de temps en temps, mais globalement le téléphone est sans doute une bonne chose. »

Zuckerberg voit tout de même qu'il doit faire quelque chose pour apaiser la grogne. À la fin d'une journée passée à répondre à des appels d'amis et d'investisseurs, il décide de s'excuser. Juste avant 23 heures, moins de vingt-quatre heures après le lancement du fil d'actualité, il publie sur Facebook un post intitulé : « On se calme. On respire. Nous vous entendons. » Le message de 348 mots donne le ton de ce que sera la communication de crise de Zuckerberg à l'avenir. « Nous écoutons toutes vos suggestions sur les manières d'améliorer le produit ; il est tout neuf, et encore en évolution », écrit-il, avant de préciser que rien n'a changé dans les réglages de sécurité. (Que ce soit réellement le cas ou non, quelques semaines plus tard les ingénieurs de Facebook lanceront des outils permettant aux usagers de limiter l'accès à certaines informations.) Facebook ne force pas les gens à partager ce qu'ils veulent garder pour eux. Et s'ils ne sont pas contents de ce qu'ils ont eux-mêmes posté, bah… c'est leur problème. En fin de compte, le message ressemble moins à des excuses qu'à un savon passé par un parent exaspéré : c'est bon pour vous, vous me remercierez un jour.

Le *New York Times* est publié depuis plus de cent ans sous la devise : *Toutes les nouvelles qui en valent la peine.* Si Facebook avait une devise, elle dirait plutôt quelque chose comme : *Toutes les nouvelles de vos amis que vous vouliez lire sans même le savoir.*

Presque immédiatement, l'entreprise va se heurter au problème de l'absence de rédaction, ou de principes directeurs. Les journaux s'appuient sur des années de jugement éditorial et de savoir institutionnel pour décider de ce qu'ils publient. Un groupe d'employés qui ont déjà plus ou moins modéré des contenus est chargé de déterminer ce que Facebook permettra ou non sur sa plateforme. Ils commencent par rassembler quelques idées qui reviennent grosso modo à : « Si tu sens dans tes tripes que ça ne va pas, tu supprimes. » Ces recommandations sont transmises par mail ou dans des conversations devant la machine à café. Il y a des listes d'exemples de publications que Facebook a déjà supprimées, mais sans explications ni contexte pour justifier la décision. Au mieux, c'est du cas par cas.

Le problème concerne aussi les publicités. Les pubs elles-mêmes sont peu inspirées – des visuels format timbre-poste et des bannières sur le site –, et la petite équipe qui s'en occupe accepte à peu près tout. Quand Tim Kendall arrive comme directeur de la monétisation, juste avant le lancement du fil d'actualité, il n'y a aucun cadre fixe pour dicter ce qui est acceptable ou non. Et pas non plus de processus de validation en place pour lui et l'équipe qu'il dirige. Ils décident sur le tas. « Les décisions sur la ligne à tenir en termes de contenus étaient totalement instinctives et prises après coup, en réaction aux problèmes », indique un ancien salarié.

À l'été 2006, Kendall tombe sur son premier cas difficile. Des groupes politiques moyen-orientaux cherchent à placer, à l'intention des étudiants, des publicités visant à stimuler l'animosité d'un certain côté du conflit israélo-palestinien. Les pubs sont explicites, avec des images choquantes, notamment d'enfants morts. L'équipe tombe d'accord pour ne pas les passer, mais ne sait pas bien comment justifier son refus auprès des groupes politiques. Kendall rédige à la hâte quelques lignes pour dire que l'entreprise n'acceptera pas les messages publicitaires incitant à la haine ou à la violence. Il ne les fait pas approuver par ses supérieurs, et Zuckerberg ne s'en mêle pas.

Tout est très informel ; aucun juriste n'a validé le document tenant sur une page qui définit la ligne de conduite. Les pratiques en matière de contenus sont placées très bas sur la liste des priorités de l'entreprise. « On ne comprenait pas ce qu'on avait dans les mains à l'époque. On était cent gus dans une boîte qui comptait cinq millions d'utilisateurs, et on ne s'intéressait pas à ce qui se disait, se rappelle un autre salarié. Mark se concentrait sur la croissance, l'expérience et le produit. Notre attitude, c'était plutôt : Ce site futile pour étudiants ne va quand même pas se coltiner des problèmes graves ! »

L'attention du P-DG est ailleurs. Dans tous les États-Unis, l'accès au haut débit est en pleine ascension. Une meilleure bande passante à domicile et un accès ininterrompu à Internet, ce sont des conditions fertiles pour l'innovation dans la Silicon Valley – et notamment pour les nouveaux réseaux sociaux qui cherchent à proposer des flux d'information perpétuels et toujours changeants. Twitter, lancé en juillet 2006, est bien parti pour toucher un million de personnes[21]. Tout le monde s'en sert, de l'ado lambda à l'homme qui va devenir le « leader du monde libre ».

Pour rester dans la course, Facebook va devoir grandir. Beaucoup. Zuckerberg a pour objectif de connecter tous les internautes du monde. Mais avant de s'en approcher, reste à résoudre un problème de taille : comment monétiser l'affaire. Facebook, entré dans sa quatrième année, doit à présent trouver un plan pour convertir le temps de cerveau disponible en dollars. Il va falloir mettre le turbo sur la publicité. Les investisseurs veulent bien tolérer des coûts en augmentation et des déficits à répétition, mais seulement jusqu'à un certain point. Zuckerberg, pour suivre la croissance de la plateforme, embauche du personnel, loue des espaces de bureaux et investit dans des serveurs et autres équipements ; les dépenses s'additionnent.

Comme l'a bien senti Don Graham, Zuckerberg est un homme d'affaires qui se soucie peu des affaires. L'année d'après la création de Facebook, il a évoqué ses premières expériences de chef d'entreprise dans un documentaire sur la génération Y réalisé par Ray Hafner et Derek Franzese. On l'y voit réfléchir tout haut à l'idée de trouver quelqu'un pour gérer les aspects de la gestion d'entreprise qui l'ennuient. « Le rôle du P-DG évolue avec la taille de la boîte », dit-il dans le film. Il a alors vingt et un ans et il est vautré dans un canapé dans les bureaux de Palo Alto, pieds nus, en tee-shirt et short de gym. « Dans une toute petite start-up, le P-DG est généralement le fondateur ou le mec qui a les idées. Si vous êtes une grosse boîte, le P-DG ne fait que gérer, en fait, et peut-être faire un peu de stratégie, mais ce n'est pas forcément le mec qui a les grandes idées. Donc, je veux dire, c'est une transition d'aller vers ça, et aussi, est-ce que je veux continuer comme ça ? Ou est-ce que je veux prendre quelqu'un pour faire tous ces trucs et juste me concentrer sur des idées, genre, cools ? C'est quand même plus sympa[22] », dit-il en pouffant de rire.

3

On travaille dans quoi, au juste ?

À la rentrée de septembre 1989, plus de dix ans avant l'arrivée de Mark Zuckerberg à Harvard, Lawrence Summers, qui y enseigne l'économie du secteur public, entre dans l'amphi et observe l'assistance. Il dispense un cours ardu qui traite des marchés du travail et de l'impact des retraites et de la couverture santé sur l'ensemble des marchés. Le professeur âgé de trente-quatre ans, étoile montante de l'économie, repère facilement les fayots dans la centaine d'étudiants qui suivent ses cours : ce sont ceux qui s'assoient au premier rang, impatients de lever la main. Summers les trouve agaçants. Mais en général, ce sont les meilleurs éléments.

Si bien que, quelques mois plus tard, il s'étonne quand la première place, lors des partiels, revient à une étudiante qu'il a à peine remarquée. Il a du mal à mettre un visage sur son nom. « Sheryl Sandberg ? C'est qui, ça ? » demande-t-il à un assistant.

Ah, la troisième année brune aux cheveux bouclés avec les sweatshirts trop grands. Elle se place tout à droite de la salle, avec un groupe d'amis. Elle ne participe pas beaucoup, mais semble prendre énormément de notes. « Elle n'était pas comme ceux qui lèvent les deux mains pour être interrogés », se souvient-il.

Comme le veut la tradition, il invite les meilleurs de la classe à déjeuner au Harvard Faculty Club, en bordure du Harvard Yard, le cœur historique du campus. Sandberg, armée de questions pertinentes, fait des étincelles au cours du repas. Summers apprécie qu'elle se soit préparée. Mais il remarque aussi qu'elle est très différente de ses autres élèves, des jeunes gens brillants.

« On voit beaucoup d'étudiants en deuxième cycle à Harvard qui sont ce que j'appelle des "présidents cachés". Ils sont persuadés d'être de futurs présidents des États-Unis, et ils ne se prennent pas pour de la merde. Sheryl n'était pas comme ça, elle ne se prenait pas pour quelqu'un de très important. »

À l'époque, Summers commence à attirer l'attention au niveau national pour son expertise sur l'intersection entre secteur public et économie ; docteur en économie à Harvard à vingt-sept ans, il est un des plus jeunes professeurs titulaires de l'histoire récente de l'université ; ce n'est pas facile de l'impressionner. Mais Sandberg se démarque de ses camarades. Elle lui demande de soutenir un groupe appelé « Femmes dans l'économie et le gouvernement », qu'elle a fondé avec d'autres étudiantes. Le but du club est d'augmenter la proportion de professeures femmes et d'étudiantes ; Sandberg débite des données sur le pourcentage de filles dans les cursus d'économie, qui est inférieur à 10 %. Summers accepte l'invitation. Ce club est visiblement une initiative très réfléchie, et il apprécie ses bonnes manières et son attitude respectueuse. « Il y a des étudiants qui m'appellent Larry avant que je les autorise à le faire. Et puis il y a ceux à qui je dois rappeler régulièrement de ne plus m'appeler professeur Summers, dit-il. Sheryl faisait partie des seconds. »

Summers s'en va pendant la quatrième année de Sandberg pour devenir économiste en chef de la Banque mondiale, mais il la recrute à Washington comme assistante de recherche peu après l'obtention de son diplôme, au printemps 1991. (Il a continué de la suivre en tant que directeur de thèse, mais s'est senti « un peu coupable » du peu de temps qu'il avait à lui accorder depuis Washington.)

Quand Sandberg, à l'automne 1993, annonce à ses parents qu'elle compte retourner à Harvard, mais pour l'école de commerce – la

Harvard Business School – et non pour le prestigieux diplôme de droit, ils restent sceptiques. Ils avaient toujours supposé qu'elle ferait carrière dans le secteur public ou dans des ONG, et elle aussi, jusqu'à récemment. Sa famille regorge de médecins et de présidents d'organisations à but non lucratif. Son père est ophtalmologue et, avec sa mère, a dirigé l'antenne de Floride du Sud du mouvement Soviet Jewry, un organisme national visant à attirer l'attention sur la persécution des Juifs en Union soviétique. Les jeunes frères et sœur de Sheryl suivent la voie professionnelle de leur père ; son frère deviendra un neurochirurgien pédiatrique renommé, et sa sœur pédiatre. La Banque mondiale, ils trouvent ça sensé. Le droit semble plus logique, comme étape suivante.

Un collègue expérimenté de la Banque mondiale, Lant Pritchett, qui qualifie Sandberg de « Mozart des relations humaines », l'a encouragée à choisir plutôt la Harvard Business School : « Tu es faite pour diriger ceux qui sortiront de l'école de droit. » Des années plus tard, le père de Sandberg devra concéder à Pritchett qu'il avait vu juste.

Sandberg connaît deux faux départs dans les années qui suivent. En juin 1994, alors qu'elle prépare son MBA, elle épouse Brian Kraff[1], un diplômé de la Columbia Business School qui a lancé une start-up à Washington. Un an plus tard, le mariage est à l'eau ; Sandberg dit à des amis qu'elle s'est mariée trop jeune et qu'ils étaient mal assortis. Kraff se satisfaisait apparemment de s'installer dans une vie confortable à Washington ; Sandberg, elle, vise plus haut.

MBA en poche, elle part travailler pour le cabinet de conseil McKinsey and Company à Los Angeles, mais constate que le consulting en management ne l'intéresse pas. Au bout d'un an, fin 1996, elle rejoint Summers à Washington, au département du Trésor. Là, elle a un coup de chance. Les chefs d'entreprise viennent à flot continu s'entretenir avec Summers, et l'un d'entre eux est Eric Schmidt, un cadre de gestion dans les nouvelles technologies qui est pressenti pour prendre les rênes de Google.

Le dynamisme de la Silicon Valley séduit Sandberg. Grâce à des sociétés comme eBay, des millions de gens se transforment en entrepreneurs. Yahoo et Google promettent de diffuser le savoir dans le monde entier, d'apporter des outils de recherche et de communication gratuite comme le mail et le tchat en Asie, en Europe et en Amérique latine. Lancé depuis un garage à Seattle en 1995, Amazon bouleverse le secteur de la distribution aux États-Unis avec un chiffre d'affaires de 2,7 milliards de dollars en l'an 2000.

En particulier, Sandberg est curieuse de l'influence profonde que peuvent avoir les nouvelles technologies sur la vie des gens, et du potentiel des entreprises à initier des mouvements sociaux. « Sheryl veut avoir un Impact avec un grand I, explique un de ses amis. Oui, l'argent est important, mais plus importante encore est l'idée de faire quelque chose de grand, quelque chose qui compte. »

Sandberg a déjà eu l'occasion d'accompagner Summers en Californie pour aller rencontrer Schmidt, à l'époque directeur général du géant du software d'entreprise Novell. Contrairement aux hommes d'affaires de Wall Street et du Fortune 500, qui se déplacent en berline noire avec chauffeur et portent de coûteux costards sur mesure, Schmidt est venu les chercher à l'aéroport de San Francisco au volant de sa voiture, et en jean. Ils ont mangé dans une pizzeria du coin avec le fondateur de Yahoo, Jerry Yang, qui venait de devenir milliardaire. Sandberg était accoutumée aux usages de la vieille garde des affaires et du pouvoir politique, mais là, ces types se fichaient royalement des protocoles poussiéreux et échangeaient les idées qu'ils avaient dans la tête comme la nourriture qu'ils avaient dans l'assiette, avec toute la décontraction du monde[2].

Ce souvenir l'a marquée durablement. En 2001, Schmidt, devenu DG de Google, lui propose un poste de directrice de département. C'est un titre vague, et il n'y a pas de départements bien définis à l'époque. Sandberg objecte qu'elle hésite à venir sans mandat clair. « Sheryl, ne sois pas idiote, répond Schmidt. Quand on t'offre une place à bord d'une fusée, tu ne demandes pas le numéro du siège[3]. » Google à l'époque est la plus excitante des start-ups, son nom est déjà devenu un verbe synonyme de « chercher sur Internet », et elle sera l'une des plus grosses introductions en Bourse du marché. Mais Sandberg est avant tout fascinée par la vision de ses fondateurs, deux anciens doctorants de Stanford dont l'objectif est de rendre l'information mondiale accessible et utile à tous. Après avoir lancé le moteur de recherche en 1998, Larry Page et Sergey Brin ont adopté cette devise officieuse : *Ne fais pas le mal.*

Cet idéalisme parle à Sandberg. Elle a le sentiment de travailler à quelque chose d'important. Elle a aussi des raisons personnelles de retourner sur la côte Ouest. Sa sœur Michelle vit à San Francisco, et elle-même a beaucoup d'amis à Los Angeles. En 2002, elle commence à fréquenter un de ces amis, Dave Goldberg, créateur d'une start-up de musique. Six mois plus tard, ils sont fiancés. Une fois qu'il a vendu sa société, Launch, à Yahoo en juin 2003, Goldberg reste d'abord à LA, mais il rejoint Sandberg dans la région de la baie de San Francisco un an plus tard. « J'ai perdu à pile ou face », dit-il pour expliquer le choix de leur lieu de résidence[4]. En 2004, ils se marient dans le désert, à Carefree, Arizona.

Sandberg s'épanouit chez Google, et récolte des lauriers pour avoir fait de la régie publicitaire embryonnaire une affaire pesant 16,6 milliards de dollars[5]. Elle est citée dans le *New York Times*, le *New Yorker* et *Newsweek*, et intervient dans des congrès tels que le « AllThingsD » du *Wall Street Journal* avec Kara Swisher et Walt Mossberg. Les créateurs de start-ups font les gros titres, mais les initiés savent que ce sont des gens comme Sandberg qui travaillent dans l'ombre pour transformer les jeunes pousses en mastodontes classés au Fortune 100.

Zuckerberg et Sandberg font connaissance lors d'une fête de Noël donnée par Dan Rosensweig, ancien cadre de direction chez Yahoo, en décembre 2007 dans sa villa de Woodside. Zuckerberg évite généralement le bavardage, mais échanger avec Sandberg l'intéresse. Pendant que les invités évoluent autour d'eux, ils se mettent à parler affaires. Il décrit son but de conquérir quiconque aura une connexion Internet dans le pays. D'autres pourraient croire à un fantasme, mais Sandberg est intéressée et fait quelques réflexions sur les moyens qu'il faudrait mobiliser afin de suivre le rythme d'une telle croissance. « C'était vraiment intelligent. Il y avait de la substance[6] », commentera Zuckerberg plus tard.

Il était inévitable que leurs chemins se croisent, étant donné leurs carnets d'adresses respectifs. Rosensweig est un de leurs amis communs. Goldberg a travaillé avec lui chez Yahoo ; Rosensweig a serré la main à Zuckerberg au moment de l'accord manqué avec Yahoo. Roger McNamee a investi dans Facebook dès le début, et son associé dans le cabinet d'investissement Elevation Partners est Mark Bodnik, lequel a épousé la sœur de Sandberg, Michelle[7].

Zuckerberg et Sandberg finissent par discuter pendant plus d'une heure lors de cette soirée, sans bouger de leur place à côté de l'entrée. Elle est intriguée par l'homme qui a décliné l'offre de rachat à un milliard de Yahoo, et par le culot qu'il a fallu pour dire non face à la bronca des salariés. Et elle trouve irrésistible son ambition de multiplier de manière exponentielle les cinquante millions d'utilisateurs de Facebook. Comme elle le dira plus tard à Dan Rose, ancien vice-président chez Facebook, elle sent qu'elle a été « mise sur cette planète pour faire croître des organisations ». Les premiers dirigeants de Facebook, y compris Sean Parker, ne savaient pas s'y prendre pour faire tourner ou développer une affaire à l'échelle mondiale.

Après la fête de Noël, Zuckerberg et Sandberg se revoient près de chez elle, dans son restaurant préféré, le Flea Street, puis dînent longuement plusieurs fois chez elle, à Atherton. Comme leurs conversations deviennent plus sérieuses, ils commencent à dissimuler leurs rencontres pour éviter toute spéculation à propos de son départ de Google. Ils ne peuvent pas se voir chez Zuckerberg, un studio à Palo Alto avec simplement un futon par terre, une petite table et deux chaises. (En 2007, les fondateurs de Google, Brin et Page, et le DG Eric Schmidt discutent d'une association avec Zuckerberg dans le minuscule appartement. Zuckerberg et Page s'assoient à la table, Brin sur le futon, et Schmidt par terre.)

Au fil de leurs conversations, Zuckerberg déploie sa vision de ce qu'il appelle « le web social », décrivant Facebook comme une technologie de communication entièrement nouvelle, où une info divertissante sera générée gratuitement par les utilisateurs eux-mêmes. Sandberg explique pas à pas comment elle a réussi à faire croître la régie publicitaire de Google, transformant les recherches sur Internet en données précieuses pour les annonceurs, ce qui a contribué à la trésorerie spectaculaire de l'entreprise. Elle expose comment Facebook pourrait augmenter sa masse salariale, provisionner plus d'argent pour des dépenses capitales comme les *data centers*, et agrandir la marge bénéficiaire à une allure gérable pour suivre l'explosion des nouveaux utilisateurs.

Leurs conversations se prolongent tellement que Sandberg, qui a un bébé et un enfant en bas âge, doit mettre Zuckerberg dehors pour pouvoir dormir un peu.

À certains égards, ils sont l'opposé l'un de l'autre, Sandberg étant maîtresse de la gestion et de la délégation. Chez Google, son emploi du temps est précisément minuté. Ses réunions s'éternisent rarement et doivent souvent se conclure par une liste d'actions à mener. À trente-huit ans – quinze de plus que Zuckerberg –, elle est au lit à 21 h 30 et se lève tous les matins à 6 heures pour une séance de gym cardio énergique. Zuckerberg sort toujours avec sa petite amie de Harvard, Priscilla Chan, qui vient d'obtenir son diplôme et travaille dans une école privée à San José, à une demi-heure de Palo Alto. Mais il se consacre principalement au travail. Il est plutôt du soir, codant bien après minuit et arrivant au bureau tard dans la matinée. Dan Rose a des souvenirs de réunions commençant à 23 heures, le milieu de la journée pour Zuckerberg. Sandberg, hyper organisée, prend des notes abondantes dans ses agendas à spirale, les mêmes depuis l'université. Lui, de son côté, trimballe son portable et arrive en retard, ou pas du tout s'il est absorbé dans une conversation ou une séance de code qui l'intéresse davantage.

Zuckerberg voit bien que Sandberg excelle, et même s'épanouit, dans tous les aspects de la gestion d'entreprise qui le barbent. Elle a des relations haut placées dans les plus grandes agences de publicité et parmi les dirigeants des entreprises classées au Fortune 500. Et elle apporte à Facebook un atout dont son nouveau patron est conscient d'avoir besoin : l'expérience de Washington DC.

Zuckerberg ne s'intéresse pas à la politique et ne suit pas l'actualité. L'année précédente, un reporter qui accompagnait Donald Graham pour quelques jours au *Post* lui a donné un livre sur la politique qu'il avait écrit. Zuckerberg a dit ensuite à Graham : « Moi, je n'aurais jamais le temps de lire ça. »

« Je l'ai taquiné parce qu'il y a très peu de choses sur lesquelles tout le monde est unanime, mais l'idée que lire est un bon moyen d'apprendre en est une. Le consensus est total sur ce point, dit Graham. Mark a fini par le reconnaître, et, comme pour tout ce qu'il faisait, il s'y est mis très vite et est devenu très grand lecteur. »

Pourtant, juste avant ses pourparlers avec Sandberg, Zuckerberg a été confronté à une polémique qui soulève des inquiétudes au sujet de possibles régulations. Le gouvernement commence à se demander si les plateformes gratuites comme Facebook ne nuisent pas à leurs utilisateurs en collectant leurs données. En décembre 2007, la FTC, soucieuse de protéger les données personnelles, a diffusé des principes d'autorégulation pour la publicité ciblée[8]. Zuckerberg a besoin d'aide pour manœuvrer à Washington. D'après Dan Rose, « Mark comprenait que les plus grands défis qui attendaient Facebook tourneraient autour de questions de vie privée et de régulation. [Sandberg] avait évidemment beaucoup d'expérience dans le domaine, et c'était très important pour lui ».

Pour Sandberg, rejoindre les rangs de Facebook, une entreprise dirigée par un gamin mal dégrossi de vingt-trois ans qui a arrêté la fac avant la fin, n'est pas aussi contre-intuitif qu'il y paraît. Chez Google, elle est certes vice-présidente, mais elle a atteint un plafond : il y a plusieurs autres vice-présidents au même niveau qu'elle, tous se tirant dans les pattes pour dépasser les autres, et Eric Schmidt ne se cherche pas de bras droit. Des hommes moins performants qu'elle sont récompensés et bénéficient de titres plus importants que le sien, racontent d'anciens salariés de Google. « Alors que son département était plus gros, plus rentable et grandissait plus vite que ceux de ses collègues, elle ne décrochait pas le titre de présidente, contrairement à eux, se rappelle Kim Scott, cadre sup au service des ventes d'espace publicitaire. C'était n'importe quoi. »

Sandberg se cherche une nouvelle aventure. Elle a été courtisée pour de nombreux postes, y compris un à la direction du *Washington Post*. Don Graham a engagé des liens entre eux alors qu'elle travaillait pour Summers, et en janvier 2001 il a tenté de la recruter lors d'un déjeuner avec sa mère à lui, Katharine, mais elle a préféré Google. Six ans plus tard, il a tenté une nouvelle fois de l'embaucher. Il s'inquiète du déclin de la presse papier et lui a offert un poste à la direction, une chance de transformer une vieille marque de médias en site d'information ultra-dynamique. Une fois de plus, elle a dit non.

Don Graham a donc essuyé des refus de Zuckerberg et de Sandberg, mais il n'en reste pas moins proche d'eux, et eux continuent d'apprécier ses conseils. Quand chacun des deux lui demande son avis sur l'autre, il les encourage à joindre leurs forces. Vers la fin janvier 2008, moins d'un mois après leur première rencontre, Zuckerberg accompagne Sandberg et d'autres cadres au Forum économique de Davos dans le jet privé de Google. Ils passent plusieurs jours ensemble dans les Alpes suisses et continuent d'élaborer des plans pour l'avenir[9]. Le 4 mars, Facebook annonce dans un communiqué de presse la nomination de Sandberg comme directrice des opérations.

Dans le *Wall Street Journal*, le gros titre au-dessus de l'article, « Le P-DG de Facebook cherche de l'aide face à la croissance du site », décrit bien la tâche qui attend Sandberg. Elle est chargée des opérations, du développement du chiffre d'affaires et de l'expansion internationale. Elle est aussi responsable des ventes, du développement des affaires, de la politique publique et de la communication.

« M. Zuckerberg et Mme Sandberg vont faire face à une pression de plus en plus forte pour trouver un meilleur modèle commercial, dit l'article. Le trafic web de Facebook monte sans cesse. Mais les observateurs du secteur commencent à se demander si cette croissance produira un jour des bénéfices comparables à ceux de Google[10]. »

Au moment de la nomination de Sandberg, les quatre cents salariés occupent plusieurs bureaux éparpillés autour de University Avenue, une artère huppée de Palo Alto bordée de boutiques et de restaurants, à quelques pas des palmiers et des genévriers du campus de Stanford. Le P-DG d'Apple, Steve Jobs, habite à proximité, et on le voit parfois passer, vêtu de son jean et de son fameux col roulé noir.

La culture de l'entreprise n'a pas beaucoup changé depuis ses débuts. Zuckerberg et ses employés déambulent en tongs et parfois pieds nus. Des bouteilles entamées de Gatorade et de Snapple jonchent les postes de travail, à côté des piles de livres de code. On voit passer des salariés en trottinette et en waveboard dans les couloirs. Les réussites sont invariablement arrosées avec une abondance de bière, dans de grands gobelets rouges.

Il y a pléthore d'autres start-ups qui offrent plus d'avantages. Mais ces employés-là ont choisi Facebook en grande partie pour Zuckerberg lui-même. Il est comme eux, un « mec de produits » qui sait fabriquer les choses. C'est un environnement intensément compétitif. Sur un tableau blanc, dans les bureaux d'Emerson Street, un ingénieur note par plaisanterie le nombre de fois où il s'est retenu d'aller faire pipi, baromètre de sa concentration et de son engagement. D'autres prennent des paris sur l'heure tardive de la nuit jusqu'à laquelle ils continueront de programmer des projets complexes.

L'un des ingénieurs qui donnent le ton à cette époque est Andrew Bosworth, un diplômé de Harvard engagé par Zuckerberg en 2006 pour superviser l'ingénierie, et l'un des artisans du fil d'actualité. Bosworth, que tout le monde appelle Boz, est intimidant : entièrement chauve, il a une carrure de footballeur américain. Il était maître de conférences à Harvard quand il a rencontré Zuckerberg dans son cours sur l'intelligence artificielle; ils sont restés en contact lorsque Zuckerberg n'est pas revenu faire sa troisième année. Boz est blagueur et plein d'énergie, et il s'exprime sans filtre. Il est sans pitié avec les ingénieurs et cultive son image de gros dur. Il a une réplique culte, « Je vais t'en coller une », que ses collègues ont l'habitude d'entendre. Il l'a même fait imprimer sur un de ses tee-shirts. Certains employés s'en plaignent et, fin 2007, dans un message tortueux publié sur Facebook, il annonce qu'il ne l'utilisera plus : « J'ai apprécié un moment ma place au soleil en tant que partie prenante de la culture Facebook naissante, écrit-il. Malheureusement, on m'a fait comprendre que, en ma qualité de bête humaine souvent barbue, grande gueule, d'un mètre quatre-vingt-dix et cent dix kilos, je suis mal servi par une réputation intimidante[11]. »

Ce n'est pas facile pour les quelques filles qui travaillent chez Facebook. Katherine Losse, employée numéro 51 qui finira par écrire les discours de Zuckerberg, se rappelle les réflexions dégradantes lâchées tranquillement dans les bureaux au passage des femmes. Un jour, en parlant à une collègue, un employé masculin lui dit : « Je veux enfoncer mes dents dans ton cul. » Lors d'une réunion où l'incident vient sur le tapis, Zuckerberg s'efforce de minimiser le commentaire, demandant : « Qu'est-ce que ça veut dire, de toute manière ? » Plus tard, alors que Losse insiste auprès de Zuckerberg, elle est frappée par son détachement. « Il m'a écoutée, ce que j'ai apprécié, mais il m'a semblé que le nœud du problème – le fait que nous, les femmes, en raison de nos petits effectifs et de nos postes subalternes, étions déjà dans une situation vulnérable au bureau – lui échappait complètement[12]. »

Le jour de l'arrivée de Sandberg, Zuckerberg convoque une réunion plénière et présente la directrice des opérations comme celle qui va l'aider à « faire grandir » l'entreprise. Sandberg fait une courte allocution pour expliquer son rôle.

« Qui est Boz ? » demande-t-elle ensuite à l'assemblée. Elle a entendu dire qu'il s'était inquiété, dans un post, de la vitesse à laquelle l'entreprise grandissait. Il craignait que Facebook y perde sa culture de hackers aux dents longues.

Manifestement surpris, Boz lève la main, penaud. Elle le remercie. Son post a contribué à la décider à entrer chez Facebook, dit-elle. Sa responsabilité est de faire grandir l'entreprise tout en conservant ce qui la distingue des autres. « Un jour nous serons mille, et un jour nous serons dix mille, et puis un jour, quarante mille, dit-elle. Et nous serons toujours meilleurs, pas pires. C'est pour ça que je suis là. Pour nous rendre plus grands et plus forts, pas moins. »

C'est un bon speech de motivation. Les ingénieurs présents, majoritairement des hommes, se détendent. Elle arrive pour tenir fermement la barre, et non pour changer de cap. La boîte avance vite, et cette femme est là pour lui faire connaître la réussite, non pour lui réserver le sort de ces start-ups qui flambent et s'éteignent comme des feux de paille.

Zuckerberg, pour sa part, n'est pas aussi éloquent. D'après Losse, il a fait remarquer aux salariés que Sandberg avait « une jolie peau » et qu'ils devraient « craquer » pour elle[13].

Sandberg fait figure d'extraterrestre parmi ces tout jeunes salariés qui démarrent : elle était déjà lycéenne à North Miami Beach, avec cheveux en choucroute, grandes épaulettes et ombre à paupières bleu vif, quand Zuckerberg et la plupart de ses employés portaient encore des couches. Et, au moins en surface, c'est un drôle d'atterrissage pour elle. Pendant l'essentiel de sa vie d'adulte, elle a défendu l'égalité des sexes. Sa thèse universitaire traitait du fait que les femmes subissant des violences dans leur couple avaient plus de risque d'avoir des problèmes d'argent. Jeune employée chez McKinsey, elle a tenu tête à un client qui la harcelait pour qu'elle sorte avec son fils. Et chez Google, elle a lancé Women@Google, un cycle de conférences pour lequel Jane Fonda, Gloria Steinem et d'autres femmes de tête célèbres ont fait le déplacement jusqu'au campus de Mountain View.

Peu après son arrivée, Sandberg a fait la remarque que Facebook lui rappelait les débuts de Google. Elle ne faisait pas de commentaires sur le machisme ambiant, mais Naomi Gleit, une des premières salariées de sexe féminin dans l'entreprise, dit avoir été soulagée de voir une autre femme prendre les commandes. Sandberg passe les premiers jours à faire la tournée des bureaux pour se présenter, en veillant particulièrement à consacrer du temps aux femmes.

Mais toutes ne sont pas dans ses petits papiers pour autant. « Au bout d'environ deux mois, on savait déjà clairement qui elle avait le plus envie de soutenir. C'étaient celles qui étaient comme elle et venaient au boulot avec leur sac de gym ou de yoga et un brushing impeccable, dit une ancienne salariée. Pas les ingénieures mal fagotées qui passaient leurs journées dans les tranchées dominées par les mâles. »

Un mois après avoir pris ses fonctions, Sandberg rassemble une demi-douzaine de membres du service Publicité pour un dîner de travail dans une salle de réunion des bureaux de Palo Alto. Il y a là Kendall, Rose (qui gère un partenariat entre Facebook et Microsoft pour la publicité display), Chamath Palihapitiya (directeur de la croissance), Kang-Xing Jin (ingénieur en software que Zuckerberg a rencontré à Harvard), et enfin Matt Cohler, chef de la gestion des produits[14].

Zuckerberg, une fois n'est pas coutume, est parti en vacances prolongées. Son site a acquis une envergure mondiale et vient d'être lancé en espagnol, avec 2,8 millions d'utilisateurs en Amérique latine et en

Espagne, mais lui-même a une expérience limitée de la vie en dehors de ses bulles à Dobbs Ferry (dans la banlieue de New York), à Exeter (New Hampshire), à Harvard et dans la Silicon Valley. Steve Jobs, qui est devenu pour lui une sorte de mentor pendant les longues promenades à pied où il l'entraîne dans les collines derrière Stanford, l'encourage à voir le monde. Zuckerberg est donc parti pour un mois, avec des séjours prévus en Allemagne, en Turquie, au Japon et en Inde, où il doit passer du temps dans un ashram également recommandé par Jobs.

Le voyage tombe à pic : il donne à Sandberg l'occasion d'esquisser la réinvention de la partie rentable de l'entreprise. « On travaille dans quoi, au juste ? » demande-t-elle aux six cadres tout en griffonnant furieusement sur un tableau blanc. On vend des abonnements, ou on vend de la pub ? Pour gagner de l'argent avec les données, veut-on faire payer le service, ou les publicités ?

Il n'y a pas grand débat. Bien sûr, Facebook restera gratuit, répondent les cadres. Le meilleur moyen de rentabiliser l'affaire est donc de vendre de la publicité.

Sandberg acquiesce. Pour faire ça bien, continue-t-elle, il va falloir cerner avec précision ce que Facebook a réellement à offrir. La différence entre Google et Facebook réside dans le type de données collectées. Recourant à une image bien connue des diplômés en commerce et des publicitaires de Madison Avenue, elle leur demande d'imaginer un entonnoir. Google, explique-t-elle, se situe en bas de l'entonnoir, dans la partie étroite, là où les consommateurs sont le plus près de sortir leur carte de crédit. Google utilise les données des recherches sur Internet pour faire franchir la ligne d'arrivée à des utilisateurs déjà motivés pour acheter. Google se fiche de savoir qui est l'individu. La boîte ne s'intéresse qu'aux mots clés tapés dans sa barre de recherche, afin de présenter des publicités ciblées.

L'exposé reprend vraiment à la base des concepts élémentaires en matière de publicité, mais c'est parce que Sandberg tient à ce que tous accordent bien leurs violons.

Le Net, en même temps qu'il ouvre de nouveaux mondes d'information et de connexion à ses utilisateurs, est en train d'ouvrir un nouveau monde de promesses pour les annonceurs, continue-t-elle. La question est : comment capter au mieux cette audience ? Le paysage de la publicité en ligne est complètement différent de celui de la publicité papier, et la capacité d'attention du lecteur aussi.

En 1994, un ingénieur de chez Netscape a inventé le « cookie », une ligne de code déposée par le navigateur web pour suivre à la trace les utilisateurs lorsqu'ils surfent sur Internet, ces données pouvant ensuite être revendues à des annonceurs[15]. Ce pistage intensif a eu un débouché de taille : la publicité ciblée, et il a plus que jamais confirmé l'importance de la collecte de données. Mais depuis plus d'une décennie, la publicité sur Internet est dominée par des visuels statiques et pauvres, pas plus grands qu'un timbre-poste, des bannières, et de pénibles fenêtres qui surgissent, les *pop-up*. Les annonceurs ne constatent pas beaucoup de retours, malgré la possibilité d'espionner les utilisateurs.

La plupart des personnes présentes à la réunion ce jour-là ont travaillé sur les premières campagnes de publicité ciblées de Facebook, qui ont commencé peu après le lancement de la plateforme. Mais leurs pubs n'allaient pas plus loin que des bannières et un lien sponsorisé par-ci par-là ; les études montrent que les utilisateurs ne les regardent pas. L'essentiel de l'activité publicitaire est sous-traité à Microsoft, qui en 2006 a passé un marché avec Facebook pour vendre et placer des bannières de pub sur le réseau social[16].

Sandberg, chez Google, a géré les enchères publicitaires appelées « AdWords », ainsi qu'un autre programme, appelé « AdSense », utilisé par les éditeurs pour passer des publicités textuelles et graphiques sur toutes sortes de sites Internet[17]. La plus grande innovation était l'usage que faisait Google des mots clés pour recracher des pubs directement liées à la recherche de l'utilisateur. Si vous tapiez par exemple « Hawaï avion pas cher », une enchère était immédiatement lancée en coulisse, et le plus offrant pouvait placer sa pub pour des hôtels bon marché à Honolulu, des maillots de bain ou des stages de surf. C'était la manière la plus pure et la plus puissante de proposer directement des produits à quelqu'un qui était déjà prêt à dégainer sa carte de crédit.

AdWords et AdSense ont fait de Google un mastodonte de la publicité. Et Sandberg est là pour apporter son expertise et faire décoller le service Pub de Facebook, qui est à la traîne par rapport à l'explosion de son volume d'utilisateurs. Les cadres réunis avec elle ont pour tâche d'identifier ce qui ne marche pas et de mettre sur pied la proposition sans égale que Facebook pourra faire aux annonceurs.

En quelques réunions de plus, le groupe décide que Facebook se concentrera sur la forme de publicité la plus répandue et la plus traditionnelle : la notoriété de marque. Sandberg souligne que Facebook a un avantage distinct sur la télévision, la presse papier et des sites comme Yahoo et MSN, qui ont accaparé la publicité de marque depuis quelques années. Le réseau social dispose de bien plus que des informations détaillées sur le profil de ses utilisateurs ; il a aussi des infos sur l'*activité* des gens. Facebook connaît ses utilisateurs et possède toutes leurs données au même endroit, ce qui dispense les annonceurs d'en passer par les cookies.

Une mère de famille quadragénaire dans une banlieue résidentielle cossue qui est allée voir la page Facebook d'une station de ski à Park City dans l'Utah, par exemple, et qui a d'autres amis fortunés dans la même banlieue partageant des photos de leurs vacances aux sports d'hiver, est probablement la cible idéale pour les bottes UGG en mouton retourné à 150 dollars. Et plutôt que proposer de laides bannières, Facebook peut inviter les marques à créer de l'activité chez les utilisateurs, et à capitaliser dessus, en concevant des campagnes sur site incitant les utilisateurs à interagir via des sondages, des quiz et des pages de marque. Les utilisateurs eux-mêmes pourront commenter et partager avec leurs amis, générant toujours plus de données, à la fois pour Facebook et pour ses clients.

Comme le dit Sandberg, si Google répond à la demande, Facebook la crée. Les gens qui viennent sur Facebook ne sont pas là pour faire du shopping, mais les annonceurs peuvent mettre à profit la connaissance qu'a le site de ses utilisateurs pour les transformer en consommateurs. Ce qu'elle propose revient en fait à un pistage à une toute nouvelle échelle. Pour mettre sa vision à exécution, le plan d'action est tout aussi audacieux, et implique d'embaucher plus de monde pour travailler sous ses ordres, ainsi que des ingénieurs pour développer de nouveaux produits publicitaires. Cela veut dire que Facebook devra participer à des foires publicitaires et courtiser les plus grandes marques.

Au retour de ses vacances, Zuckerberg valide le nouveau modèle commercial. Facebook gérera sa pub en interne, se reposera de moins en moins sur Microsoft et favorisera la publicité ciblée ainsi que de nouveaux outils publicitaires comme les jeux et les promotions pour mettre les marques directement sous le nez des utilisateurs. Mais les détails ne l'intéressent pas trop – une attitude qui laisse Sandberg profondément perplexe. Étant donné son enthousiasme pendant leurs dîners préliminaires, elle avait cru qu'il serait pleinement motivé pour consolider les affaires et qu'il la soutiendrait activement dans son rôle. Mais au fil des semaines, il devient de plus en plus clair qu'elle devra se battre pour qu'il prenne en compte ce qu'elle dit. Quand elle suggère qu'ils trouvent un moment pour parler de la publicité, ou quand elle réclame davantage de personnel ou de budget, elle essuie ses rebuffades. À l'évidence, il s'intéresse bien moins aux profits qu'à la technologie. Cela, tous ses employés le savent bien. « Sa priorité sera toujours de fabriquer un produit qui plaise aux gens, qui leur donne du plaisir, et qui réponde à un besoin en particulier », explique Mike Hoefflinger, chef du marketing en 2008.

Au moment de son embauche, Sandberg a tenu à instaurer des réunions bihebdomadaires avec Zuckerberg pour parler de leurs projets et des principaux problèmes à régler. Elle a programmé ces réunions le lundi et le vendredi, pour qu'ils puissent commencer et terminer la semaine ensemble. Mais elle ne retient pas naturellement son attention comme savent le faire Boz et Cox, ses amis et ses semblables. Elle a du mal à obtenir les ressources et l'intérêt qu'elle veut pour développer plus rapidement l'activité publicitaire. Une bifurcation, un fossé entre les équipes techniques et non techniques ne tarde pas à apparaître. Les gens qu'elle a débauchés chez Google ou trouvés dans son réseau d'anciens du Trésor reçoivent le sobriquet collectif de FOSS : *Friends of Sheryl Sandberg.* Quant aux employés de longue date, ils sont officieusement divisés en deux camps : « ceux de Sheryl » et « ceux de Mark[18] ».

Cela peut tourner à la lutte de territoire. Sandberg donne des avis non sollicités sur les produits et l'ingénierie, râlent certains salariés. Il faut des développeurs pour construire les outils publicitaires, mais Zuckerberg répugne à dépouiller les rangs de l'ingénierie des fonctionnalités utilisateurs pour renforcer ceux de Sandberg à la publicité. Il y a de la méfiance et du ressentiment des deux côtés. Les ingénieurs prennent de haut « les types du marketing », et ces derniers ont du mal à obtenir des réunions avec les équipes de Zuckerberg. « Je n'ai jamais compris cette manière qu'avaient les médias de les présenter comme des partenaires idéaux, raconte un salarié de l'époque côté pub. Dans les réunions que j'ai vécues avec Mark et Sheryl, il rabaissait explicitement ce qu'elle disait. »

Sandberg a commencé chez Google dans les mêmes conditions : peu de ressource et peu d'attention de la part des fondateurs, qui trouvaient vulgaire de faire de l'argent. Loin de se laisser décourager, elle va lancer une opération séduction sur les plus grandes marques, y compris Ford, Coca-Cola et Starbucks. Dans ses argumentaires, elle souligne que, contrairement aux utilisateurs d'autres plateformes, notamment Twitter qui est en pleine ascension, ceux de Facebook sont tenus de donner leur véritable identité. Sandberg demande : Vous voulez passer à côté de ça ? Facebook est la plus grande plateforme de bouche-à-oreille du monde. Si la campagne de marque est bonne, ce sont les utilisateurs eux-mêmes qui persuaderont leurs amis d'acheter les produits. Et pendant ce temps, les marques peuvent suivre à la trace les utilisateurs qui commentent leurs pubs et s'abonnent à leur page[19].

Malgré la réputation de Sandberg, les marques sont difficiles à convaincre. Les grandes agences de pub ont du mal à croire que les gens qui se connectent pour commenter des photos de vacances vont se mettre à vanter spontanément le service sans fil de Verizon. Et si son histoire de créer la demande parle aux annonceurs, en revanche ils doutent que Facebook puisse influencer le cœur et la tête des consommateurs mieux qu'un spot télé bien placé. Les capacités de ciblage ne manquent certes pas d'attrait, mais le réseau social affiche toujours des visuels et des bannières qui n'apportent rien de neuf.

Sandberg fait preuve de réactivité face aux remarques des sceptiques. Quand le DG de Sony, Michael Lynton, exprime ses doutes sur ce que peut rapporter la pub alors que la plateforme n'a même pas de mesures d'audience, Sandberg négocie aussitôt un partenariat avec l'agence spécialisée Nielsen pour mesurer l'attention portée aux pubs sur le réseau social. « Contrairement à n'importe quel autre dirigeant d'entreprise, au lieu de se contenter d'acquiescer, elle agissait extrêmement vite avec Facebook[20] », reconnaît Lynton.

Elle avance, mais elle se fait rembarrer par Zuckerberg. Elle aurait besoin qu'il participe à ces argumentaires de vente ; elle aurait besoin de plus de commerciaux, et aussi d'ingénieurs pour créer de nouvelles fonctionnalités publicitaires. Mais il continue de monopoliser les talents en ingénierie. Elle finit par aller s'en plaindre à Don Graham, nommé au conseil d'administration fin 2008 (Marc Andreessen aussi y est entré). Elle lui demande d'intervenir auprès du patron pour qu'il lui accorde davantage de moyens.

Étant le seul des administrateurs qui travaille aussi dans un domaine reposant sur la publicité, Graham comprend sa frustration, mais convaincre Zuckerberg de prendre ses inquiétudes au sérieux n'est pas une mince affaire. « Sa priorité, la croissance du site, passait loin devant la publicité, le rendement et les profits, se rappelle Graham. C'est devenu mon boulot de l'appeler chaque fois que Sheryl avait tenté de lui parler de l'importance de la pub et, sans changer l'ordre de ses priorités, de le pousser un peu dans cette direction. »

Bien avant que Sandberg n'entre chez Facebook avec l'intention de mettre le paquet sur le *data mining*, l'exploration des données, Jeff Chester suivait déjà la croissance du réseau social d'un œil méfiant. En novembre 2007, ce défenseur du droit à la vie privée est assis dans son minuscule bureau de Washington pour suivre en direct une conférence de Zuckerberg sur son ordinateur portable. Le fondateur de Facebook, s'adressant à des publicitaires de New York, annonce la dernière innovation de la plateforme : une invention révolutionnaire appelée Beacon[21] (le « fanal »).

Chester se crispe. Beacon, continue Zuckerberg, est un programme qui prélève les informations concernant les achats réalisés par un utilisateur de Facebook sur d'autres sites – des tickets de cinéma sur Fandango, une réservation d'hôtel sur TripAdvisor, un canapé sur Overstock – et les publie sur le fil d'actualité de ses amis. Les entreprises sont partenaires au sein de Beacon, motivées pour faire partie d'un programme qui leur procure des données tout en faisant la promotion de leurs biens et services par le biais des recommandations – si involontaires soient-elles. Un achat, une critique de livre ou l'évaluation d'une recette apparaîtra automatiquement dans le fil des utilisateurs. L'idéal dans la publicité, c'est le bouche-à-oreille, et Facebook propose un moyen de le porter à une échelle gigantesque : les utilisateurs deviendront, dans les faits, les apôtres de la marque. Beacon gomme la limite entre publicité et commentaires « spontanés ». « Rien n'a plus d'influence sur les comportements que la recommandation d'un ami de confiance », professe Zuckerberg. Facebook a déjà signé avec plus de quarante partenaires – dont CBS, le *New York Times* et TheKnot – qui paient pour avoir le privilège de mettre leur marque directement sous le nez des utilisateurs du réseau social.

Chester bondit de son siège et appelle sa femme, Kathryn Montgomery, professeure d'étude des médias à l'American University. « C'est hallucinant ! s'époumone-t-il. Il faut que tu écoutes ce que raconte le type de Facebook ! » Il voit dans Beacon le prolongement logique du chemin déjà parcouru par la publicité : prendre en otage l'esprit des consommateurs pour les faire passer à la caisse. Pour sa part, il combat ce qu'il considère comme une manipulation depuis les années 1990, où déjà il vitupérait contre les chaînes de télé et les régies publicitaires qui faisaient du placement produit dans les émissions et vantaient la malbouffe dans les programmes pour enfants. Depuis l'avènement d'Internet, il a en ligne de mire le monde non régulé de la publicité en ligne. Il a fondé un groupe de défense de la vie privée, le Center for Digital Democracy (CDD, « Centre pour la démocratie numérique »), et en 1998, épaulé par sa femme, il a milité avec succès pour faire passer une loi fédérale de protection des enfants sur Internet, le Children's Online Privacy Protection Act.

Le fait que le CDD n'ait qu'un travailleur à plein temps – Chester lui-même – et que ses locaux soient à Dupont Circle, loin du centre de l'activité politique autour de Capitol Hill, ne le décourage pas. Ce natif de Brooklyn se plaît dans le rôle de l'outsider, et il en a aussi le look avec ses pantalons chiffonnés, ses lunettes sans monture et ses cheveux en bataille. Il fait tache dans l'univers costard-cravate bien léché des lobbyistes de Washington. Il passe au peigne fin une dizaine de revues de technologie et de publicité tous les jours, à la recherche de pratiques répréhensibles, qu'il compile ensuite dans des mails personnalisés à des journalistes. Il a un sens de la formule irrésistible. Quelques jours à peine avant l'annonce de Zuckerberg, il a décrit dans le *New York Times* la publicité ciblée comme « un aspirateur à données numériques sous stéroïdes ».

Pour lui, l'annonce de Beacon marque un nouveau et dangereux record de bassesse. Zuckerberg n'a pas demandé leur permission aux utilisateurs Facebook avant de faire d'eux des représentants de commerce : ils sont enrôlés automatiquement. Facebook élargit son réseau de données, exploitant les connaissances sur ses utilisateurs par des moyens qui passent les bornes de l'éthique. Chester appelle des groupes de défense de la vie privée, lance une volée de déclarations dans la presse, mobilise ses contacts dans les médias. « C'était un signal d'alarme, témoigne-t-il. Beacon contenait en germe tous les problèmes qui surgiraient plus tard. Que l'utilisateur le veuille ou non, Facebook allait monétiser tous ceux qui se servaient du réseau social et transformer les individus en commerciaux. »

Le lendemain, les utilisateurs voient avec stupéfaction leur vie étalée aux yeux de tous. Leur réservation d'avion pour la Floride sur Travelocity, le plaisir coupable qu'ils se sont offert en louant un film idiot la veille au soir, leur dernière enchère sur eBay surgissent soudain dans le fil d'actualité de leurs amis, de leur famille et de leurs collègues. Une femme apprend ainsi que son compagnon lui a acheté une bague en diamant.

C'est un tollé immédiat. Le 20 novembre, l'organisme de défense des intérêts du public MoveOn.org lance une pétition demandant à Facebook de fermer ce service ; en quelques jours, elle amasse 50 000 signatures[22]. Voyant que la polémique enfle, Coca-Cola et Overstock se retirent du programme en racontant à la presse qu'on leur a fait croire à tort que Beacon devait être activé par les utilisateurs. Quand Facebook argumente que ceux-ci peuvent le désactiver, ils apportent la preuve du contraire. Un chercheur en sécurité chez Computer Associates témoigne que, alors qu'il l'avait désactivé chez lui, il a remarqué des schémas de trafic réseau révélant que les recettes qu'il avait enregistrées sur Epicurious étaient toujours suivies par Facebook[23].

De l'avis de Chester, l'ire du public contre Beacon passe à côté du problème. Certes, c'est gênant et invasif de voir ses achats exposés à des connaissances et à des parents. Mais ce désagrément fait oublier la vraie menace : le fait que ces gens sont pistés et surveillés par une entité entièrement nouvelle. Tout le monde pense à se méfier de la surveillance de l'État, mais selon Chester le danger n'est pas ce que le public ou la police sait de vous. Le réel danger, c'est ce que les entreprises commerciales et les annonceurs savent de vous. C'est ce que Facebook sait.

Quelques semaines seulement après sa prestation à New York, Zuckerberg s'excuse d'avoir imposé le nouvel outil publicitaire et annonce qu'il va modifier le réglage de manière qu'il faille souscrire volontairement, au lieu d'une inscription par défaut dont l'utilisateur peut se retirer. Dans un billet de blog, il assure aux utilisateurs que Facebook cessera de partager leur shopping sans autorisation. Il reconnaît que le lancement a été un ratage. « Nous n'avons pas trouvé le bon équilibre[24] », dit-il.

La polémique et les molles excuses de Zuckerberg passent complètement sous silence les réelles atteintes à la vie privée. Selon le point de vue de Chester et de Montgomery, les données personnelles doivent rester cachées aux annonceurs, or Facebook n'a rien fait pour changer cela. « Facebook dit que vous pouvez choisir avec qui vous partagez vos informations sur le réseau, explique-t-il, mais derrière, là où vous ne voyez pas ce qui se passe vraiment et comment ils font de l'argent, on ne vous donne pas le choix sur ce que la plateforme communique aux annonceurs. »

Avec l'embauche de Sandberg, l'entreprise entame une nouvelle phase d'expérimentations publicitaires. Sandberg encourage de grandes marques comme Adidas ou Papa John's Pizza à créer des quiz et des pages de fans pour inciter les utilisateurs à interagir directement avec les annonceurs, et supervise le développement d'une publicité ciblée à partir de la localisation géographique et de la langue[25].

En outre, elle apparaît rapidement comme la porte-parole la plus efficace pour l'entreprise, remplissant l'un des rôles clés que le P-DG avait en tête pour son numéro 2. Elle revoit complètement la manière de présenter l'utilisation des données personnelles et repositionne Facebook comme leader sur la question, en soulignant que la plateforme permet de choisir avec une précision extrême qui (le public, les amis, une sélection d'individus) peut voir tel ou tel contenu. Facebook ne « partage » pas les données avec les annonceurs, affirme-t-elle, un élément de langage sur lequel l'entreprise va se rabattre de manière répétée, même s'il y a des esprits grincheux pour dire que cela ne fait aucune différence. En effet, Facebook n'apporte certes pas physiquement les données aux annonceurs et ne les leur vend pas directement, mais ces derniers ciblent les utilisateurs selon leur âge, leurs revenus, leur emploi, leur niveau d'études, etc. Comme le fait remarquer Siva Vaidhyanathan, professeur d'étude des médias à l'université de Virginie, il est clairement prouvé que les profits de l'entreprise viennent des données. « Facebook traite nos données de manière fourbe et irresponsable depuis des années. »

Sandberg dit et répète que Facebook met le pouvoir entre les mains de ses utilisateurs afin qu'ils s'expriment sans crainte. « Ce que nous pensons avoir fait, c'est apporter une vraie confiance, un vrai contrôle de la confidentialité, et permettre aux gens d'être authentiquement eux-mêmes en ligne, affirme-t-elle lors d'un congrès en novembre 2008. Et c'est, je crois, ce qui explique notre croissance[26]. »

Ces déclarations sont en contradiction directe avec ce que constatent les défenseurs de la vie privée. En effet, les profits de l'entreprise dépendent directement de l'inconscience du public. Comme l'exprime Shoshana Zuboff, professeure à la Harvard Business School, la réussite de Facebook découle « d'opérations comparables à un miroir sans tain, conçues spécifiquement pour notre ignorance et noyées dans un brouillard d'indications erronées, d'euphémismes et de mensonges[27] ».

Les autres barons de la tech de la Silicon Valley semblent fermement décidés à perpétuer cette ignorance. (« Si vous avez quelque chose à cacher, c'est peut-être que vous n'auriez pas dû le faire du tout », selon le fameux « bon mot » d'Eric Schmidt, l'ancien patron de Sandberg, dans une interview en 2009 sur CNBC, qui reprend le refrain de la police pour mettre l'accent sur la responsabilité de l'usager[28].) Et de fait, Facebook s'apprête à démultiplier ses opérations de collecte de données. En février 2009, la plateforme dévoile le véhicule ultime d'une expression rapide et libre : le bouton « J'aime ». Cette fonctionnalité, qui en viendra à caractériser non seulement Facebook mais presque tous les échanges sur Internet, est la création d'une des responsables Produits de l'entreprise, Leah Pearlman. Elle a commencé à travailler sur son idée avec Boz et d'autres grosses têtes de Facebook en 2007, mais le projet a pris du retard en raison de dissensions dans l'équipe : sur le nom qu'il fallait donner au bouton, sur la question de savoir s'il fallait un bouton « Je n'aime pas », et si un mode de réaction si immédiat diminuerait le temps de participation.

Facebook a créé une culture dans laquelle les ingénieurs sont encouragés à livrer les produits le plus rapidement possible. « *Fuck it, ship it* » (« Allez merde, on envoie ») est une expression populaire dans toute la boîte. Mais ce projet-là s'est traîné à une allure d'escargot. Fin 2008, Zuckerberg donne enfin sa bénédiction. Les données internes l'ont convaincu de la valeur du projet : des tests à petite échelle ont montré que les gens se servaient davantage de Facebook quand le bouton était disponible. Il tranche de manière unilatérale la question du nom officiel : ce sera le bouton « J'aime ».

C'est un carton immédiat. Quand les utilisateurs font défiler leur fil d'actualité, le bouton leur donne le moyen d'envoyer une approbation immédiate à leurs amis. Si vous aimez une publication du fil, Facebook vous montre alors d'autres contenus similaires, ce qui vous permet soudain de faire défiler un flux infini, et infiniment hilarant, de vidéos de chats et de mèmes rigolos. Pendant ce temps, les utilisateurs commencent à entrer en rivalité pour obtenir des *likes*, partageant de plus en plus d'infos personnelles afin d'accumuler les pouces levés numériques.

Contrairement à Beacon, que Facebook abandonne dans l'année, le bouton « J'aime » va rencontrer peu de résistance. Pearlman, sans le savoir, a créé une nouvelle monnaie d'échange pour Internet, à travers laquelle les politiciens, les marques et les amis font la course aux validations.

Le bouton est un tel succès que, presque un an après son lancement, Facebook va décider de rendre la fonctionnalité disponible en dehors de son site. N'importe quel site web peut désormais s'adjoindre le bouton « J'aime » de Facebook en insérant simplement une petite ligne de code. Tout le monde y gagne : les entreprises savent quels utilisateurs de Facebook se rendent sur leur site, et Facebook reçoit des informations sur ce que font ses utilisateurs quand ils ne sont pas sur la plateforme.

Pour les utilisateurs, le bouton « J'aime » est utile. Grâce à lui, Facebook peut leur montrer les pages, groupes et communautés qu'ils ont le plus de chances de rejoindre. La plateforme peut aussi voir ce que leurs amis aiment en dehors de Facebook et suggérer les mêmes choses aux utilisateurs qui semblent avoir le même état d'esprit et les mêmes centres d'intérêt.

Mais à l'intérieur de Facebook, l'utilité du bouton va bien plus loin. Il permet de connaître les préférences des utilisateurs d'une manière entièrement nouvelle, et ce à une échelle inédite.

Fin 2009, Facebook compte 350 millions d'utilisateurs. La plateforme, cependant, fait face à une rude concurrence : son rival Twitter gagne à la fois en popularité et en buzz. Avec 58 millions d'utilisateurs, Twitter est beaucoup plus petit que Facebook, mais Zuckerberg s'inquiète parce que le site bénéficie d'un avantage clé : Twitter est entièrement public.

Cela veut dire qu'un utilisateur de Twitter peut consulter n'importe lequel de ses semblables et suivre son compte. Les mises à jour des statuts sont visibles par tous, alors que Facebook s'organise autour de réseaux fermés : les utilisateurs décident s'ils veulent accepter les demandes d'amitié, et peuvent cacher la plupart des données de leur profil s'ils veulent échapper à une simple recherche sur le web. Facebook est un lieu de rassemblement pour des discussions à huis clos entre amis ; Twitter, une place publique bruyante, tapageuse et de plus en plus fréquentée[29]. Katy Perry et le dalaï-lama ont rejoint la plateforme et gagné instantanément des millions de followers. Facebook se doit de susciter un peu la même ébullition.

Zuckerberg fait une fixation sur son nouveau rival. Il a ordonné à ses troupes de trouver la riposte. En décembre 2009, il annonce une action gonflée : certaines données en mode privé vont passer en mode public[30]. Le même jour, lorsqu'ils se connectent à Facebook, les utilisateurs sont accueillis par une fenêtre leur enjoignant de cocher l'option « Tout le monde », la plus publique. Mais la demande n'est pas claire, et beaucoup de gens donnent leur consentement sans comprendre les implications. Des informations personnelles jusque-là cachées (photos et adresse mail, entre autres) sont désormais accessibles aux recherches sur le web. Les utilisateurs commencent à recevoir des demandes d'amitié de la part d'inconnus. Les nouveaux réglages de préférences sont fastidieux et opaques ; revenir à un mode plus privé s'avère particulièrement épineux. Le changement est controversé jusqu'au sein de l'entreprise. Avant le lancement, un des responsables de la politique de l'entreprise est allé voir Zuckerberg pour lui dire que la nouvelle configuration serait une catastrophe pour la confidentialité. Les consommateurs n'aiment pas être pris en embuscade, et s'ils se sentent trompés, Facebook attirera l'attention de Washington à ses dépens, a-t-il prévenu. Mais Zuckerberg est resté inflexible.

Comme prévu, la mesure provoque une levée de boucliers. Facebook prétend que les changements sont conçus pour simplifier son système de préférences de confidentialité, jugé peu clair. Mais en réalité, la plateforme s'ouvre au maximum, dans l'espoir de devenir une ruche d'activité sur Internet. Comme l'écrit le site TechCrunch : « En bref, c'est la réponse de Facebook à Twitter. [...] Ça veut dire que Facebook peut exploiter [les profils publics] pour la recherche en temps réel, et peut aussi les vendre ailleurs, par exemple à Google et à Bing[31]. »

Cette même semaine à Washington, les régulateurs réunis pour l'assemblée générale annuelle de l'International Association for Privacy Professionals (Association internationale des professionnels de la confidentialité) questionnent Tim Sparapani, le lobbyiste de Facebook, sur ces changements. Sparapani défend l'action comme étant plus favorable à la vie privée, brandissant la possibilité laissée à l'utilisateur de faire ses choix dans un menu de préférences détaillé[32]. Mais les représentants du gouvernement lisent la presse : quelques articles citent Jeff Chester, qui qualifie la mesure d'illégale car elle semble enfreindre les lois sur la fraude et sur la duperie du consommateur. La définition de la vie privée selon Facebook est « étroite et au service des intérêts de la plateforme », affirme Chester. « Ce qu'ils ne disent pas, c'est que les données sont utilisées pour des manœuvres de marketing et de ciblage extrêmement élaborées[33]. »

Zuckerberg ne semble pas comprendre pourquoi les gens montent ainsi sur leurs grands chevaux. Contrairement aux patrons de la tech de la génération précédente comme Bill Gates, Larry Page ou Sergey Brin, qui préservaient farouchement leur vie privée, il affiche une certaine insouciance vis-à-vis du partage des informations en ligne. Dans les zones publiques de sa propre page Facebook, il poste des photos de lui avec Priscilla et de bons moments passés avec des amis et des collègues. Le message implicite est qu'il n'a rien à cacher. Il ne voit pas le problème qu'il y a à collecter plus de données et à exposer les informations des profils ; c'est un bien petit prix à payer pour la possibilité de se connecter gratuitement à n'importe qui dans le monde. (En janvier 2010, il ira jusqu'à déclarer lors d'un discours à l'occasion de la remise des Crunchies, les récompenses de TechCrunch, que s'exposer en ligne est devenu une « norme sociale[34] ».)

Peut-être est-il incapable de voir que son expérience de la vie – sa jeunesse stable et à l'abri du danger, ses études dans une université de l'Ivy League, sa capacité à séduire les investisseurs – n'est pas celle de tout le monde. Comme lorsqu'il manque d'empathie envers ses salariées femmes, il n'arrive pas à identifier les injustices systémiques du monde : le fait que, si vous êtes noir, vous risquez d'attirer les annonces pour des prêts prédateurs ; ou que si vos revenus sont faibles, vous allez recevoir des pubs pour de la *junk food* et des sodas.

En revanche, il comprend clairement le risque personnel qu'il y a à trop en partager. Alors qu'il prêche l'ouverture au public, il protège son compte Facebook et trie soigneusement les amis auxquels il donne un accès complet à ses photos et à ses posts. Sa vie hors ligne est encore plus jalousement gardée. En 2013, il achètera les maisons qui jouxtent la sienne à Palo Alto et les fera démolir pour agrandir son terrain et s'assurer la tranquillité.

Quelques mois avant le passage des comptes en mode public, le journaliste José Antonio Vargas a interviewé Zuckerberg pour un article dans le *New Yorker* et l'a poussé dans ses retranchements sur les questions de vie privée. Assis sur un banc devant la petite maison de location que Zuckerberg partage avec Priscilla, Vargas lui a expliqué qu'il était homosexuel mais qu'il ne l'avait pas dit à sa famille aux Philippines. Le secret pouvait l'exposer à de graves dangers s'il était révélé. Mais Zuckerberg n'a pas eu l'air de saisir le problème. Il est resté muet, à fixer Vargas sans expression, un silence « long comme un jour sans pain », se souvient Vargas. Dans le monde de Zuckerberg, l'authenticité des individus est la proposition qui a le plus de valeur, pour les utilisateurs comme les annonceurs. Sa réaction en dit long aussi sur son expérience limitée, protégée, de la vie. « Si votre existence est façonnée par Westchester, Exeter et Harvard, et qu'ensuite vous vous installez dans la Silicon Valley, si c'est ça que vous comprenez du monde, c'est tout de même un monde très particulier », commente Vargas.

L'attitude cavalière de Facebook vis-à-vis des données chiffonne aussi des membres du gouvernement, à Washington. En décembre 2009, les collaborateurs du sénateur de l'État de New York

Chuck Schumer interpellent Sparapani sur les modifications des préférences de confidentialité, qu'ils ont du mal à remettre en mode privé dans leurs propres comptes. L'appel venu du bureau de Schumer effarouche l'entreprise, au point qu'elle envoie Sparapani et Elliot Schrage de Palo Alto à Washington. C'est Sandberg qui a embauché Schrage : il était un de ses confidents chez Google, et désormais il est officiellement directeur de la politique et de la communication chez Facebook et officieusement *consigliere* de la numéro 2. Quant à Sparapani, premier lobbyiste en titre de Facebook, il a été débauché de l'ACLU (l'Union américaine pour les libertés civiles) en prévision des tempêtes à venir autour des données personnelles.

Dans le bureau de Schumer, c'est le pugnace Schrage qui parle le plus. Les questions de l'équipe du sénateur l'impatientent. Il explique que les nouveaux réglages ne posent aucun problème, répétant le message de Sandberg selon lequel Facebook est la plateforme la plus stricte en matière de protection des données. Sa désinvolture qui s'exonère de preuves en la matière, à la fois agressive et défensive, exaspère les hommes de Schumer. Schrage, se souviennent-ils, pose là les bases de l'attitude que la plateforme va adopter vis-à-vis du gouvernement : Facebook n'écoute pas les inquiétudes des législateurs, et n'a aucune intention de le faire.

À la suite de la réunion avec Schumer et étant donné la grogne des consommateurs, la plateforme va revenir sur certains réglages de confidentialité de manière à ce que la plupart des données, excepté le nom et la photo de profil, ne soient plus rendues publiques sans autorisation. Mais le mal est fait. Les instances de régulation ont commencé à se préoccuper des questions de protection de la vie privée. Jonathan Leibowitz, nommé par le président Obama à la tête de la FTC plus tôt dans l'année, est arrivé à point nommé. Ancien conseiller au Congrès et ancien lobbyiste pour la Motion Picture Association of America (association interprofessionnelle défendant les intérêts des six principaux studios hollywoodiens), il est connu pour avoir vertement critiqué le secteur naissant de la publicité ciblée, se disant « troublé » par l'habitude qu'ont prise certaines entreprises « de collecter et d'utiliser sans vergogne des données sensibles sur les utilisateurs », en particulier les informations sur les enfants et les adolescents. « La possibilité que des entreprises puissent revendre des données de comportement personnelles et identifiables, a-t-il noté, est non seulement ignorée par les consommateurs, mais aussi potentiellement illégale. »

Le 17 décembre 2009, le CDD et neuf autres groupes de défense de la vie privée déposent plainte auprès de la FTC, au motif que la modification par Facebook des réglages de confidentialité constitue une tromperie illicite[35]. La plainte s'appuie sur l'obligation faite à la FTC de protéger les consommateurs contre les pratiques commerciales trompeuses et inéquitables.

En janvier 2010, la FTC réagit à la plainte en notant que celle-ci présente « un intérêt particulier » et soulève « un certain nombre d'inquiétudes à propos des pratiques de partage de l'information de Facebook ». La lettre est hautement inhabituelle ; la commission signale rarement son intérêt pour un dossier. Facebook, pour la première fois, fait l'objet d'une enquête fédérale majeure.

Cette enquête se conclura par un règlement à l'amiable soumettant l'entreprise à des audits de confidentialité réguliers pendant vingt ans. Et pourtant, au cours des années suivantes, le gouvernement va largement laisser Facebook grandir, choisissant de ne pas se mêler des rachats d'Instagram et de WhatsApp en 2012 et 2014, et exerçant très peu de supervision. Il faudra attendre que le réseau social entre dans sa période de crise, en 2016, pour que les ramifications des actions de la FTC le rattrapent.

4

L'Exterminatrice

« L'Exterminatrice », voilà comment ils l'avaient baptisée.

À l'hiver 2016, le moral des salariés de Facebook bat sérieusement de l'aile. Et pour cause, des sites web publiant informations mensongères et théories complotistes figurent régulièrement parmi les dix plus vus de la plateforme. Les employés se plaignent auprès de leurs supérieurs de ce que l'entreprise répand des informations dangereuses, et dans les forums internes à leurs Tribus, sur leurs murs collaboratifs, les ingénieurs se demandent si à cause de leurs algorithmes, conçus pour mettre en avant des contenus sensationnalistes, le réseau social ne donne pas l'impression de servir la campagne électorale de Donald Trump.

Pendant près de six mois, certains employés ont d'ailleurs partagé leurs griefs avec des journalistes, leur transmettant notes internes, discours et courriels. Les dirigeants, bien sûr, grincent des dents. Boz, notamment, fulmine : Facebook est une grande famille, une communauté fondée sur la confiance, et un petit groupe de nouveaux venus est en train de corrompre ses valeurs ! En février, à la suite de la publication sur Gizmodo, webzine technologique, d'un article intitulé « Mark Zuckerberg demande aux employés racistes de Facebook d'arrêter de biffer le slogan "Black Lives Matter[1]" » – le slogan a en effet été transformé à plusieurs reprises en « All Lives Matter » sur un mur d'affichage libre au siège de l'entreprise –, l'encadrement se tourne vers Sonya Ahuja, ancienne ingénieure alors directrice des enquêtes internes, dont l'équipe traite les plaintes pour harcèlement ou discrimination, identifie les responsables de fuites et traque les lanceurs d'alerte.

Les collaborateurs de Sonya Ahuja surveillent de près les activités quotidiennes des employés. Le moindre clic de souris, la moindre action sur leur clavier, tout est enregistré et susceptible d'être examiné. Ce type de surveillance fait partie intégrante des systèmes de Facebook : Mark Zuckerberg a la mainmise sur les conversations internes, les projets et les changements organisationnels. Si un produit est annoncé plus tôt que ce qu'il a prévu, si des échanges internes fuitent dans la presse, le service Sécurité se déploie pour débusquer le traître au sein des troupes. Sonya Ahuja met également les salariés à l'épreuve en semant des informations prétendument secrètes pour voir si elles vont être divulguées. S'il est devenu courant pour les entreprises de la Silicon Valley de soumettre leurs employés à des accords de confidentialité leur défendant de parler de leur travail avec quiconque n'appartient pas à l'entreprise, Facebook va plus loin, leur interdisant de *mentionner* les choses dont ils n'ont pas le droit de discuter. Même selon les normes fixées par Google, Twitter et d'autres entreprises de réseaux sociaux, la politique de Facebook vis-à-vis de ses salariés est connue pour être extrêmement stricte.

Le journaliste de Gizmodo, un certain Michael Nuñez, âgé de vingt-huit ans, a jusqu'alors peu écrit sur le géant de la tech. Il n'a par ailleurs jamais résidé dans la région de la baie de San Francisco. Mais il connaît quelqu'un au sein de l'entreprise : son ancien colocataire, Ben Fearnow, qui travaille depuis peu comme contractuel chez Facebook. Le 25 février au matin, installé devant son écran d'ordinateur dans les bureaux de Gizmodo à Manhattan, Nuñez voit apparaître un message de Fearnow via le service de messagerie instantanée de Google, Gchat. Les deux hommes sont en contact quotidien grâce à l'application et Ben Fearnow aime bien taquiner son vieux copain. Il appartient à un petit groupe d'anciens journalistes ou étudiants en journalisme recrutés par Facebook pour aiguiser son sens de l'information. En raison de son statut, il n'a pas pleinement intégré la culture d'entreprise en vigueur à Menlo Park et ne bénéficie pas non plus des avantages des « vrais » salariés de Facebook. « J'imagine que tu as vu ça ? » écrit-il à Nuñez en joignant à son message ce qui ressemble à une publication Facebook de Mark Zuckerberg.

Il s'agit d'un mémo adressé à l'ensemble des employés via le groupe Workplace général de l'entreprise[2]. Le grand patron y expose le scandale qui couve à Menlo Park suite aux slogans Black Lives Matter raturés. « Black Lives Matter ne veut pas dire que les autres vies ne comptent pas », écrit Zuckerberg, rappelant que la politique de l'entreprise est de laisser toute liberté à ses salariés quant à ce qu'ils écrivent ou affichent sur les murs de l'entreprise mais que « rayer une inscription revient à réduire autrui au silence ou à dire qu'une parole est plus importante qu'une autre ».

Michael Nuñez doit-il publier le mémo ? Au début, il est partagé. Facebook connaît le même genre de tensions raciales que le pays... Est-ce vraiment un scoop ? Il consulte alors plusieurs rédacteurs et ils conviennent ensemble qu'un tel échantillon de la culture interne de l'entreprise ne manquera pas de piquer la curiosité des lecteurs.

L'article, publié le 25 février à 12 h 42, n'est pas du goût de Mark Zuckerberg[3]. Ses propos sont utilisés pour attaquer ses salariés et les dépeindre comme des snobs, des privilégiés déconnectés du mouvement Black Lives Matter. L'affaire est signalée par téléphone à Sonya Ahuja, alias l'Exterminatrice ; elle doit trouver le responsable de la fuite.

L'équipe Enquêtes internes épluche les mails et relevés téléphoniques des employés, espérant trouver qui a pu être en contact avec Michael Nuñez. Le groupe peut facilement consulter les messages écrits sur Facebook, mais quel salarié aura été assez naïf pour contacter un journaliste à partir de sa propre page Facebook ? Il est néanmoins possible que le coupable ait utilisé WhatsApp. Les messages y étant chiffrés de bout en bout, impossible pour les enquêteurs de les lire mais ils peuvent toujours récupérer des données, telles que les numéros de deux personnes qui ont communiqué et la date et l'heure de leur échange.

D'autres outils sont à leur disposition. Grâce aux autorisations de géolocalisation des applications installées sur les smartphones des employés, Sonya Ahuja et ses collaborateurs ont une idée assez précise de leurs déplacements. Ils peuvent par exemple vérifier si le téléphone d'un salarié de Facebook s'est trouvé à proximité de celui d'un journaliste appartenant à un organe de presse qui a récemment sorti un scoop sur l'entreprise. Facebook jouit également des moyens techniques pour retrouver tout ce qu'un salarié a tapé sur son ordinateur portable professionnel. Le simple fait de passer sa souris sur un élément laisse des traces. L'équipe peut donc créer un schéma détaillé montrant quels documents ou notes internes les employés ont lus, combien de temps ils y ont passé et, en cas d'activité inhabituelle – telle la lecture d'un mémo émanant d'un autre département –, ils peuvent signaler l'irrégularité.

Une fois que Sonya Ahuja a ciblé un suspect, il est invité à participer à ce qui lui est présenté comme une réunion en lien avec une enquête interne. Quand le salarié se présente, l'Exterminatrice l'attend pour le cuisiner. Elle manque rarement d'évoquer les actions qu'il se verra probablement confisquer ou les accords de confidentialité qu'il a probablement enfreints en divulguant des informations sur l'entreprise. « Elle était très froide, s'en tenait aux faits. Elle prenait son travail très au sérieux et si quelqu'un ne respectait pas les règles de l'entreprise et faisait fuiter quoi que ce soit sur la boîte, elle était sans pitié », raconte un ancien employé remercié pour avoir partagé des informations avec un journaliste.

Le 4 mars, soit huit jours après la publication de l'article de Michael Nuñez sur les slogans Black Lives Matter, Ben Fearnow est réveillé par l'arrivée de plusieurs messages sur son téléphone, le priant de venir au bureau pour une réunion. C'est son jour de congé, mais il répond et propose de participer à la réunion en visio sur son ordinateur portable.

Ben Fearnow se retrouve bientôt en ligne avec Sonya Ahuja. Elle va droit au but. Est-il à l'origine des fuites qui ont permis à Gizmodo de publier leur papier ? Dans un premier temps, il nie, mais l'Exterminatrice commence à lui lire une série de messages échangés, d'après ce qu'elle affirme, sur Messenger avec Nuñez. Fearnow est perplexe : il sait qu'il n'aurait pas été assez négligent pour communiquer avec son ami journaliste via le service de messagerie de Facebook.

« J'ai consulté Gchat sur mon téléphone portable et j'ai compris qu'elle me lisait la conversation que j'avais eue avec Nuñez sur l'appli de Google, se rappelle Fearnow. J'étais loin de me douter qu'ils pouvaient y accéder. Je comptais bien nier leurs accusations mais à ce moment-là, j'ai su que j'étais foutu. »

Fearnow demande à Ahuja comment elle a eu accès à ses données Gchat. Elle répond qu'elle ne peut « ni confirmer ni démentir » la provenance des messages qu'elle a lus, ce qui le fait doucement rire dans la mesure où il a la conversation Gchat sous les yeux. Il comprend qu'il est renvoyé et qu'il n'aura pas l'opportunité de l'interroger plus avant.

Mais Fearnow n'est pas la seule personne convoquée ce matin-là. Lui et Nuñez avaient un troisième colocataire lorsqu'ils partageaient un appartement à Brooklyn : Ryan Villarreal. Ce dernier s'est lui aussi fait embaucher comme contractuel chez Facebook. Il ne sait rien des fuites ni de la responsabilité de Fearnow. Il a seulement liké l'article publié sur Gizmodo après que Nuñez l'a partagé sur son mur Facebook. Il s'est d'ailleurs demandé qui pouvait bien être sa source.

Quelques heures après le renvoi de Fearnow, Ahuja envoie un courriel à Villarreal pour lui fixer un rendez-vous. Elle lui montre la page Facebook de Nuñez et lui demande pourquoi il a liké son article. Il reste d'abord sans voix puis finit par dire qu'il ne se rappelle même pas l'avoir fait. Comme Fearnow, il se voit signifier qu'il ne travaille plus pour l'entreprise.

Nuñez est peiné pour ses amis mais déjà des dizaines de salariés de Facebook cherchent à le contacter. Certains veulent simplement confirmer des éléments déjà publiés, d'autres lui disent que ce qu'il sait n'est que la « partie émergée de l'iceberg ».

La colère contre Mark Zuckerberg n'a cessé de monter dans les rangs à mesure que les ambitions présidentielles de Trump, jusqu'alors pur fantasme, devenaient une hypothèse crédible. Le 3 mars, un employé de Facebook décide alors qu'il est temps d'aborder le sujet directement avec le grand patron. Il propose donc une question à ajouter à l'ordre du jour de la prochaine réunion plénière : « L'entreprise Facebook n'a-t-elle pas l'obligation morale de tâcher d'empêcher l'accession de Trump à la présidence en 2017 ? » Le lendemain en milieu de matinée, elle a rassemblé suffisamment de voix pour faire partie des questions qui seront soumises à Zuckerberg.

Panique au sein de l'équipe Communication institutionnelle. Si la question vient à être rendue publique, cela ne fera que renforcer la réputation de repaire gaucho-démocrate de Facebook, donnant en outre l'impression que la plateforme a un parti pris contre Donald Trump. La réponse de Zuckerberg, quelle que soit sa teneur, ne manquera pas d'intéresser la presse et de susciter la controverse. Certains membres du département Relations publiques essaient de modifier l'ordre du jour en votant pour d'autres propositions. Mais à la mi-journée, la question figure toujours en haut de la liste. Il faut préparer le boss.

Mieux vaut qu'il élude et insiste sur l'attachement de l'entreprise à la liberté d'expression et sur son rôle au sein d'une société démocratique, lui conseille-t-on. Il doit exposer les grandes lignes de la stratégie de Facebook par rapport aux élections et souligner leur volonté de soutenir tous les candidats à la présidence quels qu'ils soient. Plus important encore, il ne doit en aucun cas laisser entendre que le géant de Menlo

Park donne sa préférence à un candidat ou à un autre. Affaire de bon sens : Facebook est une entreprise technologique qui héberge les idées publiées par ses utilisateurs, pas un journal en ligne dont les responsables font des choix éditoriaux. Ce refrain, que tous les acteurs du secteur reprennent à leur compte, leur sert de rempart contre les procès en diffamation et bien d'autres responsabilités juridiques ; il leur permet en outre de rester en dehors de toute politique partisane.

Cet après-midi-là, Mark Zuckerberg détourne donc la question et réitère son attachement à la liberté d'expression. Mais l'affaire fuite malgré tout : le 15 avril 2016, Nuñez signe un article intitulé « Zuckerberg interrogé par ses employés : doivent-ils essayer de faire barrage à l'élection de Trump ? » L'article est accompagné d'une capture d'écran de la question et insiste sur le rôle de Facebook en matière de contrôle de l'info et sur le pouvoir qui est entre ses mains. « Avec Facebook, on ne sait pas ce qu'on ne nous montre pas. On ne sait pas ce qui est de l'ordre du parti pris ni comment cela pourrait influencer notre vision du monde », écrit Nuñez.

L'article est largement partagé par les conservateurs et alimente la polémique sur Fox News et les blogs de droite, qui accusent Facebook de censurer Trump et ses sympathisants depuis déjà un bon moment. De l'avis de Zuckerberg, le plus inquiétant est qu'un employé ait divulgué des infos sur une réunion plénière à un journaliste. Jamais cela ne s'était produit. Depuis le lancement de Facebook onze ans plus tôt, les conversations internes, surtout les grand-messes, ont toujours eu un caractère sacré.

À ce stade, Nuñez a déjà décidé d'enquêter sur un autre sujet, espérant révéler les rouages internes d'une mystérieuse section que Facebook vient de lancer pour défendre sa place dans un environnement qui voit sans cesse naître des petits nouveaux. Cette section de Facebook est censée répondre à un constat alarmant : lorsque les internautes souhaitent s'informer, ils se tournent vraisemblablement davantage vers des sites comme Twitter ou YouTube. Ces deux plateformes offrent à tous la possibilité de créer et de voir du contenu ; elles semblent par ailleurs appréciées des personnalités médiatiques. Les sujets et vidéos les plus populaires génèrent de l'information quotidiennement. Plus un contenu est classé en tête des tendances du jour, plus il se retrouve mentionné dans les bulletins d'informations, ce qui pousse encore plus d'internautes à chercher et à consulter ledit contenu.

Cela n'est pas du goût de Zuckerberg qui veut que les internautes se tournent vers Facebook pour tout, y compris l'info. « Quand il se passait quelque chose d'important dans le monde, nos recherches nous montraient que les gens utilisaient davantage Google ou Twitter. On voulait entrer dans la bataille de l'info », se souvient un cadre de Facebook.

Pour certains dirigeants, la réponse réside dans une fonctionnalité appelée « Trending Topics » (« sujets tendance »). Cette section est la première chose que les utilisateurs américains de Facebook voient en haut à droite de la page lorsqu'ils se connectent. En dessous d'un discret « Trending » en lettres noires, des flèches bleues en forme d'éclair mettent en avant trois sujets d'intérêt sur lesquels les utilisateurs de Facebook partagent de l'information ce jour-là. Selon les ingénieurs qui ont conçu ce nouvel outil, les sujets sélectionnés sont le reflet de ce que leur algorithme a identifié comme les publications les plus populaires du jour.

Mais la méthode utilisée par Facebook pour déterminer les Trending Topics manque de clarté. L'entreprise affirme, certes, que le système est contrôlé par un algorithme, mais les personnes recrutées pour travailler sur cette nouvelle section ont toutes une expérience dans le journalisme. Et parfois, les sujets mis en avant semblent soit trop ésotériques, soit trop commodes. Si on peut se réjouir que les internautes discutent de recyclage et de qualité de l'eau le 22 avril, Jour de la Terre, certains salariés de l'entreprise se demandent si ces sujets estampillés tendance le sont naturellement ou s'ils reçoivent un petit coup de pouce...

Depuis plusieurs semaines donc, Nuñez s'intéresse aux personnes employées par Facebook pour faire fonctionner la section Trending Topics. Ses recherches sur Google lui ont permis de dresser une liste complète des salariés, qu'il a divisés en deux catégories : ceux qui embrassent la ligne politique de l'entreprise aveuglément et ceux en qui il voit des sources potentielles. Une poignée de jeunes diplômés acceptent de lui parler. Tous lui livrent la même version déconcertante. « Ils disaient à quel point ça les perturbait de choisir ce que les gens voyaient ou ne voyaient pas dans les Tendances, raconte Nuñez. Facebook faisait comme s'il y avait des systèmes pour prendre ces décisions, un algorithme de type boîte noire, mais en réalité c'étaient des salariés qui décidaient, et ce, sans la moindre supervision. »

Le 3 mai 2016, Nuñez a rassemblé suffisamment d'éléments pour donner un premier aperçu détaillé du travail de l'équipe Trending Topics. Il publie un article dans lequel il décrit « des conditions de travail éreintantes, un management humiliant et une culture du secret imposée ». Il révèle également comment un petit groupe de contractuels basés à New York, la plupart frais émoulus d'écoles de journalisme, recrutés pour leur expérience dans le domaine de l'information, se voient confier le rôle de « curateurs » et intimer l'ordre de garder le silence sur leur fonction éditoriale.

Au départ, le système était bien paramétré pour donner à l'équipe Trending Topics une liste des sujets sur lesquels les utilisateurs échangeaient en temps réel. Mais lorsque les curateurs se connectaient pour leur rotation de huit heures, ils découvraient qu'une grande partie des informations remontées concernait la dernière robe portée par une des filles Kardashian ou un candidat de « The Bachelor ». Pas le genre de discussions que Facebook avait imaginé mettre en avant sur sa plateforme.

Les curateurs ont alors reçu la consigne de se fier à leur propre jugement pour sélectionner les sujets à promouvoir. Après avoir choisi un titre et rédigé un court descriptif pour chaque sujet, ils doivent lui assigner une valeur qui déterminera les chances dudit sujet d'apparaître sur la page d'un utilisateur. Ils doivent également écarter certains sujets, comme ceux qui reviennent trop fréquemment ou qui sont considérés comme non pertinents, à l'instar des deux exemples donnés plus haut. De même, ils éliminent les doublons et les sujets qui ne reflètent pas l'actualité à chaud.

Autre problème : tout cela ne reçoit que peu de supervision. « Ceux qui prenaient ces décisions étaient pour la plupart des jeunes tout juste sortis de la fac. C'était une trop lourde responsabilité pour leurs épaules », fait remarquer un ancien membre de l'équipe. La majorité de ces employés s'inquiète en effet du pouvoir qu'ils ont : ils décident ce que des centaines de millions d'utilisateurs voient sur Facebook, et depuis que le premier article de Nuñez a fait le buzz, ils s'interrogent encore plus sur la tâche qui leur est confiée. Quelques semaines plus tard, le journaliste a d'ailleurs reçu un courriel anonyme d'une personne se présentant comme un membre de l'équipe Trending Topics. Après vérification, Nuñez propose un entretien par téléphone à sa source. Leurs échanges aboutissent à la publication d'un autre article le 9 mai 2016 intitulé « D'anciens employés de Facebook affirment qu'ils supprimaient quotidiennement des informations provenant de sources conservatrices ».

« Paul Ryan, par exemple, raconte Nuñez en parlant de l'ancien président de la Chambre des représentants. Ils [les ingénieurs de Facebook] disaient carrément qu'il revenait trop souvent en tête des sujets populaires. Alors ils apportaient des petites modifications jusqu'à ce qu'il sorte des radars. »

La source de Nuñez, qui se définit comme conservateur, pense que le public a le droit de savoir qu'une poignée d'employés de Facebook décide de ce que les utilisateurs voient ou pas. L'article affirme que

Facebook et d'autres gardiens de l'information en ligne ne sont pas politiquement neutres ; il confirme les soupçons nourris depuis longtemps par les conservateurs et relayés à grands cris par des commentateurs de l'ultra-droite tels que Glenn Beck et le directeur de campagne de Trump, Steve Bannon[4].

Le papier déclenche une polémique à sa parution, certains s'interrogeant sur son intention cachée. Au sein de Facebook, des membres du département Trending Topics sont furieux de la façon dont leur travail est présenté. Si en effet certains ne sont pas à l'aise avec le pouvoir qui leur est donné, ils ne mettent en avant ni le programme des progressistes ni celui des conservateurs. Leur mission est de s'assurer que la section ne soit pas trop répétitive. Et voilà qu'à présent leurs décisions passent pour politiques !

Quelques mois plus tôt, la décision de laisser le post anti-musulmans de Trump tel quel avait permis d'éviter une confrontation avec les conservateurs. Mais avec ces deux articles, Facebook se retrouve sur la sellette. « Il est extraordinairement troublant d'apprendre qu'ils utilisent leur pouvoir pour censurer des points de vue et des informations qui défendent une idéologie différente de la leur[5] », déclare un membre du Comité national républicain.

À Menlo Park, Sheryl Sandberg et Mark Zuckerberg chargent l'équipe Sécurité de trouver qui a divulgué de nouvelles informations à Nuñez, mais le taux de renouvellement du personnel est élevé dans le département Trending Topics et les contractuels, représentant le gros des troupes, ne débordent pas de loyauté envers l'entreprise. Zuckerberg se tourne également vers ses ingénieurs et leur demande de vérifier comment la section Trending Topics fonctionne. Existe-t-il un moyen de garantir, en fin de compte, que seuls des algorithmes décident des sujets mis en avant pour les utilisateurs ?

Sheryl Sandberg se concentre, elle, sur la crise des relations publiques. Il faut faire quelque chose pour apaiser la droite, mais elle n'est pas le messager idéal. Elle constitue même un obstacle en raison de ses liens avec les démocrates. D'après la rumeur, elle est pressentie comme membre du cabinet dans l'hypothèse probable de l'élection de Clinton[6]. Elle s'applique également à terminer l'écriture de son nouveau livre, *Option B*, d'un tout autre genre que *En avant toutes*, best-seller publié en 2013 et consacré à la place des femmes dans l'entreprise. En effet, *Option B* est un récit beaucoup plus personnel, un guide de développement sur la résilience après un deuil.

Et pour cause : en mai 2015, son mari, Dave Goldberg, est décédé d'une arythmie cardiaque alors que le couple se trouvait au Mexique pour fêter les cinquante ans d'un ami. Une perte dévastatrice pour Sheryl Sandberg qui a trouvé en Mark Zuckerberg un grand soutien. Il l'a aidée dans la préparation de la cérémonie commémorative de Goldberg et l'a confortée lorsque le doute l'assaillait quant à sa capacité à reprendre son rôle de leader. Écrire *Option B* a été pour elle un moyen de gérer son chagrin alors qu'elle continuait de superviser les opérations courantes de l'entreprise. Elle y raconte son retour difficile au travail et le soutien total de Zuckerberg. Les deux dirigeants n'ont jamais été si proches, mais aux yeux des collaborateurs de Sandberg, elle est distraite et irascible. Les employés marchent sur des œufs et se gardent de la contrarier.

En juin 2016, un incident particulièrement fâcheux a confirmé la difficulté de Sheryl Sandberg à faire face à la mort de son mari. Elle se trouve alors à Washington, à l'occasion de sa rencontre trimestrielle avec des hauts fonctionnaires et la presse. Les lobbyistes de Facebook ont transformé un salon du Capitole en showroom éphémère pour présenter les nouveaux produits de l'entreprise, comme le casque de réalité virtuelle Oculus. Deux apéritifs y sont prévus, l'un pour les membres du Congrès, l'autre pour les journalistes, avec Sandberg comme invitée d'honneur. Elle sera ensuite libérée de ses obligations et pourra rentrer chez elle. Elle sort de deux jours de réunions non-stop avec les législateurs et a également prononcé un discours à l'Institut américain de l'entreprise, think tank conservateur, pour désamorcer tout soupçon de parti pris concernant la polémique des Trending Topics.

En arrivant au Capitole, elle est agacée d'apprendre qu'elle n'aura pas l'occasion de rencontrer les salariés de Facebook basés à Washington avant le début de l'événement. Par ailleurs, elle a demandé à pouvoir faire une pause dans un endroit calme entre les deux apéritifs mais ni les lobbyistes ni sa première assistante n'ont pensé à lui aménager une loge à l'écart de l'agitation.

« Oublier ? Mais comment avez-vous pu oublier ? C'est incroyable ! » hurle-t-elle contre sa première assistante devant plusieurs salariés des bureaux de la capitale. Elle se tourne ensuite vers une nouvelle recrue, en formation pour remplacer sa première assistante, et la prévient qu'elle a intérêt à ce qu'un oubli aussi grossier ne se reproduise pas. « Elles ont pris un savon en bonne et due forme », se souvient un des témoins. Quelques minutes plus tard, les deux jeunes femmes pleurent dans les toilettes et tout le monde est au courant. Greg Mauer, qui a travaillé pour John Boehner, président de la Chambre des représentants jusqu'au mois d'octobre 2015, demande à ses anciens collègues de trouver une pièce libre pour Sandberg. Problème résolu, mais l'épisode a refroidi tout le monde ; force est de constater qu'après la mort de son mari la directrice des opérations est devenue colérique et impatiente. Les employés ont peur de la contrarier. Un véritable problème de management se pose, se souvient un ancien salarié. « Plus personne n'osait s'exprimer après cet incident. »

S'agissant de la façon dont il faut gérer les détracteurs conservateurs de Facebook, Sheryl Sandberg se tourne vers Joel Kaplan, comme souvent lorsqu'elle est confrontée à des questions épineuses. Il lui assure pouvoir faire face à la controverse en organisant à Menlo Park une rencontre avec les dirigeants des principaux médias conservateurs, les leaders des laboratoires d'idées et plusieurs commentateurs. Il juge cependant primordial que Mark Zuckerberg accepte de s'y mettre en avant.

Le 18 mai, dans l'après-midi, seize personnalités de premier plan dont Glenn Beck de Blaze TV, Arthur Brooks de l'Institut américain de l'entreprise, et Jenny Beth Martin du Tea Party Patriots, organisation politique d'ultra-droite, se retrouvent donc à Menlo Park pour exprimer leurs inquiétudes quant au parti pris politique de Facebook. Pour représenter l'entreprise, seuls des collaborateurs conservateurs sont conviés à la réunion, se souvient un ancien responsable. À savoir Peter Thiel, membre du conseil d'administration et fervent défenseur de Trump, et une poignée de ceux qui sont basés à Washington, dont Joel Kaplan. Zuckerberg, qui a toujours mis un point d'honneur à ne jamais déclarer publiquement son appartenance politique, anime la réunion et recueille, autour de plateaux de fromage, de fruits et de café, les plaintes polies de ses invités. Certains l'exhortent à engager davantage de salariés à sensibilité conservatrice. Arthur Brooks insiste sur la nécessaire neutralité politique et le met en garde : il ne doit pas laisser la plateforme devenir une « monoculture », qu'il s'agisse d'orientation politique ou religieuse[7].

Au terme d'une heure trente de discussion, Zuckerberg déclare avec enthousiasme que tous les discours politiques sont acceptés et que l'entreprise n'a aucune intention d'étouffer la parole conservatrice. Il assure ses invités que laisser s'exprimer toutes les opinions politiques répond à la mission de Facebook et sert ses intérêts commerciaux.

Le groupe visite ensuite Menlo Park et assiste à une démonstration du casque Oculus. Glenn Beck écrira plus tard sur son propre blog qu'il a été impressionné par « l'attitude de Mark Zuckerberg, sa capacité à conduire la réunion, sa prévenance, sa franchise et ce qui semblait être un désir sincère de connecter le monde[8] ».

Beck et les autres participants quittent Menlo Park quelque peu apaisés. Certains se disent convaincus que Zuckerberg fera un réel effort pour garantir la neutralité de la plateforme. Mais de profondes divisions internes apparaissent. Au sein de plusieurs départements – Politique publique, Communication, Ingénierie –, les salariés craignent que cette réunion n'encourage d'autres lobbys à faire valoir leurs intérêts auprès de Facebook. Ils dénoncent en haut lieu le manque de vision à long terme et une rencontre qui ne suffira pas à éteindre complètement les soupçons de manque de neutralité politique.

Pire encore, ils sont convaincus que le rendez-vous a légitimé ceux qui propagent des théories complotistes préjudiciables. Glenn Beck par exemple a accusé, à tort, un ressortissant saoudien d'être impliqué dans l'attentat du marathon de Boston[9] ; il prétend également que l'administration Obama a besoin d'un attentat pour redorer son blason, faisant écho à la théorie complotiste autour de l'attentat d'Oklahoma City visant l'administration Clinton en 1995. Les idées de Beck sont relayées par des personnalités d'ultra-droite comme Alex Jones, qui comptabilise des centaines de milliers d'utilisateurs sur Facebook. Parmi les thèses les plus populaires et controversées de Jones : la tuerie de l'école primaire Sandy Hook, perpétrée en décembre 2012 à Newtown dans le Connecticut, est pure invention, et les parents des enfants morts, des acteurs rémunérés. De fait, ses utilisateurs sont redirigés vers son site et son émission radio qui lui rapportent des millions de dollars grâce à la vente de produits de marque.

« On n'offrait pas au mouvement Black Lives Matter l'opportunité de rencontrer Mark mais on accueillait à bras ouverts des ultraconservateurs comme Glenn Beck ? Bravo ! Super décision ! » ironise un ancien employé.

La réunion marque un tournant, d'une part pour Facebook qui s'était jusque-là engagé à la neutralité politique, et d'autre part pour Sheryl Sandberg dont les décisions seront de plus en plus dictées par la crainte d'une réaction violente des conservateurs, réaction susceptible de nuire à la réputation de l'entreprise et de lui valoir une surveillance accrue de Washington.

« À ce stade de la campagne électorale, personne ne s'attendait à une victoire de Trump. Mais les républicains contrôlaient la Chambre des représentants et le Sénat, ils pouvaient mener la vie dure aux entreprises technologiques, se souvient Nu Wexler, ancien porte-parole de Facebook à Washington. Alors plutôt que de démentir leurs accusations mensongères et de présenter des données objectives qui les réfutaient, Facebook a prêté l'oreille à ses détracteurs et leur a donné une légitimité. Et le temps passant, l'entreprise a adopté ce même mode opératoire dès que la droite l'accusait de parti pris. »

Tandis que la campagne électorale de 2016 tourne à plein régime, les contenus en tête des fils d'actualité des utilisateurs montrent que les Américains sont plus divisés que jamais. La course entre Hillary Clinton et Donald Trump alimente un flot ininterrompu d'informations partisanes, chaque camp ne perdant jamais une occasion de diaboliser l'adversaire. Mais, plus perturbant, la tendance est aux faux sites d'information qui diffusent des histoires de plus en plus excentriques sur les deux candidats. D'un bout à l'autre des États-Unis comme dans des contrées aussi éloignées que la Macédoine, des jeunes gens audacieux se rendent compte qu'ils peuvent se remplir les poches en servant aux Américains le type de contenus qu'ils ont envie de lire. Tout à coup, des articles affirmant qu'Hillary Clinton est dans le coma ou que Bill Clinton a eu un enfant illégitime envahissent Facebook. La plupart des gens qui les mettent en ligne sont apolitiques mais ils savent que plus les informations sont farfelues, plus les utilisateurs cliqueront sur le lien.

Les salariés de l'équipe Fil d'actualité font remonter le problème à leurs supérieurs, qui se contentent de répondre que publier de fausses informations ne contrevient pas aux règles de Facebook. Ce qui n'est pas de leur goût. « C'était rageant ; on voyait tous ces sites pourris qui apparaissaient en haut du fil d'actu des gens. On savait qu'en se connectant sur Facebook, ce qu'ils verraient en premier sur leur page, c'étaient des infos complètement bidon, mais on n'arrêtait pas de nous dire qu'on ne pouvait rien y faire – les gens pouvaient partager ce qu'ils voulaient », témoigne un ancien employé. Il se souvient d'avoir signalé lors d'une réunion avec son responsable courant juin 2016 que les sites qui font la part belle aux articles mensongers ou trompeurs sur Facebook emploient, pour beaucoup, des méthodes douteuses – peut-être des faux comptes Facebook. « On m'a répondu que cela faisait l'objet d'une vérification. Mais ce n'était pas vrai et personne n'a jamais donné suite. »

En réalité, Chris Cox et d'autres ingénieurs ont essayé de remédier au problème soulevé en introduisant un nouveau changement de l'algorithme, censé désormais favoriser dans les fils d'actualité des utilisateurs le contenu publié par leur famille et leurs amis. Mais des chercheurs extérieurs soulignent rapidement les effets pervers de la modification : en donnant la priorité aux contenus des proches, Facebook relègue aux oubliettes des sites d'information accrédités tels que CNN ou le *Washington Post.* Les utilisateurs ne trouvent plus leurs publications en haut de leur fil ; en revanche, ils continuent à voir les articles mensongers et très partisans postés par leurs proches.

Les salariés, inquiets de la nature des informations qui deviennent virales sur la plateforme, remettent le sujet sur la table à de nombreuses reprises au cours des réunions hebdomadaires Q&A, au point que, le 18 juin 2018, Boz publie une note interne sur un des groupes Workplace concernant la responsabilité de l'entreprise vis-à-vis de ses utilisateurs.

« Nous connectons les gens. Un point c'est tout. C'est pourquoi tout le travail visant à notre croissance se justifie. Toutes les pratiques d'importation de contacts douteuses. Toutes les subtilités qui font que les profils des gens restent consultables. Toutes les actions que nous menons pour développer les échanges. Le travail que nous ferons sûrement un jour avec la Chine. Tout se justifie[10] », écrit Boz.

Et de proclamer plus loin dans sa note : « Oui, nous connectons plus de gens. Oui, ça peut mal tourner s'ils utilisent Facebook à des fins négatives. Et oui, ça peut coûter des vies, s'ils se retrouvent exposés au harcèlement ou à une attaque terroriste coordonnée grâce à nos outils. La vérité, aussi moche soit-elle, c'est que nous croyons si profondément en ce que nous faisons, connecter les gens, que tout ce qui peut nous permettre de connecter plus de gens plus souvent est *de facto* bon. »

Ce mémo sera bientôt baptisé « le moche ».

Les discussions sur les groupes Workplace sont houleuses. Certains ne voient rien à redire à la note : Boz ne fait que formuler une vérité gênante, à savoir que Facebook est une entreprise à but lucratif, et que sa priorité doit être ses résultats commerciaux. La plupart des salariés font cependant part de leur malaise par rapport à la position exprimée dans le mémo et s'inquiètent de ce qu'il lève le voile sur les froids calculs faits en haut lieu.

Alors que les employés de Facebook cherchent à évaluer ce qui semble être une hausse des incitations à la haine à l'échelle mondiale, ils découvrent que le nom de leur entreprise apparaît de façon répétée comme source de théories complotistes, de fausses informations et de propagande haineuse contre les minorités. L'annonce par Trump de l'interdiction d'entrer sur le territoire américain visant les ressortissants de certains pays musulmans est instrumentalisée par les leaders d'extrême droite du monde entier pour défendre des positions plus dures contre les immigrés et réfugiés musulmans. En Birmanie, plusieurs chefs militaires citent en exemple les publications de Trump sur leur propre page Facebook, affirmant que si les États-Unis peuvent fermer leurs frontières aux musulmans, alors la Birmanie devrait le faire aussi. Et en effet, les organisations de défense des droits de l'homme associent de plus en plus régulièrement la plateforme aux attaques contre la minorité Rohingya apatride installée en Birmanie et à la répression brutale des libertés civiles exercée aux Philippines par le nouveau président Rodrigo Duterte.

La grand-messe suivante attire de très nombreux salariés, les responsables n'ont guère de doutes sur la nature des questions qui les attendent.

Boz s'est déjà défendu sur le Workplace général de Facebook, déclarant que son mémo ne reflète pas son opinion en tout point et qu'il l'a écrit pour susciter le débat. Cependant les salariés attendent plus. Ils veulent savoir si oui ou non il a songé aux vies perdues dans les pays où Facebook s'est développé à un rythme effréné, si les utilisateurs de Facebook vivant dans ces pays ont répondu directement à sa publication, s'il a le moindre état d'âme. Boz arbore, certes, un air contrit mais il répète qu'il a simplement avancé un raisonnement dans l'intention d'encourager le débat d'idées.

Mark Zuckerberg et Sheryl Sandberg assurent aux salariés qu'ils ne souhaitent en aucun cas que Facebook soit utilisé à des fins délétères et qu'ils ne défendent pas l'idée de « la croissance à tout prix ». « Je tiens à ce que nous nous engagions pour un développement responsable », déclare Sandberg, d'après un employé qui précise qu'il était pourtant sceptique en quittant la réunion. « Elle a dit tout ce qu'il fallait dire, mais je pense que la majorité des gens sont sortis de là sans être convaincus. En tout cas, moi, je ne l'étais pas. »

Voilà quatre ans que le partenariat entre Zuckerberg et Sandberg fonctionne à merveille. Quand en juin 2012, Sandberg a rejoint le conseil d'administration de Facebook – première femme nommée aux côtés de Marc Andreessen, Erskine Bowles, Jim Breyer, Don Graham, Reed Hastings et Peter Thiel –, Zuckerberg l'a couverte de louanges dans son communiqué de presse. « Sheryl et moi dirigeons Facebook main dans la main ; elle joue un rôle majeur dans notre croissance et notre succès. » Sandberg s'est pour sa part déclarée entièrement dévouée à l'entreprise. « Facebook œuvre jour après jour pour rendre le monde plus ouvert et plus connecté. C'est une mission à laquelle je me consacre avec passion et je suis heureuse d'appartenir à une entreprise qui a un impact si important sur le monde[11]. »

Ils continuent à se voir régulièrement, le lundi et le vendredi, ou à se parler au téléphone, car leurs déplacements respectifs se multiplient. Leurs vieilles querelles au sujet des ressources se dissipent. Au cours d'une interview au magazine *Fortune*, Marc Andreessen soulignera qu'ils forment un duo parfait : le fondateur qui peut rester concentré sur la vision d'ensemble et la partenaire qui met en œuvre le modèle commercial. « Son nom est devenu synonyme de "chef des opérations". Toutes les entreprises veulent leur Sheryl Sandberg. Mais comme je n'arrête pas de le dire, on n'a pas encore trouvé le moyen de la cloner[12]. »

Sheryl Sandberg a fondé le modèle de Facebook sur l'exploration de données à grande échelle et l'argent entre à flots. Elle développe la stratégie publicitaire du géant de la tech grâce à de nouveaux outils, dont l'option de ciblage appelée « Audiences personnalisées » qui permet aux marques et aux campagnes politiques de fusionner leurs listes d'adresses mail et autres données avec celles de Facebook pour un ciblage plus riche[13]. L'entreprise travaille sur une enchère automatisée capable de traiter chaque seconde des millions d'offres publicitaires basées sur des données Facebook et l'historique de navigation des utilisateurs en dehors du site. Grâce à un autre outil, appelé « Audiences similaires », les marques fournissent leurs listes de clients à Facebook qui en retour identifie parmi ses utilisateurs ceux qui ont des profils similaires pour cibler leur publicité[14].

Si certains pensent que Sandberg s'est adaptée à la culture Facebook – « Google était une société fondée sur des valeurs. Ce qui n'était absolument pas le cas de Facebook », se souvient un ancien collaborateur de Sandberg –, d'autres trouvent qu'elle a au contraire changé l'esprit de l'entreprise. Cela saute d'ailleurs aux yeux si l'on considère les gens qu'elle a elle-même engagés, comme Joel Kaplan ou encore Elliot Schrage.

Ce dernier compte parmi ses toutes premières recrues et il détonne au milieu des jeunes gens libres d'esprit qui composent le gros des troupes. Il est de vingt-quatre ans l'aîné de Zuckerberg et pour lui, s'habiller décontracté se résume à déboutonner le col de son impeccable chemise de soirée. C'est un homme intimidant, avec son regard perçant, ses lunettes rectangulaires, ses cheveux bruns bouclés et sa voix grave et rocailleuse. Sa ressemblance avec le réalisateur Sydney Pollack est d'ailleurs frappante.

Natif de Chicago, diplômé de la faculté de droit de Harvard et doté d'un humour pince-sans-rire, Elliot Schrage a, comme Sandberg, travaillé chez Google. C'est au milieu des cracks de l'informatique qui dénigrent les non-geeks qu'ils ont noué des liens. Pour eux, le temps fort de l'année, c'est le Forum de Davos, pas la conférence « TechCrunch Disrupt », qui met en lumière les start-ups à la pointe de l'innovation, ni le colloque « AllThingsD » dédié aux nouvelles technologies numériques. Par ailleurs tous deux suivent avidement la tumultueuse vie politique américaine.

En public, Schrage affiche un mélange de bienveillance et de sérieux, même s'il peut se montrer dur avec les journalistes (il est connu pour chicaner sur des détails de leurs articles, allant parfois jusqu'à s'en prendre violemment aux rédacteurs par téléphone pour le choix d'un mot dans un gros titre). En mai 2010, un bug dans les systèmes de Facebook a permis à certains internautes d'accéder aux messages personnels d'autres utilisateurs. Schrage a alors accepté l'invitation du *New York Times* à s'expliquer sur leur blog technologique, « Bits ». Il a répondu à environ trois cents questions de lecteurs irrités par le nombre croissant de brèches de sécurité des données. « Prendre connaissance des questions a été un exercice pénible mais productif. Chez Facebook, personne ne veut rendre la vie plus difficile à nos utilisateurs, bien au contraire[15]. »

Mais en coulisse, comme il l'a déjà montré dans le bureau du sénateur Schumer en 2009, Schrage met en œuvre une tout autre partie de la stratégie de relations publiques de l'entreprise. Il n'hésite pas à employer des tactiques plus agressives pour résister à la menace des régulations, témoignent des membres des départements Politique publique et Communication. Lui voit les choses autrement : « Je croyais que l'équipe avait besoin d'aller au-delà de ce qu'elle pratiquait depuis toujours en termes de communication produit ; il fallait qu'on devienne plus professionnels, mieux équipés pour comprendre et gérer les questions de vie privée, de régulation, de concurrence, de finance auxquelles Facebook était confronté. »

Il manie également la trique contre les détracteurs de Facebook qui dénoncent non seulement les mauvaises pratiques en matière de protection des données mais aussi la nature des publications des utilisateurs. Plus la plateforme se développe, plus les contenus toxiques prolifèrent, atteignant un niveau record chez les jeunes utilisateurs.

Fin janvier 2012, Bill Price, président du conseil d'administration de Common Sense Media, organisation à but non lucratif spécialisée dans l'étude des médias et de leurs effets, notamment sur le plan éducatif, a raconté son entrevue avec Sheryl Sandberg dans les nouveaux bureaux de Facebook au 1, Hacker Way à Menlo Park. En tant que cofondateur de TPG Capital, l'un des plus importants fonds d'investissement privés américains, Bill Price évolue dans les mêmes cercles de patrons fortunés jouissant de connexions politiques de la région de San Francisco que la directrice des opérations ; il appartient aux conseils d'administration d'organisations telles que l'Académie des sciences de Californie aux côtés des dirigeants des entreprises technologiques.

Cela dit, Common Sense Media nuit sérieusement à l'image de Facebook. L'organisation fait en effet partie des pourfendeurs de l'entreprise, laquelle est de plus en plus souvent attaquée par les associations de consommateurs, les groupes de défense des droits de l'enfant et de la vie privée qui examinent de près son impact sur les jeunes et la question de l'utilisation des données personnelles. Le fondateur, Jim Steyer, ancien avocat spécialisé dans les droits civiques et enseignant à Stanford, a démoli la plateforme dans plusieurs articles de presse et vient de terminer un livre intitulé *Talking Back to Facebook*, sur l'effet délétère des médias sociaux sur le bien-être social et émotionnel des jeunes.

Depuis son ouverture aux lycéens en 2005, la plateforme a dû répondre à des inquiétudes concernant la sécurité et la santé mentale des jeunes[16]. Quand ils ne vérifient pas de manière compulsive leurs posts dans l'espoir d'avoir amassé le plus grand nombre possible de commentaires et de *likes*, les adolescents se mesurent les uns aux autres pour savoir qui a le plus d'amis. Les signalements de harcèlement en ligne se multiplient. Facebook ne respecte pas son propre règlement qui interdit aux moins de treize ans d'ouvrir un compte. En mai 2011, d'après les estimations de l'association de consommateurs américaine Consumer Reports, la plateforme rassemble 7,5 millions d'utilisateurs de moins de treize ans[17].

En 2012 donc, Sheryl Sandberg accepte de recevoir Bill Price à la condition que Jim Steyer ne participe pas. Price se plie à cette exigence, non sans à son tour mettre son veto à la présence de Schrage. Pourtant, lorsque Sandberg l'accueille avec un large sourire et une accolade dans sa salle de conférences vitrée, Price constate que Schrage se tient derrière elle. Il la regarde et demande d'un ton calme mais ferme : « Qu'est-ce qu'Elliot fait ici ? »

En tant que responsable de la politique publique, explique Sandberg, Schrage est le mieux placé pour s'exprimer au nom de l'entreprise sur les questions relatives aux jeunes. Price ne cache pas son agacement mais poursuit. Il a un message important à faire passer et a besoin de leur aide, dit-il à Sandberg. Il s'assoit puis Sandberg se glisse à son tour sur une chaise en cuir à côté de lui ; elle enlève ses chaussures et croise les jambes sous ses fesses. À l'autre bout de la table de conférence, Schrage, dans le rôle du méchant flic, a les bras croisés et un regard furieux.

Bill Price commence en disant qu'il veut remettre les compteurs à zéro. Common Sense et Facebook peuvent sans aucun doute se mettre d'accord sur un moyen d'assurer la sécurité des enfants sur Internet. Son organisation s'inquiète notamment de ce que les enfants publient des contenus qui reviendront les hanter : l'adolescent ivre qui pose avec une canette de bière à une fête, la jeune fille qui poste des selfies suggestifs. Il émet l'idée d'un « bouton de suppression ». Pourquoi ne pas créer un outil pour que les jeunes aient une deuxième chance ? La requête semble raisonnable. Mais les enfants de Sandberg ne sont pas assez grands pour que l'argument lui parle et si Schrage, lui-même parent d'adolescents en âge d'être sur Facebook, aurait dû être plus facile à convaincre, il balaie aussitôt l'idée d'un revers de la main.

« Impossible, s'énerve-t-il. Vous ne comprenez pas comment la technologie fonctionne. »

Si le ton de Schrage rebute Bill Price, celui-ci ne se laisse pas intimider. Impossible, pour quelle raison ? Il veut comprendre pourquoi Facebook, qui dispose des meilleurs ingénieurs et de milliards de dollars, ne peut pas développer un tel outil.

Sheryl Sandberg ne dit mot.

Un bouton de suppression aurait de multiples répercussions néfastes, reprend Schrage. « Vous n'avez pas la moindre idée du fonctionnement d'Internet ! »

Quand Sandberg prend enfin la parole, elle affirme que Common Sense cible injustement Facebook, tentant ainsi de le mettre sur la défensive. « Google a autant de problèmes, si ce n'est plus », lui dit-elle. Puis elle prend un air blessé, se souvient Price, et évoque le livre de Steyer. Pourquoi a-t-il mis Facebook dans le titre ? Google et d'autres entreprises ont pourtant les mêmes pratiques de collecte de données ! Steyer n'est-il pas en train de se faire de la pub sur le dos de Facebook ?

En réalité, Google s'est associé à Common Sense sur les questions de sécurité et de protection de la vie privée, explique Bill Price tout en se rendant compte que cette explication ne sert à rien. Il est venu à Menlo Park pour construire un partenariat, convaincu que les dirigeants de Facebook, intelligents et avisés, comprennent les inquiétudes de Common Sense. Mais ils ont clairement tout autre chose en tête. Sheryl Sandberg a accepté l'entrevue pour protester contre le titre du livre de Steyer, et Schrage, qui le considère comme un adversaire, est là pour l'attaquer. « Vous vous trouverez du mauvais côté de l'Histoire si vous ne vous impliquez pas plus activement pour la protection des enfants », reprend Price.

Sur quoi Schrage y va de sa propre mise en garde. Price ne veut certainement pas se mettre le géant de la Silicon Valley à dos. Les administrateurs de Common Sense investissent pour la plupart dans les entreprises technologiques ; ils font des affaires avec Facebook et ne verront pas d'un très bon œil la perspective de perdre un tel partenaire. L'entreprise prépare son entrée en Bourse – ses dirigeants doivent l'annoncer le lendemain. Le sous-texte est on ne peut plus clair. « J'ai bien compris leur tentative d'intimidation et leur menace : si on persévérait sur cette voie, ils emploieraient des méthodes musclées contre Common Sense et les membres du conseil d'administration », se souvient Price.

Sheryl Sandberg ne pipe mot tandis que Schrage poursuit ses attaques. À la fin de l'entrevue, elle lui donne l'accolade pour la forme mais les deux hommes ne prennent pas la peine de se serrer la main.

Elliot Schrage niera plus tard avoir menacé Bill Price. « C'est ridicule de suggérer que j'étais en position de menacer ou d'intimider Bill Price, le fondateur d'un des plus grands fonds d'investissement privés du monde ! Pourquoi je ferais une chose pareille ? Dans quel intérêt ? Celui de Facebook ? » Mais la version de son adversaire est très différente : « Je suis sorti de cette entrevue passablement abattu. Ce que j'avais vu, c'était un exemple classique du pouvoir absolu qui a corrompu le point de vue de ceux qui l'exercent. »

Et c'est indéniable, le champ d'action de Sandberg n'a cessé de croître. Pour preuve, elle a récemment pris le contrôle d'une partie essentielle du business : les stratégies de modération de contenus de Facebook.

L'équipe dépendait à l'origine du département d'exploitation et rendait compte à Mark Zuckerberg. Lorsque Dave Willner y entre en

2008, elle compte entre six et douze salariés dont le job est d'actualiser en permanence une liste des contenus interdits par la plateforme. C'est simple – pas de nudité, pas de terrorisme – mais il n'y a pas d'explications sur le processus de prise de décision. « Si on tombait sur un contenu bizarre qu'on n'avait jamais vu avant, la liste ne nous disait pas quoi faire, rapporte Willner. Il y avait bien une politique, un ensemble d'options prises, mais pas de philosophie sous-jacente. Un de nos objectifs, c'était de ne pas se faire le messager d'un futur Hitler. »

Mark Zuckerberg intervient rarement dans la prise de décision de l'équipe Modération de contenus ; il ne semble pas être au courant des débats qui déterminent les règles d'utilisation de la plateforme quant au contenu autorisé à la publication. « Il ne prêtait aucune attention à notre travail, sauf s'il y avait un problème ou quelque chose qui faisait les gros titres, se souvient un des premiers membres de l'équipe. Non, on ne peut pas dire qu'il participait aux débats sur l'interprétation du premier amendement ou sur le positionnement que Facebook devait ou non prendre pour le reste du monde quant à la liberté d'expression. Ce n'était pas quelque chose qui l'intéressait vraiment. »

Pourtant, les décisions de l'équipe mettent de plus en plus souvent l'entreprise dans l'embarras. Dès 2008, Facebook a eu maille à partir avec des mères du monde entier concernant leur droit de partager des photos où elles allaitaient leurs bébés[18]. La décision d'interdire un groupe prodémocratie à Hong Kong en 2010 a également provoqué des protestations et fait les gros titres. Fin 2011, l'équipe de Willner, devenue beaucoup plus conséquente, autorise une page dont le nom contient une plaisanterie vulgaire sur les filles de Tony Abbott, leader de l'opposition en Australie. Pour Sheryl Sandberg, c'est la goutte d'eau qui fait déborder le vase.

Elle se retrouve en effet seule à gérer Tony Abbott, furieux. Après quoi, elle décide qu'il est temps de placer l'équipe Modération de contenus sous sa responsabilité – décision qui prend la majorité des membres de l'équipe au dépourvu. « Elle assumait donc vouloir superviser les décisions relatives aux contenus alors que ses accointances à Washington la plaçaient au-dessus des lobbyistes de la boîte, se souvient un salarié. Pas besoin d'être un génie pour comprendre que désormais, les hommes politiques et les directeurs qui l'appelaient pour se plaindre de telle ou telle décision auraient un accès direct à la façon dont les décisions étaient prises. »

Willner quitte l'entreprise peu après.

« On aurait dû le voir venir. Facebook était un des acteurs les plus importants de la scène mondiale, ajoute le salarié, et il était sans doute idéaliste de croire que la gestion des contenus pourrait échapper au calcul politique. »

5

Le canari

Ned Moran, les yeux rivés sur son écran, assiste en temps réel à une conversation entre un pirate informatique russe et un journaliste américain. Analyste en sécurité chez Facebook au sein de la cellule Threat Intel (la *Threat Intelligence* est une discipline de défense contre les cyberattaques fondée sur les techniques du renseignement), Moran s'est fait un nom parmi les professionnels de la cybersécurité grâce à son savoir prodigieux et son expérience des hackers agressifs soutenus par les États. Grand, binoclard et barbu, c'est un homme de peu de mots ; quand il parle, c'est d'une voix si douce et si réfléchie qu'on arrête ce qu'on fait pour l'écouter. Vu sa réputation, on sait que ce qu'il a à dire vaudra la peine d'être entendu.

Moran en sait plus sur les hackers soutenus par des États étrangers que pratiquement n'importe qui dans la profession, mais même lui n'a jamais assisté comme ça à un échange entre des pirates et un journaliste. Par moments, des minutes entières s'écoulent entre deux messages et il attend, tout comme le journaliste américain, de voir ce que le Russe va dire ensuite. Du fond de son bureau dans les locaux washingtoniens de Facebook, il connaît l'identité et la localisation géographique des deux interlocuteurs. Depuis qu'il a découvert la page « DCLeaks » au début de ce mois d'août, il en suit tous les tchats de manière obsessionnelle. Dans d'autres circonstances, jamais il n'aurait espionné les communications en temps réel d'un journaliste. Mais il suit les Russes à la trace sur Facebook, et il était là quand la conversation a démarré sur Messenger. Moran voit quels types de machines ils utilisent et quelles recherches ils mènent à l'intérieur de Facebook. Il sait que la page Facebook appelée « DCLeaks » est un implant des Russes. Quelques semaines plus tôt, il l'a découverte en suivant les indices qu'ils ont laissés derrière eux en créant des pages, des groupes et des comptes sur Facebook en prévision de l'élection présidentielle. Ils ont créé la page « DCLeaks » le 8 juin, et voilà qu'ils essaient de pousser un journaliste américain à publier des documents qu'ils ont volés au parti démocrate.

Il reste moins de trois mois avant que les électeurs ne se prononcent lors d'une élection présidentielle qui promet d'être mouvementée entre Donald Trump et Hillary Clinton, et Moran a la preuve que les Russes font exactement ce que soupçonnent certains agents des services secrets : pirater la campagne de Clinton puis diffuser des mails embarrassants pour freiner la favorite dans sa course à la présidence. C'est une séquence sans précédent dans l'histoire de l'espionnage, qui brise toutes les normes établies de la cyberguerre. Moran sait que c'est important, et il fait un rapport à ses supérieurs.

À quelques kilomètres de là, des agents des services secrets s'efforcent d'en apprendre le plus possible sur les hackers russes qui ont infiltré la campagne de Clinton. Si expérimentés soient-ils, il leur manque la vue panoramique que permet Facebook. Pour Moran et son équipe, l'attrait du travail réside en partie dans cette vue plongeante qu'offre la plateforme ; beaucoup de ses collaborateurs viennent de la NSA, du FBI et d'autres branches du gouvernement, où ils ont étudié précisément les hackers qu'ils surveillent en ce moment.

Moran s'intéresse de près aux Russes depuis le début du mois de mars, au moment où il a découvert avec un collègue qu'ils essayaient de pirater des comptes Facebook dans tout le pays. Pris un par un, ces comptes avaient peu de choses en commun. Mais quand on les regardait comme un ensemble, un schéma apparaissait : tous avaient un rapport avec des personnes qui étaient liées à la présidentielle sans y être directement impliquées. Il y avait par exemple les familles des candidats et de lobbyistes politiques – la femme d'un lobbyiste démocrate de premier plan et les enfants de candidats républicains figuraient parmi les cibles.

Le service Sécurité de Facebook s'attendait à ce que les Russes surveillent de près des candidats à l'élection de 2016. Pourtant, personne à la direction ne semble saisir la gravité de leurs activités. Moran envoie des historiques et des rapports hebdomadaires à Alex Stamos et les archive dans des groupes Workplace ; Stamos en fait part à son supérieur, Colin Stretch, le directeur du service juridique qui, à ce qu'il comprend, en expose ensuite les grandes lignes à Elliot Schrage et à Joel Kaplan, deux des hommes les plus puissants de la boîte. C'est à leur discrétion que Zuckerberg et Sandberg sont mis au courant des problèmes à mesure qu'ils se présentent.

Au fil des années, le service Sécurité a été largement mis sur la touche par les deux dirigeants, qui ne s'intéressent pas activement à son travail et ne sollicitent pas de rapports. « Ils étaient briefés sur les principaux problèmes, comme quand des hackers de Corée du Nord ou de Chine essayaient d'infiltrer la plateforme, raconte un ingénieur. Mais on ne peut pas dire qu'ils programmaient régulièrement des réunions sur les menaces contre la sécurité, ni même qu'ils sollicitaient l'avis de l'équipe. Franchement, ils avaient l'air de vouloir que ce soit une question traitée discrètement, dans un coin, pour qu'ils n'aient pas trop à y penser. »

Moran et quelques-uns de ses collègues sont à Washington pendant que le reste de l'équipe est relégué dans un petit bâtiment à la périphérie de l'immense campus de Menlo Park. Malgré le grand nombre de personnes rattachées à Sandberg, l'entreprise est encore, en son cœur, concentrée sur ses ingénieurs. Les équipes qui conçoivent de nouveaux produits, qui poussent la croissance et qui surveillent le nombre d'heures passées chaque jour sur la plateforme par les utilisateurs rendent directement des comptes à Zuckerberg, elles. Au printemps, elles étaient occupées à mettre en œuvre son audacieuse vision à dix ans pour l'entreprise, qui comprend des changements majeurs dans les domaines de l'intelligence artificielle et de la réalité virtuelle.

Pendant ce temps-là, le reste du monde a peu à peu pris conscience de l'envergure des activités des Russes. Le 15 juin, CrowdStrike, une firme de cybersécurité engagée par le Comité national démocrate (DNC), a annoncé avoir trouvé des preuves formelles que des hackers liés à l'État russe avaient piraté les boîtes mail de figures importantes du parti démocrate, y compris des membres de la campagne de Clinton[1]. En l'espace de quelques semaines, deux autres sociétés de cybersurveillance, TreatConnect et Secureworks, se sont jointes à CrowdStrike pour publier des rapports indépendants contenant des détails techniques sur les méthodes des auteurs des attaques[2]. Les rapports décrivent comment les Russes ont piégé les employés de la campagne démocrate pour leur faire révéler le mot de passe de leur messagerie mail. En outre, des comptes suspects avec des noms comme « Guccifer 2.0 », soudain apparus sur Twitter et sur d'autres réseaux sociaux, ont carrément proposé d'envoyer les documents piratés aux journalistes intéressés.

Ces rapports n'ont fait que confirmer les observations de Moran. L'ampleur de l'attaque des Russes est inédite sur le sol américain. Ce sont les mêmes hackers qu'il observe depuis des années, et s'il connaît nombre de leurs techniques, d'autres sont entièrement nouvelles. Son équipe savait déjà que les Russes avaient fouillé dans les comptes de proches de la campagne Clinton ; il a voulu retourner voir si elle avait raté quoi que ce soit. Les rapports des sociétés de surveillance, en pratique, ont fourni au service Sécurité de Facebook un guide pour chercher les Russes dans les systèmes de la plateforme.

C'est grâce à des détails trouvés dans ces rapports que Moran a identifié la page suspecte sous le nom « DCLeaks ». Depuis sa création, cette page partage des histoires sur le piratage du DNC. L'équipe a aussi débusqué d'autres comptes similaires, notamment une page

Facebook appelée « Fancy Bear Hack Team ». CrowdStrike et les autres sociétés de cybersécurité ont surnommé l'une des équipes de hackers du gouvernement russe « Fancy Bear » (« ours mignon »), et la presse anglophone a adopté ce sobriquet amusant ; en reprenant le même nom pour leur propre page, les hackers russes semblent faire un pied de nez à Facebook, incapable de les débusquer. La page contient des données volées à l'Agence mondiale antidopage, encore une flèche pointant vers le Kremlin ; au cours des dernières années, en effet, la Russie a été prise à doper ses athlètes pour récolter des médailles aux jeux Olympiques et autres grandes compétitions sportives[3].

Facebook n'a pas de feuille de route pour les hackers russes, pas de règles sur ce qu'il faut faire si un compte véreux diffuse sur toute la plateforme des messages mails volés pour chercher à influencer les médias aux États-Unis. Les preuves sont sans appel : des pirates informatiques russes se faisant passer pour des Américains créent des groupes Facebook et se coordonnent entre eux pour manipuler les citoyens du pays. Mais la boîte n'a aucun règlement contre cela.

Ironie du sort : les hackers utilisent précisément le réseau social exactement comme il est censé l'être. Ils se connectent à des gens au bout du monde et discutent avec eux de centres d'intérêt communs. Ils forment des groupes et s'en servent pour diffuser leurs idées. Peu importe que leurs tchats parlent de mails piratés et que leurs pages soient consacrées à la promotion des théories du complot à propos de Clinton : Facebook leur facilite la tâche pour toucher leur public cible.

Les hackers savent aussi que les détails croustillants contenus dans les mails piratés sont du pain bénit pour les sites web et les groupes marginaux prêts à faire du battage sur tout ce qui concerne Clinton. Les Russes font fuiter les mails de manière stratégique pour un impact maximal. Juste avant la Convention nationale démocrate de juillet 2016, environ 20 000 mails volés au DNC sont soudain apparus sur WikiLeaks. On y voyait les dirigeants du Comité national démocrate pousser leurs candidats favoris au détriment des autres.

En particulier, ils ont montré que la présidente du DNC, Debbie Wasserman Schultz, favorisait Clinton par rapport à Bernie Sanders, le sénateur progressiste du Vermont. Les messages ont fait les gros titres des journaux, et Wasserman Schultz a dû donner sa démission[4].

Une autre série de mails, cette fois du directeur de la campagne Clinton, John Podesta, sera publiée juste au moment où la campagne de Trump traversera un de ses pires scandales, les rushes salaces de l'émission « Access Hollywood » où on le voit, à l'époque où il était encore star de la télé-réalité, se vanter d'embrasser les femmes, de les peloter et de les attraper par une partie précise de leur anatomie sans leur consentement. Les mails de Podesta, qui font état de calomnies en interne dans la campagne démocrate et qui comprennent des révélations gênantes, par exemple le fait que Clinton a reçu à l'avance les questions d'un de ses meetings publics[5], en distrayant le public de la vidéo d'« Access Hollywood », vont soulager Trump et gêner une fois de plus la campagne de Clinton. Dans l'absolu, les hackers russes sont devenus les patrons de presse les plus puissants du monde, incitant les journalistes à écrire des articles en faisant miroiter la promesse de mails de plus en plus scabreux volés à des membres du parti démocrate. Ce sont des pièges à clics construits sur mesure pour Facebook : difficiles à rater, et prêts à être partagés. Aussitôt que la nouveauté d'un mail commence à s'user, ils en dégainent un autre.

Depuis le printemps, plus Moran et son équipe sondent les réseaux, plus ils ont la confirmation que les comptes suspects ont un lien avec la Russie. Les hackers commettent des négligences, oubliant parfois d'activer un VPN pour masquer leur localisation, ou laissant d'autres traces pointant vers leur pays. Pendant tout juillet et août, Stamos et son équipe ont transmis rapport sur rapport à Colin Stretch. C'est dans l'un de ces rapports que Moran raconte avoir regardé en temps réel la page Facebook « DCLeaks » communiquer avec un journaliste à propos des mails piratés. Ledit journaliste, qui travaille pour un organisme de droite, insiste pour les recevoir le plus vite possible, même sous leur forme brute. Et il prend des conseils sur la manière de « cadrer le récit » autour de ces messages.

Quelques jours plus tard, ce même journaliste publie un article dans lequel des mails volés à la campagne de Clinton sont abondamment cités. Moran se sent responsable.

Avant d'arriver chez Facebook, le chef de Moran, Alex Stamos, s'est déjà fait un nom dans le monde de la cybersécurité en sonnant l'alarme chez Yahoo. Là-bas, en avril 2015, il a ouvert en grand les portes du siège, dans le centre de San Francisco, pour inviter plusieurs centaines de journalistes, d'experts en cybersécurité et de chercheurs à un rassemblement qualifié d'« anticongrès ». L'événement visait à pointer les failles dans la protection des internautes plutôt qu'à célébrer la dernière technologie en vogue, comme ce qui se passait généralement dans les congrès de cybersécurité.

À l'époque, Stamos, l'un des experts en cybersécurité les plus jeunes et les plus demandés de la Silicon Valley, était responsable de la sécurité de l'information chez Yahoo[6]. Élevé dans une communauté de hackers en Californie, doué d'un talent précoce pour la programmation, il était sorti de Berkeley avec des diplômes en ingénierie électrique et en science informatique. À trente-cinq ans, il avait déjà lancé puis revendu une entreprise de cybersécurité florissante, iSEC Partners. Au cours de sa carrière, il avait été amené à faire du consulting pour quelques-unes des boîtes les plus puissantes de la Silicon Valley lorsqu'elles avaient découvert des pirates russes et chinois sur leurs réseaux. Dans la plupart des cas, les hackers étaient déjà là depuis des années, et la vulnérabilité des entreprises face à des attaques relativement simples l'avait atterré.

« J'ai voulu pointer le fait que le secteur de la sécurité s'était peu à peu éloigné de la mission que nous professons tous, qui est de protéger les gens du danger », explique-t-il. Les entreprises n'accordaient aucune priorité à la sécurité, et se reposaient sur des systèmes excessivement complexes qui les exposaient aux attaques, elles et leurs utilisateurs. Il a recours à l'image d'une maison : plutôt que de créer une structure solide, facile à défendre, et de verrouiller toutes les issues, les entreprises ont construit des résidences à étages multiples avec des fenêtres fragiles. Les hackers n'ont plus qu'à attendre et à guetter, sachant que l'une d'entre elles finira par être exposée aux attaques.

Des centaines de personnes se sont rassemblées dans une salle anonyme pour la conférence inaugurale de son anticongrès. Stamos s'est mêlé nerveusement à l'assistance, saluant les uns et les autres avec son débit caractéristique, rapide et saccadé. Une fois monté sur l'estrade, il a rentré sa chemise à carreaux rouges dans son pantalon, rajusté le revers de son blazer gris et enfoncé les mains dans ses poches. Les gens étaient encore en train de bavarder lorsque, impatient de commencer, il a pris la parole. « Je ne suis pas satisfait de l'état de notre industrie. »

Les entreprises de tech ne se préoccupaient pas des besoins de l'individu lambda en matière de confidentialité et de sécurité, a-t-il continué. Les boîtes de cybersécurité songeaient plus à vendre des logiciels tape-à-l'œil et coûteux qu'à proposer des protections de base, abordables pour les petites entreprises. Tous les ans, les histoires de piratages affectant des millions de personnes se multipliaient. Des données privées, y compris des numéros de sécurité sociale et des codes de cartes de crédit, étaient de plus en plus souvent revendues par des hackers sur les forums en ligne.

Beaucoup de gens ont acquiescé en l'écoutant. Stamos ne l'a pas dit dans son discours, mais les pratiques de sa propre entreprise en matière de sécurité l'inquiétaient de plus en plus. Il avait raison de s'en faire : à peine quelques semaines plus tard, son service Sécurité a découvert une faille qui permettait d'entrer dans les systèmes de Yahoo et de fouiller dans les mails des utilisateurs. Stamos s'est précipité pour vérifier si les responsables étaient des Russes ou des Chinois. Au lieu de cela, il a constaté que la faille avait été placée volontairement, avec l'accord de la P-DG Marissa Mayer, pour permettre au gouvernement d'exercer une discrète surveillance[7]. « C'était une trahison énorme de la confiance de nos utilisateurs, se rappelle-t-il. Je ne pouvais pas rester les bras croisés. » Moins d'un mois plus tard, il démissionnait de son poste chez Yahoo. La révélation du rôle de Marissa Mayer dans cette affaire allait provoquer par la suite un scandale national.

Dans les cercles de la cybersécurité, on s'est mis à appeler Stamos « le canari ». Au début du XXe siècle, les mineurs de charbon emportaient avec eux des canaris au fond de la mine. Si l'oiseau mourait, c'était le signe qu'un gaz toxique avait été relâché et qu'il fallait évacuer les lieux. Au milieu des années 2000, les entreprises de tech ont repris l'anecdote à leur compte. En effet, l'État commençait à exiger en secret qu'elles lui remettent des données – au moyen d'injonctions si secrètes qu'il était illégal de révéler jusqu'à leur existence. Comme solution de contournement, les sites se sont mis à afficher sur leurs pages de minuscules images de canaris, ou des logos jaunes, pour indiquer que tout allait bien. Si un jour le canari n'était plus là, cela voulait dire que le site avait reçu une assignation secrète. Les experts et les défenseurs de la vie privée connaissaient l'existence de ces canaris et se tenaient prêts à donner l'alerte si l'un d'entre eux disparaissait.

En quittant Yahoo, Stamos a envoyé le signal qu'il y avait un gros problème. Son arrivée chez Facebook, à l'inverse, va signaler que l'air y est plus respirable.

Au printemps 2015, la direction de Facebook cherche discrètement un nouveau chef de la sécurité pour remplacer Joe Sullivan, qui part pour un poste similaire chez Uber. Zuckerberg et Sandberg lui demandent de l'aide pour trouver son successeur. Sandberg précise qu'elle tient à recruter une pointure afin d'envoyer un message au conseil d'administration et aux instances de régulation à Washington : Facebook prend la sécurité au sérieux.

Sullivan suggère Stamos. L'homme a déjà prouvé qu'il n'hésitait pas à tenir tête aux puissants : tout le monde sait qu'à l'époque où il était sous-traitant indépendant, il a été viré par plusieurs employeurs en raison de son inflexibilité en matière de confidentialité et de sécurité. Sandberg exprime quelques inquiétudes, demandant si elle peut se fier à lui pour servir au mieux les intérêts de Facebook. Sullivan temporise : il ne peut pas promettre que Stamos restera toujours dans le rang, mais pour ce qui est de la crédibilité, personne dans le monde de la cybersécurité ne lui arrive à la cheville.

Au moment de son embauche, Stamos reçoit l'assurance qu'il aura toute latitude pour embaucher du personnel et définir l'approche de Facebook en matière de sécurité. Il sera placé sous l'autorité de Sandberg, mais elle lui assure qu'il sera libre d'étoffer et de structurer son équipe à sa guise. Sous Stamos, la cellule Threat Intel passe d'une poignée de personnes à plus de douze. Il lance aussi une campagne de recrutement pour le service Sécurité en général, qui passe d'une cinquantaine de personnes à plus de cent vingt. Un grand nombre de ses recrues ont de l'expérience au gouvernement ; il veut des personnes entraînées au genre de combats qu'il soupçonne de faire rage sur la plateforme de Facebook.

L'équipe qu'il constitue est unique en son genre chez Facebook, à la fois dans sa conception et dans sa localisation. Son bureau et le gros de son personnel sont installés tout au bout du campus, dans un bâtiment dont peu de gens connaissent même l'existence, sans parler d'y mettre les pieds. Le bâtiment 23 est complètement neutre, à part les grands chiffres noirs sur sa façade. À l'intérieur, ça ressemble à la plupart des bureaux de Facebook : mobilier minimaliste en bois blanchi et salles de réunion vitrées qui donnent une esthétique nette et impersonnelle. Les employés ont investi leurs espaces de travail avec sacs de gym, photos de famille et coussins. Contrairement aux autres salariés, qui changent de place tellement souvent qu'ils refusent en général de punaiser ne serait-ce qu'une photo, ceux de Stamos ont chacun un bureau fixe, qu'ils couvrent d'épais classeurs de rapports des services secrets et de briefings du Congrès déclassifiés. Ils affichent fièrement leur côté geek en suspendant des badges de congrès de hackers à leurs écrans. Des affiches « Hackez la planète » décorent les murs. Alors que les autres boivent de l'IPA et des bières artisanales pendant l'happy hour dans tout le campus, ils préfèrent se retrouver en fin de journée autour de cocktails et se préparent martinis et highballs à partir d'un bar à roulettes vintage généreusement garni en Johnnie Walker, en Jose Cuervo et autres liquides variés.

Pendant sa première année chez Facebook, Stamos identifie un problème de taille sur la plateforme. Mais personne ne réagit à ses rapports, et l'activité des Russes monte sans cesse. Le 27 juillet 2016, un ingénieur du service Sécurité regarde depuis son canapé, sur une chaîne d'info câblée, une conférence de presse en direct où Donald Trump commente le piratage du DNC. Trump n'a pas perdu de temps pour fondre sur son adversaire, suggérant que les Russes ont peut-être intercepté les mails que Clinton a stockés sur un serveur privé. « Je vais vous dire un truc : les Russes, si vous m'écoutez, j'espère que vous allez retrouver les 30 000 e-mails disparus, lance-t-il. Je pense que notre presse vous en sera très reconnaissante[8]. »

Les propos du candidat laissent l'ingénieur bouche bée. Il ouvre son ordinateur portable pour voir si les sites d'info parlent de ce qu'il a entendu à l'instant. Un candidat à la présidentielle américaine vient bien d'appeler activement les Russes à pirater son adversaire ? Il va prendre une douche, et reste un long moment sous l'eau chaude. « C'était vraiment… consternant », se souvient-il. Tout l'été, son employeur a regardé les Russes pirater des comptes en direct, et voilà que Trump encourage les pirates à aller encore plus loin.

Au bureau, plus tard dans la semaine, cet ingénieur demande à ses collègues s'ils partagent son malaise. La plupart, y compris Stamos, ont le même sentiment de catastrophe imminente. « Pour les professionnels comme nous, il était clair que Trump n'avait pas dit ça simplement par jeu, expliquera Stamos. On savait déjà que les Russes étaient impliqués à un certain degré. Mais on ne savait pas jusqu'où ils iraient, surtout s'ils y étaient invités par un candidat à la présidentielle. On se demandait avec inquiétude comment ils allaient encore utiliser et manipuler Facebook. »

Trump et les hackers russes sont arrivés chacun de leur côté à la même conclusion : ils peuvent exploiter les algorithmes de Facebook en leur faveur. Les internautes ne résistent pas aux messages incendiaires des politiciens démagogues. Qu'ils soient d'accord avec ou non, ils réagissent. Les algorithmes interprètent ces réactions comme de l'intérêt et comptent silencieusement les points en faveur de ces contenus, qui se hissent toujours plus haut dans les fils d'actualité. Les gros titres quotidiens sur la dernière saillie scandaleuse ou mensongère de Trump partent peut-être d'une intention critique, mais ce battage perpétuel fait aussi qu'il est impossible d'échapper au candidat, que ce soit sur les sites d'info ou sur les réseaux sociaux.

L'équipe de Trump sait s'y prendre pour manipuler la plateforme à partir de sa page Facebook, sur laquelle le candidat publie des proclamations tous les jours, voire toutes les heures. Pendant ce temps, sa campagne s'active à acheter pour des millions de dollars de pub sur la plateforme et joue sur les subtilités du système pour que ses messages atteignent à tout moment les électeurs les plus convoités. Elle se sert aussi de Facebook pour lever des millions en contributions[9].

L'évidente domination de la campagne de Trump sur la plateforme renouvelle un débat qui agite discrètement le personnel depuis des années : Facebook favorise-t-il les démagogues ? Trump n'est que le dernier exemple en date. Au cours des dernières années, les campagnes de Narendra Modi en Inde et de Duterte aux Philippines se sont aussi servies du réseau pour s'attirer des électeurs[10]. Des employés dans les deux pays ont fait part à leurs chefs de leurs craintes quant au rôle de la plateforme dans les deux élections. Mais il a fallu l'ascension d'un leader populiste aux États-Unis pour que les inquiétudes se généralisent à toute l'entreprise.

Stamos et ses hommes se sentent de plus en plus frustrés. Des juristes de Facebook conscients du problème ont bien fait passer les rapports de l'équipe au FBI, mais ceux-ci sont restés lettre morte.

Stamos peut comprendre que Facebook n'en parle pas publiquement, d'autant que l'équipe ne sait pas au juste quel genre d'opérations de surveillance mènent les agences de renseignement et n'a pas de preuves suffisantes pour accuser définitivement le Kremlin devant un tribunal. Mais il se sent une responsabilité. Il dit à ses collaborateurs qu'il va transmettre leurs inquiétudes à Stretch et à d'autres au service juridique. Lorsqu'il le fait à l'occasion d'une de ses réunions hebdomadaires avec le juriste, on lui répond que les services juridique et politique ont dûment noté les inquiétudes du service Sécurité. Stamos ne peut pas s'empêcher de sentir qu'il s'est fait rembarrer, mais il sait aussi que Facebook citant nommément un pays comme l'auteur d'une cyberattaque serait un événement sans précédent. « La norme consistant à passer par le FBI était bien établie », explique-t-il en précisant que Facebook avait une relation forte avec le Bureau et l'avait déjà aidé à enquêter sur de nombreux cas de trafic d'êtres humains ou de mise en danger de mineurs. « Il n'y avait pas de précédent, avant 2016, d'un réseau social s'exprimant publiquement pour lancer des accusations directes en citant nommément un groupe responsable de piratages. »

À l'intérieur de la cellule Threat Intel, il y a débat sur ce qu'il faut faire. Pour les uns, Facebook est une entreprise privée, pas une agence de renseignement ; la plateforme n'est pas tenue de rapporter ses conclusions. Si ça se trouve, la NSA surveille déjà les comptes russes et prévoit des arrestations. Dire quoi que ce soit pourrait être irresponsable. D'autres arguent que le silence de Facebook facilite la tâche aux Russes pour diffuser les informations volées. Selon eux, la plateforme doit dire haut et fort que des comptes liés à la Russie répandent des documents piratés. La situation leur semble constituer potentiellement une urgence nationale. « C'était fou, se rappelle un membre du service Sécurité. Ils n'avaient aucun protocole en place, et donc ils ne voulaient pas qu'on agisse. Ça n'avait aucun sens. Il me semblait que quand même, c'était peut-être le moment de créer un précédent. »

À l'automne, les membres de la cellule Threat Intel repèrent enfin l'ouverture qu'ils attendaient. Les comptes russes qu'ils surveillent se sont réorientés vers un nouveau type de campagne. Les hackers du groupe « Fancy Bear » ont volé 2 500 documents en piratant une fondation dirigée par le financier milliardaire George Soros[11].

Sa fondation, Open Society Foundations, est une organisation philanthropique mondiale consacrée aux valeurs démocratiques. Depuis des années, cependant, elle est la cible d'accusations de complot diverses et variées ; en novembre 2015, le bureau du procureur général de Russie a annoncé qu'Open Society était interdite dans le pays au motif qu'elle constituerait une menace à la sécurité de l'État[12]. Il est clair que le Kremlin se sent menacé par Soros et son organisation.

Réutilisant l'infrastructure de pages et de comptes mise en place pour diffuser les mails du parti démocrate, les hackers russes tentent de convaincre journalistes et blogueurs de communiquer sur les documents volés à Soros. Une analyste en sécurité chez Facebook, Jen Weedon, regarde attentivement les Russes partager les documents qu'ils ont accumulés. Les coordonnées du personnel de Soros sont enfouies dans ces documents. Or, Weedon sait que partager les données personnelles d'autres utilisateurs est strictement contraire au règlement de Facebook et peut justifier la fermeture d'un compte.

Elle approche Joel Kaplan avec ses découvertes. Kaplan convient avec elle qu'en laissant « DCLeaks » continuer d'opérer, Facebook s'expose à des poursuites judiciaires ; la seule action responsable est de supprimer immédiatement la page. C'est une victoire fondée sur un détail technique, mais beaucoup de membres du service Sécurité poussent un petit soupir de soulagement. Facebook n'a toujours aucun plan d'action pour contenir l'abondante activité russe, mais ils ont au moins trouvé le moyen de venir à bout d'un des principaux coupables.

Et pourtant, dans les mois qui précèdent l'élection du 8 novembre 2016, Facebook est inondé de contenus au vitriol et de polémiques faites pour diviser les Américains. Une partie repose plus ou moins sur les mails volés par les Russes à la campagne de Clinton ; d'autres relèvent de la pure fiction. Des blogs et des sites inconnus au bataillon publient des articles prétendant que Clinton a perdu connaissance en plein meeting, qu'elle a un enfant illégitime ou qu'elle a ordonné en secret des actes de terrorisme domestique sur le sol américain. Ces histoires sont tellement farfelues que les utilisateurs ne peuvent pas s'empêcher de cliquer, ne serait-ce que pour essayer de savoir qui se cache derrière.

Selon un des ingénieurs du fil d'actualité, toutes les conditions étaient réunies pour un « parfait désastre ». Une semaine avant l'élection, il se trouve au Rose and Crown, un pub dans le centre de Palo Alto, avec une demi-douzaine de copains ingénieurs dans divers services chez Facebook. Autour de leurs assiettes de *fish and chips* et de leurs pintes d'IPA, ils discutent de ce qu'ils voient au travail. C'est gênant, dit l'un, de devoir expliquer à sa famille que Facebook ne va rien faire contre les théories du complot et les fausses nouvelles colportées partout sur la plateforme. Un autre ajoute qu'il ne dit plus qu'il travaille chez Facebook, car les gens se mettent aussitôt à se plaindre du réseau social.

« On a rigolé en se répétant qu'au moins ce serait bientôt fini, raconte-t-il. Clinton allait gagner, la campagne de Trump serait terminée et la vie allait reprendre normalement. » L'idée que Trump puisse remporter l'élection ne les avait jamais effleurés.

6

Une idée complètement folle

Le mercredi 9 novembre 2016 à 9 heures, le département Politique publique se réunit au cabinet de lobbying de Facebook situé à deux petits kilomètres de la Maison-Blanche. Un silence pesant règne dans la salle de conférences alors que tout le monde s'installe. Un employé arrive juste de Manhattan où il comptait bien fêter la victoire d'Hillary Clinton au Javits Center, il a roulé toute la nuit. Ceux qui l'ont passée à pleurer n'ont pas pris la peine de cacher leurs yeux rouges.

Joel Kaplan, qui semble aussi abasourdi que ses collaborateurs, finit par prendre la parole. La victoire de Donald Trump, commence-t-il, va plonger Facebook et la nation dans l'inconnu ; l'entreprise sera à coup sûr tenue pour responsable de la prolifération de fausses informations sur la plateforme pendant la campagne. Autour de lui, certains, convaincus que le laxisme face à la publication de *fake news* a favorisé l'élection de Trump, pensent secrètement que c'est bien mérité.

On est tous dans le même bateau, poursuit Kaplan.

Les défis que le géant de la tech doit relever sont clairs. Ses activités de lobbying à Washington reposent sur une équipe de trente et une personnes, dont plusieurs contractuels. Depuis que Kaplan est aux commandes, il y a un meilleur équilibre entre démocrates et républicains, ces derniers ayant reçu le renfort de Greg Mauer, ancien assistant de John Boehner, et de Kevin Martin, ex-président de la FCC, la commission fédérale des communications. Mais Kaplan n'a pas soutenu Trump – parmi ses amis, beaucoup sont des *Never Trumpers*, ces républicains farouchement opposés à sa candidature. Et bien sûr, l'engagement de Sheryl Sandberg auprès de l'ancienne secrétaire d'État n'est pas neutre. La directrice des opérations compte parmi les *Hillblazers*, ces soutiens qui ont donné ou collecté au moins 100 000 dollars pour la campagne de la démocrate. Par ailleurs, l'action menée en direction des politiciens se résume encore souvent à les encourager à utiliser la plateforme. Pour reprendre le jargon en vigueur à Washington, Facebook exerce un lobbying de « défense » pour contourner les régulations qui menacent sa croissance commerciale.

Joel Kaplan annonce la couleur : il faut passer en mode offensif. De fait, dans les trois jours qui ont suivi les résultats du scrutin, il dresse une liste de gens qu'il faut tenter de recruter, même comme consultants si besoin. Tous ont des connexions directes avec le nouveau président, dont son ancien directeur de campagne, Corey Lewandowski, et Barry Bennett[1], conseiller politique qui a rejoint son équipe fin 2016. Les deux hommes n'ont pas perdu de temps pour créer leur propre cabinet de lobbying, Avenue Strategies. Ils se présentent comme des experts : en matière de business, la façon de penser de Trump n'a aucun secret pour eux. Une fois contacté, Corey Lewandowski promet de faire bénéficier Facebook de son accès direct au Bureau ovale contre une avance sur honoraires mensuelle de 25 000 dollars.

Pour de nombreux salariés, l'idée de voir Lewandowski et Bennett arpenter les couloirs du cabinet de Washington est tout simplement surréaliste. Si Barry Bennett est un ami de Joel Kaplan et une figure familière du parti républicain, Corey Lewandowski est quant à lui un novice en politique comme en lobbying. On le sait pugnace, lèche-bottes vis-à-vis de Trump et sacrément enclin à la controverse. Lors d'un meeting, il a attrapé un reporter par le bras, ce qui lui a valu une plainte pour voie de fait même si les poursuites ont été ensuite abandonnées[2]. Peu apprécié au sein de l'équipe de campagne, il a été limogé quelques semaines avant que Trump soit officiellement désigné candidat par la convention républicaine.

Les membres du cabinet sont donc partagés quant au recrutement des deux hommes, d'autant que la position du nouveau président sur les géants de la tech n'est pas établie. Certains pensent qu'ils pourront servir de bouclier face à Trump et à ses attaques imprévisibles contre les entreprises. Mais d'autres protestent : Lewandowski est trop éloigné de la culture de Facebook et de la marque. Finalement, la méfiance l'emporte et Joel Kaplan renonce.

Pendant ce temps-là, à Menlo Park, Mark Zuckerberg essaie de faire face aux accusations qui désignent Facebook comme responsable de la victoire surprise de Trump.

Il réunit les dirigeants dans l'Aquarium et leur ordonne de réagir sans tarder. L'entreprise risque d'être descendue en flammes dans le monde entier pour avoir facilité l'élection de Trump en laissant un déluge de *fake news* et d'histoires sensationnalistes circuler sur la plateforme. Il faut contre-attaquer avec des données précises, prouver que les fausses informations ne représentent qu'une infime partie des contenus qui sortent dans le fil d'actualité des utilisateurs. Si Facebook fournit des statistiques, les gens changeront de disque et chercheront une autre explication à la défaite d'Hillary Clinton.

Le numéro 1 des réseaux sociaux stocke absolument toutes les données partagées sur la plateforme – articles, photos, vidéos – et peut mesurer le temps passé par les utilisateurs sur chaque contenu, pourtant personne n'a répertorié les *fake news*. Chris Cox, directeur des produits, et Adam Mosseri, directeur du département Fil d'actualité, demandent donc aux ingénieurs de déterminer le pourcentage exact d'infox. Les salles de conférences étant pour beaucoup réservées des jours, voire des semaines, à l'avance, les cadres en sont réduits à se réunir à la cafétéria ou dans les couloirs.

L'affaire est plus compliquée que prévu. Entre les histoires inventées de toutes pièces et les informations trompeuses, il y a toute une gamme de gris. Les ingénieurs présentent des chiffres et concluent que le pourcentage de *fake news* ne dépasse pas 10 %. Mais lorsque les directeurs de département prennent connaissance de leurs conclusions, ils comprennent vite que même si seulement 1 % des contenus entre dans la catégorie des fausses informations, il s'agit de millions d'articles dont la cible n'est autre que les électeurs américains. Le grand patron est informé que les statistiques demandées ne sont pas prêtes et que plusieurs semaines seront nécessaires pour lui fournir des données incontestables.

Mark Zuckerberg s'est par ailleurs engagé à participer au congrès « Techonomy ». L'événement, qui réunit chaque année des sommités pour parler des interactions entre technologie et économie, doit se tenir au Ritz-Carlton de Half Moon Bay à une trentaine de kilomètres de Menlo Park. L'interview, prévue le 10 novembre, soit moins de quarante-huit heures après le scrutin, promet d'être un moment chaleureux et détendu : Mark Zuckerberg sera en tête à tête avec David Kirkpatrick, fondateur de Techonomy, sur la scène où seront installés de confortables fauteuils. Il ne fait pourtant aucun doute qu'on lui demandera son sentiment sur l'élection. Son service de presse le prépare et lui conseille de répondre. En 2010, David Kirkpatrick a publié le premier livre consacré à la croissance de Facebook. Il a rencontré son tout jeune patron à de très nombreuses reprises, avant et après la publication. C'est, selon les attachés de presse de l'entreprise, un ami ; il aura un regard bienveillant. « Une interview hypersoft », lance même l'un d'entre eux.

Comme prévu, David Kirkpatrick commence par une question sur l'élection, curieux de savoir si Facebook, qui jouit d'une vue d'ensemble sur le monde, avait compris que Trump avait de bonnes chances de gagner. « Vous étiez à même de compter le nombre de posts sur Trump et sur Hillary, puis de mesurer et de comparer l'enthousiasme des utilisateurs. Vous aviez des moyens pour anticiper cette victoire, non ? »

Et Zuckerberg de répondre : « On peut faire tout ça, oui. Je peux vous donner deux, trois infos, comme ça, sans réfléchir. Trump a plus d'utilisateurs qu'Hillary, mais ce n'est pas un scoop. Je crois que certaines de ses publications ont été mieux relayées. N'importe qui aurait pu vérifier ces données avant. » Mais il insiste : Facebook n'a pas analysé ces chiffres. Et c'est très compliqué de recréer le fil d'actualité des utilisateurs parce que mille facteurs déterminent ce qu'ils voient chaque jour. Lui et ses collaborateurs ont vu les journaux télévisés qui accusent Facebook d'inonder les fils d'actualité de contenus douteux et il rejette en bloc l'idée que ces posts ont pu influencer les votes.

« L'idée que les *fake news* qui circulent sur Facebook – et qui, je le rappelle, représentent une toute petite partie du contenu – ont pu de quelque manière que ce soit peser sur l'élection me semble complètement folle. Et je pense qu'expliquer le vote d'un électeur par le seul fait qu'il ait vu des fausses informations trahit incontestablement un total manque d'empathie[3]. »

Sortie de son contexte, sa déclaration fera les gros titres dans le monde entier. *Facebook inonde les fils d'actualité de fake news.* Mais le P-DG du géant de la tech balaie bel et bien d'un revers de la main les possibles conséquences de la désinformation quelques jours à peine après la victoire de Trump. Sa version n'est guère crédible. Et de fait, il se fait étriller par CNN et NBC qui l'accusent, lui et son entreprise, de ne pas prendre ses responsabilités quant à l'issue du vote.

Parmi les salariés, c'est l'incompréhension totale. Plusieurs d'entre eux postent le lien vers l'interview du big boss sur les forums de leurs Tribus et souhaitent connaître l'impression de leurs collègues. Mark Zuckerberg est-il sincère ? Des centaines de réactions sont publiées, soit en réponse au post initial, soit sur des groupes d'amis plus restreints. Certains se jurent de demander des comptes à leur supérieur. Ils réclament qu'une enquête interne soit ouverte pour faire la lumière sur le rôle des fausses informations dans l'élection. Mieux : un cabinet indépendant pourrait s'en charger ! D'autres répètent toujours la même question : la boîte a-t-elle favorisé des contenus mensongers et ultra-partisans, participant ainsi à l'accession au pouvoir de Donald Trump ?

Alex Stamos se trouve alors en Allemagne à la veille d'échéances électorales en Europe. Il participe à des réunions sur les risques d'ingérence électorale sur les médias sociaux. Il tombe sur une brève qui cite Zuckerberg – « L'idée est complètement folle » – et cherche l'interview complète pour lire ses propos exacts. C'est le choc : Mark Zuckerberg n'a vraisemblablement pas la moindre idée de ce que le service Sécurité de Facebook a mis au jour, à savoir l'étendue et la dangerosité de l'activité russe sur la plateforme. Stamos rend pourtant compte de ses conclusions à ses supérieurs directs depuis des mois. Certes, il n'a eu aucun contact avec Zuckerberg et Sandberg, mais il était convaincu qu'ils avaient été briefés.

Cette semaine-là, il sollicite un entretien avec le fondateur et son bras droit.

7

L'entreprise avant la patrie

« Putain, comment on a pu louper ça ? » demande Mark Zuckerberg en regardant les mines graves des dirigeants réunis dans l'Aquarium le 9 décembre 2016. Ils sont une dizaine et ils dévisagent en silence Alex Stamos, espérant qu'il a la réponse. Perché sur l'accoudoir du canapé, les mains crispées sur les genoux, ce dernier transpire à grosses gouttes dans son pull en laine de mérinos.

Stamos doit faire un compte rendu de tout ce que son service sait sur l'ingérence électorale russe sur la plateforme. Pour des raisons de sécurité, il n'a pas envoyé ses conclusions par e-mail aux personnes présentes ; aussi, il distribue un exemplaire du support papier à chacun.

Voici ce que dit le résumé : « Nous estimons avec un indice de confiance modéré à élevé que des individus financés par l'État russe utilisent Facebook afin d'influencer le discours politique global grâce à la diffusion délibérée d'articles douteux, la propagation de données piratées dans l'intention de porter le discrédit et de collaborer activement avec des journalistes afin de favoriser la circulation desdites données. »

Le document de huit pages décrit comment, dès le mois de mars 2016, le service Sécurité a repéré des activités russes sur la plateforme, activités impliquant des pirates qui collectent des renseignements liés à l'élection américaine. La création de faux comptes

Facebook a permis la dissémination de la désinformation. Le rapport présente également le service de renseignement militaire russe (ou SVR, qui se consacre à l'espionnage extérieur) et l'étendue de ses capacités. Il suggère que, dans ses efforts de déstabilisation électorale, la Russie vise désormais la présidentielle française de mai 2017 qui promet un duel entre Emmanuel Macron et la candidate d'extrême droite Marine Le Pen. Des agents russes déjà identifiés se livrent aux mêmes activités que celles menées récemment aux États-Unis – ouverture de faux comptes et propagation de données volées – pour discréditer Emmanuel Macron et soutenir Marine Le Pen.

Dans un paragraphe intitulé « Quelle vision de l'avenir ? », le rapport reconnaît que Facebook dispose d'une mine d'informations prouvant qu'un gouvernement étranger a tenté d'interférer dans l'élection américaine. « Pour l'heure, la plupart des éléments présentés dans ce document n'ont pas été rendus publics car très peu d'organisations ont la même visibilité que nous sur les activités des gouvernements sur les réseaux sociaux. Cependant, le président Obama ayant commandé un rapport sur l'ingérence russe pendant la campagne électorale et le Congrès, tous bords confondus, affichant la volonté de procéder à des auditions publiques, il est possible que Facebook soit désigné comme le lieu d'opérations de renseignement actives et passives. »

Par ailleurs, la menace ne fait qu'augmenter. « Nous nous attendons à être confrontés à un nombre croissant de campagnes de désinformation en 2017. »

Mark Zuckerberg et Sheryl Sandberg bombardent de questions leur chef de la sécurité. Pourquoi les a-t-on laissés dans l'ignorance ? Quel est le degré de dangerosité des activités russes ? Et pourquoi, demande la directrice des opérations, visiblement très inquiète, pourquoi n'a-t-elle pas été informée que Stamos avait formé une équipe pour surveiller l'ingérence russe ? Doivent-ils partager leurs conclusions avec le Congrès sur-le-champ ? L'entreprise a-t-elle une quelconque obligation légale en dehors de ça ?

Alex Stamos se trouve dans une situation délicate. Car, assis juste en face de lui, Elliot Schrage et Colin Stretch, qui reçoivent ses rapports depuis des mois, demeurent silencieux. Est-il sage de les incriminer ? D'autant qu'il y a des considérations juridiques en jeu. La responsabilité de l'entreprise pourrait être engagée si les conclusions de l'enquête venaient à être communiquées. Le législateur s'en mêlerait et Sheryl Sandberg, en sa qualité d'intermédiaire entre Menlo Park et Washington, serait finalement invitée à s'expliquer devant le Congrès. « Personne n'a osé le dire à haute voix, mais l'idée, c'était qu'on ne peut pas révéler ce qu'on ignore », confie l'un des dirigeants présents à cette réunion.

L'équipe de Stamos a découvert des informations dont personne n'a connaissance, pas même le gouvernement américain. Mais à Menlo Park, la prise d'initiative n'est pas toujours bien vue. « En enquêtant sur les agissements des Russes, Alex nous forçait à prendre des décisions sur ce que nous allions ou non rendre public. Ce n'était pas du goût de tous », se souvient notre témoin. « Il avait pris sur lui de révéler un problème. Ça fait toujours désordre », dit un autre.

Pour sa part, Elliot Schrage reste convaincu que le chef de la sécurité n'a pas suffisamment d'éléments pour établir avec certitude l'implication de la Russie. « Je suis sorti de cette réunion en me disant qu'Alex avait soulevé beaucoup de questions et apporté peu de réponses. Quelle était la proportion de *fake news* sur la plateforme ? Comment les retirer ? Quelles motivations se cachaient derrière – étaient-elles financières ou politiques ? Si elles étaient politiques, qui tirait les ficelles ? Il fallait creuser davantage pour décider quels changements de politique et quelles déclarations publiques s'imposaient. »

Stamos a quant à lui le sentiment de tirer la sonnette d'alarme depuis des mois. Pour pouvoir rencontrer Zuckerberg et Sandberg en personne, il a dû présenter les travaux de son équipe à leurs principaux lieutenants. La veille donc, il a été reçu par Boz et Chris Cox qui lui ont passé un sacré savon. Selon eux, il aurait dû, dès les premiers signes d'ingérence russe, leur en référer directement. Les deux hommes jouissent d'une certaine autonomie au sein de leur département ; en échange, ils doivent faire tourner la boîte en douceur, accomplir la mission du grand patron tout en étant ses yeux et ses oreilles. Mais Stamos n'a pas songé qu'il devait les informer de l'enquête sur la Russie ; il rend compte à Colin Stretch. « C'était tout à fait dans mes attributions d'enquêter sur des activités étrangères sur la plateforme. Et j'avais, comme il se doit, informé mes supérieurs hiérarchiques directs. J'ai compris à ce moment-là que ça ne suffisait pas. Le fait que les équipes Produits ne soient pas dans la boucle était un vrai problème. »

Face aux récriminations de Boz et de Chris Cox, Stamos évoque donc la voie hiérarchique, conscient pourtant d'avoir péché par excès de confiance dans la structure de reporting de l'entreprise. Il ne travaille à Menlo Park que depuis récemment et a jusqu'alors eu peu d'interactions avec Zuckerberg et Sandberg. « Je n'avais pas réussi à entrer dans la garde rapprochée. Un autre que moi aurait probablement fait mieux pour avoir leur écoute. Question de personnalité peut-être. Je ne faisais pas partie du sérail. » Si Boz et Chris Cox n'apprécient pas du tout ce que Stamos leur révèle, ils comprennent que c'est énorme. Aussi, les plannings de chacun sont modifiés pour permettre une rencontre avec Zuckerberg et Sandberg dès le lendemain.

Dans l'Aquarium donc, Alex Stamos fait état de la situation et avoue que personne ne connaît l'étendue réelle de l'ingérence russe dans l'élection. Le big boss exige des réponses ; les dirigeants promettent de mettre leurs meilleurs ingénieurs et toutes les ressources nécessaires sur le dossier. Mais à l'approche des fêtes de fin d'année, trois grosses semaines s'écouleront avant que Facebook rassemble ses cracks en matière de sécurité.

En ce même mois de décembre, c'est-à-dire avant son investiture, Donald Trump reçoit des rapports des différents services de renseignement et de membres de l'administration Obama sur le départ, l'informant sans équivoque sur l'ingérence russe dans les élections[1]. Malgré cela, en public, le président élu se montre évasif sur le sujet. S'il concède dans une interview que la Russie a orchestré des opérations de piratage, il nie dans d'autres toute implication des Russes dans sa victoire. Il parle même de Poutine en termes chaleureux et élogieux. Pour les lobbyistes de Facebook, le message passé à Menlo Park est limpide : l'idée que la Russie ait influencé le vote des Américains de quelque manière que ce soit passe très mal auprès de la nouvelle administration. Il ne faudrait pas donner l'impression qu'on attaque le président directement. D'autres inquiétudes quant à l'image du réseau social sont exprimées : à quelles réactions faut-il s'attendre si la plateforme décide de censurer les fausses informations ? Les conservateurs sont de plus en plus convaincus que Facebook s'emploie à faire taire leurs voix. S'il n'y a guère d'éléments pour corroborer leurs dires – des études régulières montrent qu'en réalité les discours conservateurs ont gagné en popularité sur la plateforme au cours des dernières années –, cela ne fait que raviver les tensions à Washington.

Le groupe chargé d'enquêter plus avant sur l'ingérence russe se met à l'œuvre au lendemain des fêtes. Nom de code : « Project P », P pour « propagande ». Sous la houlette de Naomi Gleit, employée de la première heure, Alex Stamos, plusieurs membres de son département, des ingénieurs et des communicants se réunissent quotidiennement et échangent sur l'avancement de leur travail sur une page Facebook sécurisée dont le bandeau est un arrêt sur image tiré de l'adaptation de *1984*, roman dystopique dans lequel George Orwell décrit un monde soumis à la surveillance constante du gouvernement. « Big Brother vous regarde » s'y affiche en grosses lettres. L'ironie est grossière. Pour débusquer la propagande disséminée sur la plateforme, l'arme numéro 1 n'est autre que la surveillance.

Fin janvier, Project P est prêt à rendre ses conclusions. Le groupe n'a pas trouvé beaucoup plus d'éléments, mais il a tout de même identifié un large réseau de faux sites d'information, certains gérés par des jeunes Macédoniens, d'autres par des pères de famille américains dans leur sous-sol. Les articles qui circulaient sur la plateforme avant le scrutin étaient un mélange de reportages ultra-partisans et de récits de pure fiction. On pouvait lire par exemple que suite au décès d'Hillary Clinton en pleine campagne, un sosie avait pris sa place. Ou encore que le « *deep state* » – l'instance parallèle au sein de l'État qui détiendrait secrètement le pouvoir – soutenait en sous-main la candidate démocrate. Pour l'équipe, les motivations sont financières, chaque clic rapportant de l'argent grâce à la publicité.

Le 7 février 2017, Alex Stamos entreprend de rédiger un compte rendu à destination de l'équipe Politique publique. En conclusion, il émet une recommandation : « Nous devons nous attacher à anticiper, à comprendre et à appliquer des solutions innovantes et transversales. » Il lui paraît essentiel que l'entreprise se prépare à une nouvelle attaque. Néanmoins, pour les dirigeants de Facebook, le point à retenir, c'est qu'aucune intrusion majeure de la Russie n'a été mise au jour. Un réel soulagement en somme. « L'idée qui dominait, c'était qu'on pouvait peut-être clore le chapitre. Que Stamos avait peut-être grossi la menace. Du moins, c'est comme ça que Sheryl Sandberg l'a formulé », se souvient un membre de Project P.

Mais Alex Stamos entend poursuivre et élargir le périmètre de l'enquête à l'aide d'un groupe transverse restreint. Objectif : savoir si d'autres pays sont touchés par des campagnes de désinformation. S'ils savent déjà que la plateforme est instrumentalisée par des gouvernements désireux de promouvoir leurs programmes politiques, ils découvrent bientôt que la Turquie et l'Indonésie font partie de ces pays qui ont fait circuler des campagnes de désinformation dans le but d'influencer l'opinion publique et les scrutins dans leurs pays ou les pays voisins grâce à Facebook. Stamos le signalera d'ailleurs dans un rapport indépendant.

Surveiller et analyser les cyberactivités ne suffit plus ; le réseau social doit passer en mode offensif. Pour cela, un changement radical s'impose. Sur les plans culturel et structurel. Car si les incursions russes sont passées inaperçues, c'est d'abord à cause d'un manque de communication entre les départements et aussi parce que personne ne s'est donné la peine de penser comme Vladimir Poutine.

Alex Stamos rend ce rapport à ses supérieurs ainsi qu'à Schrage et à Kaplan. Il a désormais conscience que leur adhésion est indispensable pour obtenir celle de Sheryl Sandberg. Mais les deux hommes ne sont pas prêts à révolutionner le fonctionnement de l'entreprise, rapporte un membre de l'équipe Politique publique. « Ils trouvaient Stamos alarmiste : il n'avait pas découvert d'ingérence majeure de la part des Russes et ce qu'il avançait sur la désinformation semblait hypothétique. Si le rapport atterrissait sur le bureau de Sandberg avec, à la clé, une grosse réorganisation interne, la boîte s'exposerait à la curiosité des observateurs extérieurs. »

Schrage et Kaplan jugent toujours les données rassemblées insuffisantes ; personne ne peut affirmer que les agissements des Russes ont effectivement influencé les électeurs, alors pourquoi alerter l'opinion publique ? Au cours d'échanges avec des collègues, les deux hommes font remarquer qu'en communiquant les conclusions de l'enquête, ils pourraient s'attirer l'attention du Congrès. Est-ce bien souhaitable ? Par ailleurs, en tant qu'entreprise privée mondialisée, Facebook n'a aucun intérêt à s'engager dans des escarmouches géopolitiques, encore moins dans des élections nationales controversées. Facebook, c'est avant tout un business.

Cette philosophie fait d'ailleurs écho au mantra que le tout jeune Zuckerberg répétait lui-même à ses employés lorsque les bureaux de Facebook se résumaient encore à un simple loft : « L'entreprise avant la patrie. » Kate Losse, qui a écrit ses premiers discours, n'a-t-elle pas raconté que, d'après Mark Zuckerberg, sa boîte avait davantage de potentiel pour changer l'Histoire que n'importe quel pays au monde[2] ? De fait, en ce début d'année 2017, avec son 1,7 milliard d'utilisateurs, Facebook rassemble une communauté plus nombreuse que la population de n'importe quelle nation. De ce point de vue, on comprend qu'il semble légitime de protéger l'entreprise à tout prix. Le seul cap à tenir, c'est l'engagement des utilisateurs, la domination du marché, la poursuite d'une croissance exceptionnelle. En bref, l'intérêt de Facebook.

Révéler l'ingérence russe dans le scrutin américain ne peut que causer du tort à l'entreprise, mais n'a-t-elle pas le devoir civique d'informer le public et de protéger d'autres démocraties d'intrusions similaires ? se demande-t-on au sein du service Sécurité. Car Stamos et ses collaborateurs ont déjà repéré des agissements russes en France. Dès le mois de décembre, ils ont placé le compte d'un certain Leo Jefferson sous surveillance après avoir découvert qu'il examinait les profils d'utilisateurs proches de la campagne électorale. Résultat : derrière Leo Jefferson se cachaient des hackers qui essayaient de déstabiliser l'élection française.

L'équipe a aussitôt contacté les services de renseignement français. Ce qui n'empêchera pas la fuite de 20 000 mails échangés au sein de l'équipe de campagne d'Emmanuel Macron le 5 mai, soit deux jours avant le deuxième tour de la présidentielle. Grâce à l'alerte donnée par Facebook, les services de renseignement ont pu dénoncer rapidement une machination russe et les médias aviser les électeurs de ne pas se fier aux mails piratés. La victoire de Macron est aussi celle du service Sécurité et la cellule de Threat Intel, composée majoritairement d'anciens agents de la fonction publique. Aux États-Unis cependant, ils se trouvent de plus en plus en décalage avec les objectifs de l'entreprise.

En avril 2017, Alex Stamos et son équipe plaident en faveur de la publication d'un livre blanc sur les problèmes de sécurité que rencontre la plateforme, y compris l'ingérence électorale russe. Dans sa première version, le rapport contient toute une section sur les activités de piratage soutenues par le Kremlin. Il détaille comment un réseau d'individus russes a, grâce au *spear phishing* – technique de piratage ciblé consistant à envoyer un fichier ou un lien frauduleux dans un message personnalisé –, examiné des comptes Facebook et collecté des informations sur leurs utilisateurs. Il fournit des exemples concrets quant à l'instrumentalisation de la plateforme pour diffuser des documents volés dans le contexte de la campagne de 2016. Stretch accepte de communiquer le rapport à Schrage et à d'autres hauts responsables. Réaction : pas question de laisser le passage sur la Russie. Facebook ne révélera pas ses conclusions sur le dossier, dit-on à Stamos. Les dirigeants estiment que sur le plan politique il serait malavisé d'être le premier géant de la tech à confirmer les éléments trouvés par les services de renseignement américain. « Ils ne voulaient pas se mouiller », rapporte quelqu'un qui participe à la discussion.

Stamos retravaille ledit passage avec deux membres de la cellule Threat Intel. Ils présentent l'affaire de manière plus générale et retirent toute mention de l'élection. Stretch, Schrage et Kaplan, qui donne son avis depuis Washington, relisent la version épurée. Même réaction : il faut enlever la section sur la Russie. Et Alex Stamos de se voir rappeler que Facebook n'est ni une organisation gouvernementale ni une agence de renseignement. Ce n'est pas son rôle de s'immiscer dans les relations internationales.

La directrice des opérations ne participe à aucune téléconférence. « Sandberg ne s'est pas impliquée directement, mais dans le service Sécurité, tout le monde savait qu'elle était dans la boucle et que Schrage ne faisait que relayer ses consignes », observe un collaborateur de Stamos. Mark Zuckerberg sait qu'un livre blanc est en préparation mais il n'a jamais donné son point de vue ni lu les différentes versions. Sa résolution pour la nouvelle année est de se rendre dans chacun des cinquante États du pays. Dans des posts soigneusement préparés, il apparaît en photo – sur un tracteur, dans une usine… – et s'entretient avec l'Américain moyen, histoire de montrer qu'il se soucie de ses compatriotes. Mais ces déplacements le tiennent régulièrement éloigné de Menlo Park. Pour l'équipe de Stamos, il est clair que leur travail n'est une priorité ni pour lui ni pour son bras droit.

Le 27 avril 2017, alors que le boss visite l'usine Ford de Dearborn dans le Michigan et apprend à assembler une voiture, Facebook publie le livre blanc. On peut y lire un compte rendu global sur les problèmes de sécurité que l'entreprise rencontre. Le mot « Russie » n'apparaît pas une seule fois, en dehors d'une note de bas de page.

Les collaborateurs de Stamos sont pour la plupart surpris et en colère. Rien sur la Russie ? Mais pourquoi ? L'un d'entre eux met en cause leur chef ; selon lui, Stamos n'a pas défendu leur travail assez énergiquement, il se laisse intimider par l'équipe Politique publique et le service juridique. « Le sentiment qui dominait, c'était que Stamos aurait dû remuer ciel et terre pour que le public soit informé des agissements de la Russie. Mais les coups d'éclat, ce n'était pas le genre de la maison et ça n'aurait probablement rien changé. Je crois que les gens étaient surtout déçus. Et on avait l'impression de participer à une tentative de dissimulation. »

Stamos semble partager cet avis. Il commence à parler de démission. « Je ne suis pas sûr de pouvoir continuer », confie-t-il à ses plus proches collègues.

Fin mai 2017, le sénateur Mark Warner rencontre Sheryl Sandberg dans son bureau de Menlo Park, où s'affichent les slogans de son livre *En avant toutes*. En sa qualité de vice-président du Comité du renseignement du Sénat, l'une des instances les plus puissantes du Congrès, il supervise les activités de contrôle de la communauté du renseignement. Depuis sa nomination quelques mois plus tôt, il a acquis la conviction que Facebook est impliqué dans la tentative de déstabilisation électorale orchestrée par la Russie. Il a rencontré Stamos et des membres de l'équipe de Joel Kaplan à plusieurs reprises ; chaque fois, il est rentré au Sénat avec le sentiment qu'on ne lui disait pas tout.

Cela dit, Stamos rapporte lui aussi être sorti de ses récentes rencontres avec les membres du Congrès habité par le sentiment qu'ils manquaient de transparence. D'où sa frustration, lorsque, au début du mois de mai, le magazine *Time* a sorti un papier sur l'affaire, suggérant que les services de renseignement américains ont la preuve que la Russie a acheté des espaces publicitaires sur Facebook dans le but d'influencer les électeurs américains au cours de la campagne de 2016. Stamos et les siens essaient de débusquer les publicités russes depuis des mois mais le volume des annonces sur la plateforme est tel que c'est comme chercher une aiguille dans une botte de foin. Si la communauté du renseignement américain a une piste, pourquoi ne l'a-t-elle pas partagée avec Facebook ?

Mark Warner a fait le déplacement avec ses assistants. Sheryl Sandberg s'est quant à elle entourée de ses plus proches collaborateurs et d'Alex Stamos. Tout ce petit monde délaisse les canapés qui ont pourtant la faveur de la directrice des opérations et s'installe autour de la table de conférence. Le sénateur a un objectif en tête. De fait, ses questions sont sans équivoque. Il veut connaître les preuves découvertes en interne sur l'ingérence électorale russe.

Sheryl Sandberg le regarde droit dans les yeux. « Nous arrivons au bout de l'enquête », déclare-t-elle. Elle lui adresse un sourire rassurant et lui promet de venir toquer à sa porte s'il y a quoi que ce soit de nouveau, mais les équipes de Facebook en sont convaincues, tout ce qu'il y avait à découvrir sur l'ingérence russe a été mis au jour.

Stamos est déconcerté. Il a, certes, partagé l'essentiel des conclusions de Project P avec le sénateur, mais lui et ses collègues soupçonnent qu'ils sont loin d'avoir tout détecté. La cellule Threat Intel poursuit ses investigations au même moment. Il décide de nuancer l'optimisme de la directrice des opérations.

Facebook a, il est vrai, découvert de nombreux éléments mais d'autres groupes russes sont peut-être encore actifs, suggère Stamos prudemment. Il se tourne directement vers Mark Warner et sollicite de nouveau son aide : « Pouvez-vous partager avec nous les informations dont vous disposez ? » Le sénateur refuse mais promet de rester en contact.

Stamos quitte la réunion doublement inquiet. Non seulement Sandberg n'est pas informée en temps réel des opérations de son équipe, mais en plus elle vient de dire à un puissant sénateur en exercice que Facebook considère que l'enquête sur l'ingérence russe est terminée. Stamos envoie aussitôt un mail à la cellule Threat Intel pour rappeler l'importance de développer un système capable de débusquer les publicités russes. Puisque le Comité du renseignement ne souhaite pas communiquer d'informations à Facebook, ils vont devoir se débrouiller tout seuls.

Ils poursuivent les recherches de la seule façon qu'ils connaissent : par tâtonnements. Jen Weedon, Ned Moran et d'autres passent au crible l'incroyable volume publicitaire de la plateforme. Ils s'intéressent d'abord aux annonces qui ont circulé dans les mois précédant le scrutin de novembre 2016 et compilent celles dont le message est politique. Ils cherchent également toutes celles où apparaît le nom des candidats, y compris à la vice-présidence. À l'issue de ce premier tri, ils se retrouvent face à des centaines de milliers d'annonces.

Ils doivent ensuite déterminer quelles publicités ont été achetées en Russie. Pour cela, ils s'intéressent aux achats effectués via des comptes basés dans le pays, ou des comptes dont la langue par défaut est le russe, et aux paiements en roubles.

Le groupe utilise également l'accès aux métadonnées que la plateforme leur procure. Par exemple, si l'individu qui a acheté la publicité qu'ils examinent a accidentellement oublié de désactiver ses données de géolocalisation à un moment ou à un autre, ils peuvent savoir si son adresse IP est basée en Russie. Facebook est aussi capable de vérifier le téléphone ou l'ordinateur qui a servi à l'achat d'une publicité.

Ils tombent à de nombreuses reprises sur des mobiles dont la carte SIM est russe, ou sur des appareils d'occasion qui ont un jour été utilisés avec une SIM russe.

Doté d'une exceptionnelle capacité de concentration et capable de passer des heures et des heures à analyser des données sans dire le moindre mot, Ned Moran a l'habitude de poursuivre son travail de chez lui. Une nuit, il repère des comptes reliés à Saint-Pétersbourg. Il tique car il se souvient avoir lu dans le *New York Times* en 2015 un article sur un groupe russe, l'Internet Research Agency. De mémoire, le reporter, Adrian Chen, avait enquêté sur place et rassemblé des preuves d'une opération de propagande en ligne grâce à une armée de trolls. Moran décide de relire l'article rapidement pour s'assurer que l'Internet Research Agency est bien basée à Saint-Pétersbourg.

Il se fie à son intuition et, lentement mais sûrement, examine assez de comptes pour dégager un schéma. À la mi-juin, il a réussi à identifier le premier cluster de comptes Facebook qui, depuis Saint-Pétersbourg, inonde les citoyens américains de publicités à caractère politique. Pour écarter tout risque d'erreur, il tient à vérifier son travail, ce qui prendra une journée entière.

Quand enfin son ordinateur a fini de tourner et que son bébé est couché, il appelle Alex Stamos. « Je crois qu'on a trouvé quelque chose, et ça m'a tout l'air de venir de Russie », lui annonce-t-il.

Stamos lui demande d'examiner les éléments qui relient les comptes à Saint-Pétersbourg au moins deux fois ; il suggère quelques détails à contrôler pour compléter le faisceau d'indices. Mais il ne fait guère de doute que Moran a trouvé l'aiguille dans la botte de foin.

Après avoir raccroché, Stamos appelle sa femme et lui annonce qu'ils vont devoir annuler leurs prochaines vacances.

Partant de la découverte de Moran, le service Sécurité, en collaboration avec le service juridique, met rapidement en place un protocole de recherche basé sur une nouvelle classification. Les ingénieurs de Facebook ont déjà conçu ce genre d'outil pour débusquer prédateurs sexuels, extrémistes violents et autres groupes qu'il fallait éradiquer de la plateforme. Ils sont passés pros en la matière, pourvu qu'on leur fournisse des paramètres de recherche précis.

Il faut également élargir le champ de recherche. À ce moment-là, le service Sécurité a travaillé sur un petit échantillon de publicités à caractère ouvertement politique. Il leur faut à présent passer au peigne fin toutes les annonces qui ont circulé sur la plateforme. Les données de Facebook sont majoritairement stockées dans d'immenses entrepôts dispersés sur tout le territoire américain. Parfois, cela peut prendre des semaines pour localiser le *data center* où se trouvent les serveurs recherchés. Mais dans la majorité des cas, quelques heures suffisent aux techniciens sur place pour mettre la main sur le disque dur réclamé.

Une fois qu'ils disposent des données, ils doivent s'assurer de manière ferme et définitive du lien entre les publicités et l'Internet Research Agency. Avec l'aide d'Isabella Leone, analyste en publicité, Ned Moran a pu rattacher le premier cluster de publicités à Saint-Pétersbourg mais ils doivent aller plus loin. Deux analystes en sécurité, Olga Belogolova, fraîchement recrutée, et April Eubank, se plongent dans les données. Dotées d'une très bonne connaissance des tactiques russes et d'une grande compétence pour la méthode du *deep data dive* – étude approfondie des données –, elles aboutissent à un résultat au cours de la première semaine d'août quand un graphique apparaît sur l'écran d'April Eubank. Il comporte de nombreuses lignes reliant des comptes ayant effectué des achats de publicités et des comptes opérés par l'usine à trolls.

En l'espace de six semaines, le service Sécurité parvient à cartographier l'activité de l'Internet Research Agency sur Facebook. Les Russes ont en effet acheté plus de 3 300 espaces publicitaires pour un montant d'environ 100 000 dollars. Certaines annonces n'ont fait que promouvoir les 120 pages Facebook contrôlées depuis Saint-Pétersbourg.

Mais elles ont aussi généré plus de 80 000 contenus spontanés qui ont touché 126 millions d'Américains.

Chaque fois qu'un sujet susceptible de diviser l'opinion apparaît sur la plateforme – restriction du port d'arme, immigration, féminisme, appartenance ethnique –, l'organisation russe est derrière, défendant des positions extrêmes. Dans leur grande majorité, leurs pages soutiennent la campagne de Trump ainsi que des groupes conservateurs mais certaines appuient Bernie Sanders. « Ça a pris du temps, mais ce qu'on a trouvé cet été-là, l'été 2017, ça nous a soufflés. On ne s'attendait pas à trouver un truc si énorme », se souvient un membre de l'équipe.

Si au cours des dernières années plusieurs employés de Facebook se sont interrogés sur le rôle de l'Internet Research Agency dans la circulation de la désinformation aux États-Unis, personne n'avait imaginé que l'organisation était suffisamment puissante et audacieuse pour lancer une campagne organisée de propagande dans le pays. Quand les dirigeants de Facebook ont garanti au sénateur Warner et à d'autres membres du Congrès que l'ingérence électorale de la Russie avait été cernée dans sa globalité, ils s'appuyaient sur l'hypothèse d'agissements orchestrés par les seuls services de renseignement russes. Mais c'était l'arbre qui cachait la forêt : tandis qu'ils tâchaient de débusquer les pirates financés par l'État, responsables de la divulgation des mails de la campagne de Clinton, l'usine à trolls ultra-efficace de Saint-Pétersbourg était passée inaperçue.

À la suite de cette découverte, l'équipe de Stamos décide de mettre les bouchées doubles. À Menlo Park, ils étaient déjà isolés, leur immeuble se trouvant à la périphérie du campus, mais dans les bureaux de Washington, Ned Moran et une poignée de salariés de la cellule Threat Intel travaillent dans une pièce à part. Ils reçoivent la consigne de ne pas parler de leur découverte avec leurs collègues. La raison invoquée ? Les dirigeants veulent produire un rapport exhaustif avant de rendre l'affaire publique.

C'est donc sans piper mot que l'équipe regarde les porte-parole de Facebook tromper la presse sans le savoir. Le 20 juillet, date à laquelle plusieurs clusters de publicités russes ont été trouvés sans que le lien soit encore établi avec l'Internet Research Agency, un communicant de Facebook basé à Washington informe un présentateur de CNN que l'entreprise « ne dispose pas d'éléments montrant que des Russes ont acheté des espaces publicitaires en lien avec l'élection ». Il travaille à moins de trente mètres de la cellule Threat Intel.

Le 15 août, le « Project Campaign », une unité spéciale formée après la découverte des publicités, publie un rapport interne qui insiste sur l'existence de centaines de comptes Facebook et Instagram reliés à l'Internet Research Agency. Autres éléments consignés : l'organisation a créé des événements Facebook non virtuels tels que des manifestations et d'autres types de rassemblements, ainsi que des pages gérées en partenariat avec des citoyens américains ; elle a adressé mails et messages à des employés de Facebook pour en savoir plus sur les choix de l'entreprise ou pour faire réactiver leur compte à la suite de problèmes techniques.

Le rapport préconise ensuite que Facebook change immédiatement de politique et autorise le service Sécurité à supprimer les comptes utilisateurs qui participent à des « comportements inauthentiques coordonnés », c'est-à-dire les comptes qui trompent les utilisateurs « quant à l'origine des contenus et à la destination de liens externes à la plateforme » ou « dans le but d'encourager les partages, les *likes* et les clics ».

Fin août 2017, le Congrès revient de sa pause estivale prêt à pousser plus avant l'enquête sur l'ingérence électorale russe. Zuckerberg et Sandberg ont été briefés sur les découvertes du service Sécurité au cours de réunions hebdomadaires. Les dirigeants de Facebook savent qu'ils doivent les rendre publiques mais ils tiennent à rester maîtres des modalités.

Ils décident que l'entreprise révélera tout ce qui a été découvert la veille du conseil d'administration trimestriel prévu pour le 7 septembre.

Les administrateurs ignorent tout des travaux menés par le service Sécurité au cours de l'été et de la campagne de propagande organisée par l'Internet Research Agency. Pour éviter toute fuite et contrôler la presse, les membres du Congrès et le public seront informés le 6. Ce ne sera pas simple, songent-ils, mais Facebook peut au moins essayer de garder la main et de convaincre le public que leur enquête a permis de mettre au jour l'étendue de l'ingérence russe.

À leur demande, Stamos et son équipe préparent un bref rapport pour le conseil d'administration et un post à publier sur Facebook pour le reste du monde. Apposer le nom de Stamos sur le post sert un double objectif. C'est son équipe qui a découvert les agissements de la Russie, il maîtrise donc l'affaire mieux que quiconque ; de plus, sa réputation d'incorruptible convaincra peut-être la communauté de la cybersécurité.

Schrage et le service juridique de Facebook ont pour ainsi dire expurgé le premier jet du post rédigé par Stamos et quelques-uns de ses collaborateurs. Il faut rester le plus théorique possible, lui dit-on, et surtout formuler le tout de sorte de ne pas ouvrir de brèche dans la responsabilité juridique de Facebook. « On lui a demandé de présenter les estimations les plus prudentes, se souvient un témoin. Tout ce qu'il avait écrit, les contours de l'enquête, les comptes débusqués, tout a été enlevé. » Comme dans le cas du livre blanc, Facebook opte pour la dissimulation.

Stamos espère qu'au moins il va pouvoir donner une image complète du travail de son équipe au conseil d'administration. Il demande à plusieurs reprises à Schrage s'il doit préparer un diaporama ou un support écrit à soumettre aux membres du conseil en amont mais Schrage lui demande de limiter sa présentation à des documents qu'il communiquera en temps voulu.

Le 6 septembre au matin, Stamos est escorté jusqu'à une pièce insonorisée où l'attend un comité d'audit, organe de gouvernance et de supervision dont les attributions englobent la sécurité et les questions du respect de la vie privée. Ce comité est composé de trois membres issus du conseil d'administration, à savoir Marc Andreessen, Erskine Bowles, ancien chef de cabinet de Bill Clinton, et Susan Desmond-Hellmann, oncologue et P-DG de la Fondation Bill et Melinda Gates. Schrage et Stretch sont également présents. Stamos est invité à s'asseoir en bout de table. Il distribue un exemplaire papier du rapport qu'il a préparé à chacun et consacre une bonne heure à la présentation des résultats de l'enquête.

Les membres du comité ne prennent la parole que pour demander à Stamos de ralentir ou de détailler un point. Quand il a terminé, c'est Bowles qui réagit le premier. « Putain de merde ! Pourquoi on n'apprend ça que maintenant ? » Son vocabulaire, même adouci par son accent chantant, ne laisse aucun doute : il est furieux. Le puissant homme politique, originaire de Caroline du Nord, est connu pour être imperturbable. C'est presque la première fois qu'on l'entend jurer en ces lieux. Andreessen et Desmond-Hellmann, quoique plus modérés dans leurs propos, ne cachent pas leur colère. L'un bombarde Stamos de questions sur les aspects techniques de la stratégie russe ; l'autre veut savoir comment Stamos et ses collaborateurs s'y sont pris pour trouver les comptes et ce qu'ils vont faire à présent.

Stamos livre son appréciation de la situation sans détour. L'étendue de l'activité russe sur la plateforme n'a probablement pas été totalement mise au jour et il y a fort à parier que la Russie cherche encore à influencer l'électorat américain.

Le comité d'audit recommande alors que le conseil d'administration soit mis au courant sans rien laisser de côté.

Évidemment, le lendemain, ça se passe mal. « Le ton est monté, rapporte quelqu'un à qui on a raconté la réunion. Et les questions ont fusé. Comment vous avez pu laisser un truc pareil arriver ? Pourquoi vous ne nous dites ça que maintenant ? » Mark Zuckerberg garde son calme et passe en revue les solutions techniques qu'il espère mettre en place, à commencer par un renfort massif du service Sécurité. Mais

Sheryl Sandberg paraît beaucoup plus agitée. « Après tout, l'équipe de Stamos était sous sa responsabilité, et le département Politique publique aussi. Le sentiment qui dominait, c'était qu'elle s'était plantée. »

Sandberg est particulièrement contrariée par les inquiétudes que Stamos a exprimées. Selon lui, il se peut que des centaines de comptes russes soient encore actifs sur la plateforme ; le montant des publicités en circulation pourrait s'élever à des millions de dollars. Pourtant, les divers comptes rendus qu'on lui a soumis n'en font aucunement mention. Pour elle, en toute bonne foi, Facebook a découvert la plus grosse partie de l'activité russe. Alors oui, ce qui est arrivé est regrettable mais elle espère bien que les membres du conseil d'administration sortiront de cette réunion avec la conviction que l'enquête a été menée jusqu'à son terme. Mais quand on lui fait savoir que Stamos n'a pas du tout tenu le même discours auprès du comité d'audit la veille, elle se fige.

Le lendemain, une réunion d'urgence est convoquée dans l'Aquarium. Sandberg laisse éclater sa colère contre le chef de la sécurité. « Vous nous avez lâchés », hurle-t-elle. En comptant les gens qui sont connectés en visio, des dizaines de personnes assistent à la scène qui dure plusieurs minutes. Sandberg reproche sans ménagement à Stamos d'avoir mis un temps infini à repérer l'ingérence russe et d'avoir conclu sans la moindre preuve que l'enquête était loin d'être terminée. Stamos rapetisse dans sa chaise, il ne se défend pas et personne n'ose prendre la parole jusqu'à ce qu'enfin, Zuckerberg, visiblement mal à l'aise, suggère d'avancer.

Car Facebook a d'autres chats à fouetter. Quelques heures après la rencontre entre Stamos et le comité d'audit, Facebook a publié un post innocemment intitulé « Communiqué sur les opérations d'informations sur Facebook » dans lequel, pour la première fois, le réseau social reconnaît publiquement avoir connaissance des agissements de l'Internet Research Agency. Il précise que la Russie a essayé d'influencer les élections et dépensé environ 100 000 dollars en publicités entre juin 2015 et mai 2017. Les quelque trois mille publicités qui ont circulé sur la plateforme enfreignaient les règles de Facebook et les comptes qui y étaient associés ont été supprimés. Ce que le post ne dit pas en revanche, c'est que ces publicités ont touché des dizaines de millions d'Américains.

Conscient que le communiqué ne fait pas complètement la lumière sur l'ingérence électorale russe, Stamos ne sera guère surpris lorsque les chiffres rendus publics seront contestés par les universitaires et les chercheurs indépendants qui travaillent sur le sujet depuis longtemps.

Parmi eux, Renée DiResta, chercheuse spécialisée dans la désinformation. Aussitôt après avoir lu le post de Facebook dans son appartement de San Francisco avec vue sur la baie, elle contacte par SMS les gens qui, comme elle, étudient la désinformation en ligne. Chercheurs ou détectives amateurs, ils ne sont qu'une poignée aux États-Unis.

Comme la plupart d'entre eux, DiResta s'est lancée dans ce domaine par hasard. En 2014, alors qu'elle cherchait une école maternelle pour son fils aîné, elle a découvert que plusieurs établissements de Caroline du Nord appliquaient une politique laxiste en matière de vaccination. La jeune mère a souhaité comprendre pourquoi tant de parents ne s'embarrassaient pas des recommandations du corps médical ; elle a donc rejoint un groupe anti-vaccins sur Facebook.

Plus jeune, elle s'est intéressée à la dynamique des marchés financiers. Son penchant pour les tableaux et graphiques riches en données lui a été utile pour comprendre leur fonctionnement global. Elle décide d'appliquer la même méthode pour voir comment les groupes anti-vaccins partagent l'information en ligne. Elle découvre qu'ils utilisent Facebook pour rallier à leur cause un nombre record de gens. Leur atout majeur : les algorithmes de la plateforme. Dès lors qu'un utilisateur rejoint un groupe qui vante les mérites des « cures de santé naturelles » ou de la « médecine holistique », il est entraîné en un clic ou deux vers la page d'un groupe anti-vaccins. S'il s'y abonne, c'est l'engrenage : Facebook lui recommande des dizaines de groupes du même acabit.

L'activité y est intense avec, plusieurs fois par jour, des témoignages dramatiques sur les effets négatifs des vaccins sur les enfants. Le nombre élevé de publications est interprété par les algorithmes de Facebook comme un signe de popularité. Résultat : elles finissent par apparaître en bonne place dans le fil d'actualité des utilisateurs. Renée DiResta commence à cartographier les données relatives à la circulation de l'information entre les groupes et à la coordination des annonces et événements, coordination qui vise à optimiser leur visibilité sur la plateforme. Elle publie ses recherches, s'exposant aussitôt aux attaques des militants anti-vaccins.

Ses travaux lui valent le statut d'experte en matière de circulation de l'information sur les réseaux sociaux. Pour preuve, en 2015, elle intervient comme consultante auprès d'une cellule de la Maison-Blanche chargée d'analyser comment Daesh utilise Facebook et d'autres réseaux sociaux pour recruter des djihadistes et diffuser sa propagande en ligne. De fait, Daesh et les groupes anti-vaccins utilisent les mêmes tactiques. Pour DiResta, Facebook a mis au point l'outil parfait pour permettre aux extrémistes de tout poil d'accroître leur influence en ligne et de grossir leurs rangs.

Suite au communiqué du 6 septembre, DiResta est rapidement contactée par des membres du Congrès. Ils ont besoin de son aide pour évaluer l'étendue de ce que Facebook a trouvé. Pour ce faire, elle dit avoir besoin d'accéder aux données, à savoir les publicités et les pages utilisées par les Russes. Bientôt, les législateurs et leurs assistants téléphonent aux lobbyistes de Facebook et exigent que les contenus leur soient remis. Face au refus des avocats, les officiels se tournent vers la presse et accusent le géant de la tech de dissimuler des preuves.

Les dirigeants comprennent qu'à ignorer les requêtes du Congrès, le réseau social risque de faire les gros titres pendant un bon bout de temps. « Le bureau de Washington leur a dit que dans tous les cas, ils seraient perdants. S'ils ne fournissaient pas les contenus, le Congrès serait furieux et il les attendrait au tournant ; s'ils accédaient à sa demande, ils établiraient un précédent dangereux et s'exposeraient probablement à la colère de Trump », se souvient un salarié basé à Washington.

Mais DiResta et d'autres chercheurs ont commencé à dénicher des annonces sans l'aide de Facebook. Sandberg et Zuckerberg décident qu'il est temps de trouver un terrain d'entente avec le Congrès.

Peu de temps après la publication du communiqué sur l'ingérence russe, deux lobbyistes de Facebook se présentent au Capitole, direction le sous-sol et la bibliothèque du Comité permanent du renseignement de la Chambre des représentants. La pièce lambrissée sans fenêtres est remplie de livres relatifs à la lutte contre le crime organisé et au renseignement. Les deux lobbyistes sont accueillis par une poignée d'assistants parlementaires, démocrates et républicains. Ils ont fait le déplacement pour leur montrer des exemples d'annonces achetées par les Russes.

Adam Schiff, élu démocrate qui deviendra président du Comité en 2019, fait pression sur le géant de la tech pour qu'ils divulguent leurs conclusions sur la manipulation électorale pendant la course à la présidence depuis déjà un moment. « Cent mille dollars, ça peut paraître modeste comme budget, mais en même temps, on parle de millions de gens qui voient, aiment et partagent la désinformation, et ça, ça peut peser », fait-il remarquer après avoir lu le communiqué dans la matinée.

Greg Mauer, le lobbyiste qui travaille en direction des élus républicains, et Catlin O'Neill, son homologue pour le camp démocrate, remettent une enveloppe en papier kraft aux assistants présents, non sans préciser qu'ils ne pourront pas conserver les documents. Dedans, une douzaine d'images imprimées sur du papier A4 que Mauer et O'Neill décrivent comme un échantillon représentatif de ce que

Facebook a trouvé, à savoir un mélange d'annonces visant aussi bien les démocrates que les républicains. Bernie Sanders, Hillary Clinton, Donald Trump, tous s'attirent louanges et critiques.

Incrédulité parmi les assistants parlementaires. Leurs recherches ont révélé que les Russes semblaient favoriser Donald Trump. Les deux lobbyistes les contredisent en s'appuyant sur une annonce montrant Hillary Clinton avec une femme portant le hijab. Sous la photo, dans une police censée imiter les caractères arabes, le slogan « Les musulmans aux côtés de Clinton ». Pour les représentants de Facebook, les Russes ont fait circuler ce post pour soutenir la candidate démocrate. L'interprétation qu'en font les assistants parlementaires est tout autre : le but est d'attiser les tensions ethniques et de donner l'impression qu'Hillary Clinton est portée par des radicaux. Si c'est là l'exemple d'une annonce pro-Clinton aux yeux du géant de la tech, ce n'est guère convaincant. « On se disait : "C'est une plaisanterie, ou quoi ?", se souvient un assistant. Je pense qu'ils avaient conscience de la tourmente politique dans laquelle ils entraient, ils voulaient probablement ménager la chèvre et le chou. Mais en décidant de nous montrer ce tout petit échantillon de publicités qui relayait disaient-ils autant le discours démocrate que le discours républicain, ils ne nous ont pas inspiré confiance. »

Facebook est parvenu à cette décision au terme d'âpres discussions internes, l'idée étant d'apaiser la colère des membres du Congrès tout en leur fournissant le moins d'informations possible. Car depuis la publication du communiqué, Tom Reynolds, ancien représentant devenu porte-parole pour Facebook, reçoit d'innombrables questions émanant des plus grands médias du pays – le *Washington Post*, le *New York Times*, CNN… Panique totale au sein des services Presse et Politique publique : quelles réponses apporter face à toutes ces attaques ? Tom Reynolds a pourtant anticipé la réaction de la presse : dans un e-mail envoyé le jour même, il prévient ses collègues que les médias vont remettre en question la ligne de défense de Facebook, à savoir que les lois fédérales sur la protection des données personnelles leur interdisent de partager le contenu des pages ou des publicités. « Bientôt, les journalistes qui couvrent l'affaire voudront savoir : "Pourquoi vous ne révélez pas les publicités et la portée qu'elles ont eue ?" » Les questions d'ordre juridique sont bien réelles, mais il faut s'attendre à être « bousculés ».

Les réactions fusent. En tant qu'avocate, Molly Cutler se cantonne au raisonnement juridique et répète que l'entreprise doit se conformer à la ligne qu'elle défend depuis toujours – la protection de la vie privée est son seul moteur. Le lobbyiste démocrate Brian Rice répond que ni le Congrès ni l'opinion ne se satisferont de cet argument. « Je ne crois pas qu'il faille s'abriter derrière nos conditions générales et nos obligations concernant le respect de la vie privée, écrit-il. Indépendamment de ce que la loi exige de nous, ce qui va ressortir, c'est que Facebook protège la vie privée de trolls russes aux dépens des démocraties occidentales. »

La question du droit à la vie privée est sujette à interprétation. Certains membres du service juridique affirment que partager le contenu fabriqué en Russie constitue une violation de l'Electronic Communications Privacy Act, loi votée en 1986 pour empêcher le gouvernement d'accéder aux communications électroniques privées. Par ailleurs, remettre les publicités créerait un précédent que le Congrès ne manquerait pas d'invoquer à l'avenir pour obtenir d'autres données personnelles. Mais au sein des services Sécurité et Politique publique, on s'accorde à dire que Facebook passe à côté de l'esprit de la loi.

Le 21 septembre, Mark Zuckerberg s'exprime publiquement sur l'affaire pour la première fois dans une vidéo en direct sur la plateforme. Il s'engage à fournir les publicités pour aider le Congrès dans son enquête. « Je refuse que quiconque utilise nos outils pour saper la démocratie. Ce serait contraire à ce que nous défendons. »

Dans les jours qui suivent, le Comité du renseignement de la Chambre se voit confier une clé USB contenant une première partie des 3 393 annonces. Le 2 octobre, Adam Schiff fait savoir qu'un échantillon desdites annonces va être rendu public. Des communiqués de presse émanant des Comités du renseignement de la Chambre des représentants et du Sénat annoncent que des cadres dirigeants de Facebook, Twitter et Google vont être auditionnés dans le cadre de l'enquête sur l'ingérence électorale russe. « Les Américains ont le droit de savoir comment les services de renseignement russes ont utilisé et continuent d'utiliser des plateformes en ligne pour raviver les tensions sociales et politiques[3] », déclare Schiff.

Les fichiers remis au Congrès ne contiennent que le strict minimum. Pour chaque annonce, un PDF de deux ou trois pages comportant les images et quelques métadonnées de base, telles que le compte utilisateur, le nombre de vues, de *likes* et de partages générés, le coût. Aucune mention de géolocalisation. Des images ou autres éléments de contenu copiés ou volés à des vraies personnes par l'Internet Research Agency sont expurgés ; les avocats de Facebook ont pu négocier ce point avec les membres du Comité pour protéger le droit à la vie privée de ces innocents citoyens.

Trois assistants parlementaires examinent alors ces pièces. Beaucoup sont inexploitables en raison du grand nombre d'éléments masqués. Pendant près d'un mois, ils adressent, dossier après dossier, des requêtes à Facebook pour que lesdits éléments soient révélés, au moins le temps de leur enquête. Quand l'entreprise y consent, ils découvrent des images et textes à caractère commercial ou des mèmes populaires. « C'était fastidieux et frustrant », se souvient l'un d'entre eux.

Et tandis qu'en privé Facebook bataille avec le Congrès, Sheryl Sandberg lance une opération de relations publiques en prévision des auditions. Elle se rend à Washington le 11 octobre, soit trois semaines avant lesdites auditions, pour rencontrer représentants et journalistes. Sa journée débute par une interview en direct avec Mike Allen, journaliste politique survitaminé et fondateur du tout nouveau site d'information

Axios, que tous les politiciens lisent. Sandberg admet qu'il « s'est passé des choses regrettables » sur la plateforme dans la période qui a précédé la campagne présidentielle de 2016. « Nous savons qu'il est de notre responsabilité d'empêcher que de telles choses se produisent. »

Quelques heures plus tard, au cours d'un entretien avec Adam Schiff et Mike Conaway, le chef de file républicain du Comité du renseignement, la directrice des opérations assure que Facebook prend l'affaire très au sérieux. « Elle est allée là-bas pour protéger son aile gauche », confie un cadre de Facebook. Ce qui ne l'empêche pas de dire clairement que Facebook ne publiera pas ce qui a été découvert. C'est au Congrès d'informer le public, rappelle-t-elle à Schiff.

La visite de Sandberg à Washington n'apaise guère les inquiétudes des membres du Comité dont les leaders n'ont évoqué que de manière indirecte les publicités financées par le gouvernement russe au cours des derniers mois. Le 1er novembre, alors que sont auditionnés les directeurs juridiques de Facebook, de Twitter et de Google, les assistants parlementaires montrent des agrandissements d'un échantillon d'annonces dans la salle d'audition.

Adam Schiff ouvre la séance sans ambages. « Aujourd'hui, vous allez voir un échantillon représentatif de ces publicités, et nous allons demander aux représentants des entreprises de médias sociaux ici présents ce qu'ils savent sur l'étendue de la manipulation de leurs plateformes par les Russes, pourquoi ils ont mis autant de temps à découvrir ladite manipulation et ce qu'ils comptent faire pour protéger notre pays de cette influence néfaste à l'avenir. » Après ces remarques préliminaires, Schiff et Conaway invitent chacun à regarder les publicités affichées dans la pièce. L'une d'entre elles, mise en ligne via le compte « Être patriote », montre une photo de six policiers qui portent le cercueil d'un collègue mort en service. Dessous on peut lire : « Nouvelle attaque meurtrière d'un policier par un militant de Black Lives Matter. » Une autre, publiée par « South United », représente le drapeau confédéré avec le message suivant : « Symbole d'héritage, pas de haine ! Le Sud se relèvera ! » L'annonce créée en octobre 2016 a coûté 1 300 dollars et généré environ 40 000 clics. Des membres du Congrès remarquent que certaines publicités ont été partagées par l'équipe de campagne de Donald Trump et plusieurs de ses conseillers, dont Kellyanne Conway et Michael Flynn.

Adam Schiff fournit également un aperçu de l'étendue de l'activité de l'Internet Research Agency sur Facebook. Elle dépasse de beaucoup ce que l'entreprise a bien voulu en dire dans son communiqué du 6 septembre. L'enquête du Comité a conclu qu'environ 11,4 millions de citoyens ont vu une publicité achetée par l'usine à trolls.

À la table des témoins, Colin Stretch, directeur juridique de Facebook, promet que l'entreprise, capable de se remettre en question, va étoffer les rangs de son service Sécurité et utiliser l'intelligence artificielle pour débusquer les faux comptes. Il admet également que la manipulation orchestrée par l'Internet Research Agency a été de grande ampleur. « Ils ont pu générer un engagement significatif avec un budget relativement faible. Leur activité, dans sa grande majorité néfaste, laisse penser que ces gens comprennent parfaitement le fonctionnement des réseaux sociaux. Ce ne sont pas des amateurs, et je crois que cela nous informe sur la menace à laquelle nous devons faire face et justifie que nous en fassions une priorité à l'avenir. »

Les membres du service Sécurité se sentent attaqués. Ils ont détecté une campagne de désinformation que personne, pas même le gouvernement américain, n'a vue venir. Et au lieu des remerciements qu'ils sont en droit d'attendre, tout ce qu'ils récoltent, ce sont des railleries sur leur manque de réactivité. Alex Stamos, particulièrement touché, déplore sur Twitter la façon dont les publicités russes sont interprétées par la presse mais ses commentaires sont accueillis avec scepticisme. Sa réputation d'incorruptible est écornée. La communauté de la cybersécurité veut savoir pourquoi il n'a pas révélé les découvertes de son équipe plus tôt.

Il décide alors de se concentrer sur ce qui se passe en interne afin que Facebook ne répète pas les mêmes erreurs. Au cours de l'automne 2017, il fera plusieurs propositions de restructuration du service Sécurité. Il se souvient qu'au lendemain de la publication du communiqué du 6 septembre, le renfort de ses effectifs a été envisagé et encouragé par Tom Reynolds – cela « donnerait à Facebook un élément positif à faire valoir » auprès des journalistes, écrit-il dans un mail datant du 11 septembre. Pourtant, dans les mois suivants, rien n'indique que les dirigeants agissent dans ce sens. Stamos n'a pas davantage de retours concernant une préconisation qu'il a faite en octobre : engager un expert indépendant tel que Ash Carter, ancien Secrétaire à la défense d'Obama, pour évaluer la façon dont Facebook a mené l'enquête sur la Russie.

En décembre, le chef de la sécurité perd patience. Il rédige un mémo suggérant l'implantation des membres de son équipe dans plusieurs départements de l'entreprise. Son argument ? Décloisonner favorisera la communication et limitera le risque de passer à côté d'une offensive aussi complexe que celle orchestrée par les Russes. Plusieurs semaines s'écoulent sans qu'il reçoive de réponse de sa hiérarchie, mais à l'approche des fêtes de fin d'année, ce n'est guère surprenant. Il décide d'attendre le mois de janvier pour remettre le sujet sur la table. Mais en plein milieu des vacances, il reçoit un appel de Colin Stretch.

Facebook a décidé de suivre ses recommandations mais le service Sécurité réorganisé ne sera plus sous son contrôle ; c'est Pedro Canahuati, vice-président chargé de l'ingénierie en poste depuis de longues années, qui prendra le commandement de toutes les opérations de sécurité. Pas un mot sur ses nouvelles attributions. Pour Stamos, la nouvelle a un parfum de vengeance. Canahuati a une dent contre lui depuis qu'il a conseillé à Mark Zuckerberg, quelques mois après son arrivée dans la boîte, de couper l'accès des ingénieurs aux données utilisateurs. Aucune autre équipe n'a été aussi durement impactée par cette décision.

Canahuati, convaincu que Stamos a fait obstacle à sa propre réussite, va désormais diriger un département beaucoup plus large.

Alex Stamos est aussi stupéfait qu'en colère. « J'ai été mis à l'écart. Ça m'a vraiment blessé. L'idée que Mark accepte d'éviscérer mon équipe sans même m'en parler ! »

À son retour de congés en janvier, les cent vingt membres de l'équipe qu'il a créée sont pour la plupart dispatchés dans d'autres départements. Il n'a aucune visibilité sur leur activité. Il supervise désormais le travail d'un groupe réduit à cinq ou six personnes.

Alex Stamos aura tout de même un motif de se réjouir, le 20 février, quand le procureur spécial Robert Mueller annoncera la mise en examen de trente-quatre personnes et trois entreprises dans le cadre d'une enquête visant des ressortissants russes accusés d'ingérence électorale et des conseillers de Donald Trump inculpés pour malversation. Dans leurs bureaux de Washington, Moran, Weedon, Eubank, Belogolova et William Nuland, un autre membre de la cellule Threat Intel, fêteront également la nouvelle en se prenant en photo derrière leurs écrans d'ordinateur.

« Pour la première fois, se souvient l'un d'entre eux, le fruit de notre travail était reconnu publiquement. Et même si nous étions les seuls à savoir que nous avions apporté notre contribution à ce petit bout d'histoire, c'était incroyable. »

Alex Stamos a déjà remis sa lettre de démission à Colin Stretch. Mais ce dernier l'a persuadé de rester jusqu'à la fin de l'été : il serait bon qu'il pense aux quelques collaborateurs avec qui il travaille encore ; sans compter que Facebook se passerait bien de la médiatisation que va susciter son départ. Il peut compter sur une généreuse compensation s'il fait profil bas et diffère l'annonce de sa démission, qu'il prendra soin de présenter comme une séparation à l'amiable.

Au cours de ses derniers mois au sein de Facebook, Alex Stamos n'évoquera jamais l'affaire de l'ingérence russe ni même son départ avec Zuckerberg ou Sandberg. Il n'y aura d'ailleurs pas de fête de départ officielle. Stamos boira quelques tequilas avec ses plus proches collaborateurs dans le coin bar que l'équipe a depuis longtemps aménagé dans l'immeuble reculé de Menlo Park. Le « bar au service de la nation », comme ils continueront de l'appeler malgré le départ de leur chef.

8

Supprimez Facebook

Le 17 mars 2018, le *New York Times* et l'*Observer*, journal dominical britannique, consacrent leur une au même sujet : un cabinet de conseil en stratégie politique appelé Cambridge Analytica a obtenu les informations de profil de dizaines de millions d'utilisateurs de Facebook. Notamment l'historique des *likes* et des partages, les photos et localisations associées et les listes d'amis. C'est un salarié de la branche britannique de l'entreprise, fondée par Robert Mercer, soutien de Donald Trump, et dirigée par Steve Bannon, son conseiller politique, qui a lancé l'alerte, révélant à la presse le recours à un niveau inédit de ciblage publicitaire politique basé sur l'analyse des données de Facebook permettant de définir les traits de personnalité et les valeurs politiques des internautes.

Détail stupéfiant : Cambridge Analytica a collecté ces informations à l'insu des utilisateurs. « La fuite a permis à l'entreprise d'exploiter l'activité privée sur la plateforme d'une très grosse partie de l'électorat américain, grâce au développement de techniques visant à consolider le travail réalisé en 2016 sur la campagne du président Trump[1] », écrit le journaliste du *New York Times*. Dans l'*Observer*, cette « collecte de données sans précédent et l'usage qui en a été fait soulèvent de nouveau des questions fondamentales sur le rôle de Facebook dans le ciblage des électeurs lors de la présidentielle américaine[2] ».

Ce n'est pas la première fois que Facebook se rend coupable d'abus de confiance à l'égard de ses utilisateurs. C'est connu depuis longtemps : Facebook partage leurs données avec des milliers d'applications sur le web. Cela a permis à Cambridge Analytica de collecter, à leur insu, les informations personnelles de 87 millions de personnes[3]. Mais cette fois, l'affaire résonne plus fort : le cabinet est engagé par l'équipe de campagne de Donald Trump. L'affaire Cambridge Analytica vient appuyer là où ça fait mal et suscite un déchaînement de colère dans une Amérique déjà indignée par le rôle de Facebook dans l'ingérence électorale russe et plus que jamais divisée depuis l'accession de Trump à la présidence.

Le 10 avril 2018, soit trois semaines plus tard, à la table des témoins dans l'immense salle d'audience lambrissée du Hart Building, qui fait partie du complexe du Capitole, Mark Zuckerberg porte un costume ajusté et une cravate bleue – bleu Facebook. Le visage pâle, les yeux cernés, il a l'air exténué et regarde vaillamment devant lui en dépit de la horde de photographes qui jouent des coudes pour être aux premières loges et font crépiter leurs appareils. Derrière lui, sa garde rapprochée – Joel Kaplan, Colin Stretch, plusieurs lobbyistes. Tous affichent un visage grave.

« Facebook est une entreprise mue par l'idéalisme et l'optimisme », dit Zuckerberg en préambule. Il brosse le portrait d'un réseau social qui œuvre pour le bien : la plateforme a permis au mouvement #MeToo de sensibiliser l'opinion aux violences sexuelles faites aux femmes et a aidé les organisations étudiantes à coordonner les manifestations March for Our Lives pour un contrôle accru des armes à feu. Après l'ouragan Harvey, plus de 20 millions de dollars ont été collectés pour venir en aide aux sinistrés via Facebook, ajoute-t-il. « Pendant longtemps, nous nous sommes concentrés sur les bénéfices qu'il y a à connecter les gens. »

Pour sa première audition devant le Congrès, le patron du géant de la tech rencontre une vive hostilité. La pelouse du Capitole est envahie par une armée de silhouettes en carton à son effigie vêtues d'un tee-shirt où apparaît le message « Réparez Facebook ». Dans l'entrée du Hart Building, des manifestants brandissent des pancartes sur lesquelles on peut lire : « Supprimez Facebook », et dans les couloirs au sol de marbre qui mènent à la salle d'audience sont rassemblés des centaines de spectateurs, lobbyistes et défenseurs du droit à la vie privée.

À l'intérieur, il est face à quarante-quatre sénateurs assis sur des grandes chaises en cuir noir sur une estrade à deux étages. Devant lui, un petit micro relié à un compte à rebours à affichage numérique lumineux rouge, son carnet en cuir noir ouvert sur une liste : « Défendre Facebook, Contenu dérangeant, Industrie électorale (Russie) », et un crayon à papier jaune.

Le sénateur démocrate de l'Illinois, Dick Durbin, le regarde par-dessus ses lunettes à montures noires. « Monsieur Zuckerberg, nous diriez-vous volontiers dans quel hôtel vous avez passé la nuit hier ? »

Moment de flottement, regard au plafond, petit rire nerveux. « Euh, non, répond le P-DG, un sourire crispé sur les lèvres.

– Peut-être avez-vous contacté des gens cette semaine... Si oui, poursuit Durbin, voudriez-vous nous donner leurs noms ? »

Zuckerberg comprend où le sénateur veut en venir. Son rictus s'efface.

« Monsieur le sénateur, non, je préférerais sans doute ne pas dire leurs noms ici publiquement.

– Je crois que c'est précisément ce pour quoi nous sommes réunis cet après-midi. Votre droit à la vie privée, ses limites, ce que votre réseau social révèle, aujourd'hui, dans notre pays, pour, je cite, connecter les gens à travers le monde entier[4]. »

Pour comprendre comment Cambridge Analytica est entré par effraction dans ces comptes Facebook, il faut remonter au moment où, huit ans plus tôt, Mark Zuckerberg a annoncé la création d'Open

Graph, un programme permettant aux sites tiers d'être reliés au réseau social et donc d'accéder aux informations personnelles de ses utilisateurs. Bénéfice pour Facebook : les internautes resteront connectés plus longtemps. Debout sur la scène du « Facebook F8 » – la conférence annuelle des développeurs qui a lieu à San Francisco –, le jeune patron invite donc les applications de jeu, de vente et d'actualité à se connecter au réseau social. En l'espace d'une semaine, 50 000 sites installent l'interface Open Graph[5], bénéficiant alors de l'atout numéro 1 de la plateforme, les informations personnelles de ses utilisateurs. Nom, adresse mail, ville de résidence, date de naissance, situation amoureuse, affiliation politique, emplois actuel et passé... Dans la course aux partenariats, les commerciaux reçoivent la consigne d'utiliser l'accès aux données comme la meilleure raison de rejoindre l'Open Graph. Les questions de sécurité et de protection de la vie privée sont tout à fait accessoires. Pour preuve : quand Facebook charge dix salariés de recruter des partenaires puis de les aider à paramétrer leur système pour recevoir ses données, une seule personne est missionnée pour superviser les partenariats et s'assurer d'une utilisation responsable desdites données.

En 2012, au moins un employé a tenté de prévenir l'entreprise des dangers d'Open Graph. Sandy Parakilas, alors responsable des opérations, informe plusieurs hauts responsables, dont Chris Cox, des défaillances du programme en termes de protection des données personnelles. PowerPoint à l'appui, il montre comment l'interface expose les utilisateurs aux courtiers en données et aux agences gouvernementales étrangères. Selon lui, il est très probable qu'elle ait permis d'initier un marché noir des données numériques. Il suggère d'enquêter plus avant, ce qui lui vaut les railleries de ses interlocuteurs. « Êtes-vous bien sûr de vouloir savoir[6] ? » lui demande l'un d'entre eux. Désabusé, Sandy Parakilas démissionnera quelques mois plus tard.

En 2014, Mark Zuckerberg annonce un changement de stratégie car Open Graph ne génère pas l'engagement escompté[7]. Mais peu avant la fermeture aux applications tierces, un chercheur de l'université de Cambridge, Aleksandr Kogan, se connecte à l'interface et développe un test de personnalité appelé « thisisyourdigitallife » que presque 300 000 utilisateurs font. Au passage, Kogan collecte leurs données et celles de leurs amis Facebook, pour un total de 90 millions de membres[8]. Puis, en violation des conditions d'utilisation de la plateforme pour les développeurs, il fournit cette mine d'informations personnelles à Cambridge Analytica.

Suite aux révélations de la presse, le retour de manivelle ne se fait pas attendre. Dans l'après-midi du 17 mars 2018, Amy Klobuchar, sénatrice démocrate du Minnesota, se dit favorable à une audition de Mark Zuckerberg au Congrès[9]. Deux jours plus tard, John Neely Kennedy, sénateur républicain de Louisiane, en formule la requête par courrier au président du Comité judiciaire du Sénat[10]. Le hashtag #SupprimezFacebook se hisse dans les Trending Topics sur Twitter, boosté par des célébrités qui annoncent qu'elles ferment leur compte Facebook. La chanteuse Cher écrit que la plateforme l'a beaucoup aidée dans la conduite de ses activités caritatives mais qu'il y a « des choses plus importantes que l'argent[11] ». Des milliers d'utilisateurs postent la capture d'écran du message envoyé par Facebook leur confirmant la désactivation de leur compte. Même Zuckerberg et Sandberg reçoivent des courriels d'amis les informant qu'ils quittent la plateforme.

Le 20 mars 2018, Paul Grewal, directeur adjoint du service juridique de Facebook, convoque une réunion de crise au cours de laquelle il annonce à tous les employés que l'entreprise lance une enquête interne sur Cambridge Analytica. L'absence du grand patron et de son bras droit ne fait qu'attiser l'inquiétude générale[12].

Le même jour, les membres de l'agence fédérale de concurrence et de protection des consommateurs (FTC) font savoir à la presse qu'une enquête est déjà en cours pour déterminer si Facebook a enfreint le jugement d'expédient adopté en 2011 à la suite d'atteintes répétées au droit à la vie privée[13]. Le réseau social, sous le coup de huit chefs d'accusation – dont la modification des paramètres de confidentialité en décembre 2009[14] –, avait négocié pendant des mois avec l'agence pour finalement signer un accord qui avait fait beaucoup de bruit, acceptant de se soumettre à des audits indépendants sur le respect de la vie privée pendant vingt ans. L'entreprise s'était également engagée à informer les utilisateurs de toute modification de sa politique de confidentialité. Pour Jon Leibowitz, alors président démocrate de la FTC, l'accord « historique » fixait un nouveau seuil pour l'application de la loi. « L'innovation ne doit pas se faire au détriment de la protection de la vie privée et l'agence va y veiller », affirmait Leibowitz dans le communiqué officiel de la FTC. Et pourtant, sept ans plus tard, l'agence annonce enquêter sur le non-respect de l'accord.

Les autorités britanniques entendent également faire la lumière sur l'implication de Facebook. Elles saisissent les serveurs de Cambridge Analytica, déjà dans leur ligne de mire. Le cabinet est en effet soupçonné d'avoir joué un rôle dans le référendum de 2016, qui s'est soldé par le Brexit. Les nouvelles révélations qui lient Facebook, Cambridge Analytica et l'équipe de campagne de Trump laissent de plus en plus craindre que les citoyens britanniques aient fait l'objet d'un ciblage politique dans les mois précédant le vote très contesté[15].

Autre conséquence de la publication des deux journaux : le cours de l'action Facebook a chuté de 10 %, soit une baisse de 50 milliards de dollars de la capitalisation boursière du géant de Menlo Park. Alors que la crise fait rage, Zuckerberg et Sandberg ne font ni apparitions publiques, ni déclarations officielles. Les organes de presse s'interrogent sur leur absence. « Où est passé Mark Zuckerberg ? » titrent Vox, CNN ou encore le *Guardian*. Réponse ? Il est dans l'Aquarium. Le grand patron y a pris ses quartiers avec ses plus proches collaborateurs et une poignée d'experts en relations publiques. Ils campent autour de la table de conférence en bois clair et sur le canapé d'angle gris. Ils ne rentrent chez eux que pour se changer et dormir quelques heures. Il flotte d'ailleurs dans la pièce une odeur de renfermé et le sol est jonché de gobelets en carton, de canettes de soda et de papiers d'emballage de bonbons.

Même désordre dans la salle de conférences de Sheryl Sandberg au bout du couloir. La numéro 2 de Facebook s'y est retranchée avec son armée de chargés de politique publique et de communication. Ses conseillers externes participent depuis Washington, ils sont sur haut-parleur. Il y a notamment David Dreyer, ancien responsable au département du Trésor, et Eric London ; tous deux dirigent un cabinet de conseil en affaires publiques que Sandberg consulte à titres personnel et professionnel.

Pour Zuckerberg, la priorité est de bien comprendre la situation. Le temps de se mettre à la page, il interdit toute communication extérieure au personnel et demande à Sandberg, au service juridique et au service Sécurité d'écumer mails, mémos et messages échangés entre leurs employés, Aleksandr Kogan et Cambridge Analytica. Objectif : comprendre comment l'entreprise a perdu la trace de ses propres données. Mais les salariés au courant de l'arrangement avec Cambridge Analytica ont soit quitté Facebook soit perdu tout contact avec leurs partenaires commerciaux. Le 19 mars, le géant de Menlo Park engage un cabinet de criminalistique numérique basé à Londres pour tenter d'accéder aux serveurs de Cambridge Analytica. Les experts se font refouler par l'Office du commissaire à l'information qui a déjà saisi lesdits serveurs[16].

Facebook dispose de peu d'éléments mais tous sont compromettants. L'entreprise a eu vent des activités de Cambridge Analytica dès le mois de décembre 2015 grâce à la publication dans le *Guardian* d'un article dénonçant les méthodes du cabinet de conseil impliqué dans la campagne électorale de Ted Cruz, alors candidat à la primaire républicaine[17]. Les données de Facebook sont utilisées à des fins de ciblage publicitaire à caractère politique. Dans la foulée de ces révélations, un responsable des partenariats du réseau social a ordonné à Cambridge Analytica de supprimer les informations personnelles de ses utilisateurs – sans jamais se faire confirmer que c'était fait.

Mark Zuckerberg est obsédé par les détails techniques. Il veut savoir comment les données sont passées des serveurs de Facebook aux mains de Kogan pour être ensuite transférées à Cambridge Analytica. La brèche vient du service Produits, sous sa responsabilité. L'architecte d'Open Graph, c'est lui. Ce qui ne l'empêche pas de s'emporter contre Sheryl Sandberg au cours de leur réunion privée du vendredi. Cette histoire n'aurait jamais dû sortir ! En tout cas, pas comme ça ! Elle n'a pas été fichue de contrôler le traitement médiatique de ce scandale qui éclabousse Facebook ! C'est la deuxième fois que ça arrive ! Déjà, sur l'affaire de l'ingérence électorale russe, elle n'a pas su tricoter une histoire à servir à la presse ; il fallait voir les répercussions au Congrès ! La numéro 2 rapporte en confidence son échange avec Zuckerberg à ses proches collaborateurs et s'inquiète d'être mise à la porte. Ils la rassurent : le boss se défoule, rien de plus. Certains jugent peu probable qu'elle soit tenue pour responsable de cette crise. « À la source de l'affaire Cambridge Analytica, il y a bien une décision du service Produits, contrôlé par Mark. Sheryl est consultée, elle donne son avis, mais au final, c'est lui qui tranche », se souvient un ancien employé.

Pour Sheryl Sandberg, c'est un véritable crève-cœur de voir l'entreprise tomber lentement en disgrâce. En janvier 2018, elle fait son pèlerinage habituel à Davos mais reste discrète. Ce qui n'empêche pas Facebook d'être un sujet permanent de débat. Au cours d'une table ronde intitulée « La technologie mérite-t-elle notre confiance ? », le P-DG de Salesforce, Marc Benioff, fait remarquer que les ingérences électorales et les violations de la vie privée sont le signe qu'il faut réguler les géants de la tech. Plus tard ce jour-là, il confie à Andrew Ross Sorkin, journaliste télé à CNBC, que Facebook est aussi nocif que le tabac[18].

« On parle d'un produit addictif. La cigarette, on sait que c'est pas bon, mais… Il y a beaucoup de parallèles, je trouve. »

Deux jours plus tard, au cours de son dîner annuel, George Soros donne un discours dans lequel il exprime sa profonde inquiétude concernant le rôle que la propagande et les campagnes de désinformation sur les réseaux sociaux peuvent avoir dans les élections américaines. Pour le milliardaire juif d'origine hongroise qui a échappé à la déportation, Facebook est en partie responsable. Son modèle commercial, affirme-t-il, est fondé sur le détournement de l'attention et pousse les gens à « renoncer à leur autonomie ». Il décrit Facebook et Google comme des monopoles qui n'ont « ni le souhait ni la volonté de protéger la société des conséquences de leurs actes[19] ».

Les critiques s'accumulent. Pour la directrice des opérations, c'en est trop. Pourquoi personne ne parle des belles choses auxquelles Facebook contribue ? Comme la Marche des femmes qui a eu lieu en 2017 à Washington, ou l'inscription sur les listes électorales de deux millions d'Américains. Les gens utilisent même le réseau social pour trouver des donneurs d'organes ! Les exemples forts ne manquent pas et pourtant ils sont noyés sous une poignée de cas où l'utilisation de Facebook a été préjudiciable, se plaint-elle auprès de ses collaborateurs. Sandberg aime à raconter comment Wael Ghonim, un activiste égyptien, a utilisé Facebook pour organiser des manifestations contre le régime autoritaire de Hosni Moubarak, déclenchant la révolution égyptienne qui balayera le pays. Interrogé par Wolf Blitzer pour CNN après la démission de Moubarak, Ghonim a déclaré : « Un jour, j'aimerais rencontrer Mark Zuckerberg et lui dire merci[20]. » Bien sûr, Sheryl Sandberg n'évoque jamais les contenus dangereux non censurés au nom de la liberté d'expression, comme la théorie complotiste autour du massacre de l'école élémentaire de Sandy Hook ou le lien entre vaccins et autisme. La directrice des opérations semble avoir exclu de son champ de vision tout retour négatif ou même analytique. Typiquement, quand l'entreprise a changé de bureaux à Menlo Park, elle a appelé sa salle de conférences « le Temple des bonnes nouvelles ». Elle trouve dans les histoires inspirantes telle celle de Ghonim la confirmation que Facebook a une mission et qu'elle dirige une entreprise qui est plus qu'une machine à gagner de l'argent.

Sandberg est sur la défensive face aux critiques qui semblent interroger les intentions des dirigeants de Facebook. Elles ne sont pas sans lui rappeler la réaction violente qu'a suscitée la publication de son livre *En avant toutes*. À l'époque, elle est invitée à en faire la promotion sur le plateau du magazine d'actualité « 60 Minutes ». Avant de l'interviewer, la journaliste Norah O'Donnell propose une séquence portrait d'une dizaine de minutes. Elle est dithyrambique : Sheryl Sandberg, c'est l'histoire d'une ascension fulgurante, ou comment une petite fille scolarisée dans les écoles publiques de Miami devient, après un passage par Harvard, l'administration Clinton et les hautes sphères de Google, la numéro 2 de Facebook, autrement dit l'une des dirigeantes les plus puissantes du monde. Pourtant, ce n'est pas ce qui l'amène aujourd'hui sur notre plateau, ajoute O'Donnell. Et d'enchaîner sur les vives critiques que le livre reçoit depuis sa sortie.

« Dans son nouvel opus, Sandberg appuie là où ça fait mal, poursuit la journaliste en levant un sourcil parfaitement arqué. D'après elle, s'il y a encore si peu de femmes aux commandes, c'est peut-être tout simplement à cause des femmes[21]. »

En avant toutes était né de ce discours inspirant que Sandberg avait prononcé en 2011 à la cérémonie de remise des diplômes du Barnard College, université new-yorkaise 100 % féminine. La vidéo où on la voit exhorter les femmes à s'affirmer dans leur carrière, devenue virale, avait fait d'elle une nouvelle icône féministe. Mais au cours de l'émission, O'Donnell met le doigt sur l'hostilité grandissante à l'égard du livre et de son autrice qui, pour certains, semble dédouaner les hommes et rendre les femmes injustement responsables de ne pas réussir aussi bien qu'eux. Pourquoi ne dénonce-t-elle pas les préjugés sexistes ancrés dans la culture et les institutions ? Pourquoi faudrait-il que les femmes jouent le jeu des hommes pour réussir ? Plus accablant encore, Sandberg paraît déconnectée de la réalité car contrairement à elle, la majorité des femmes qui travaillent n'ont ni partenaire pour assumer à leur côté les obligations familiales ni les ressources financières pour engager nounous, professeurs particuliers et aides ménagères.

« Vous insinuez que les femmes manquent d'ambition », assène la journaliste.

Sandberg se raidit.

Elle riposte : ce qui est important, c'est que les femmes aient conscience d'avoir de nombreuses options. Elles doivent saisir toutes les opportunités professionnelles qui se présentent à elles. Les statistiques montrent par exemple qu'elles ne demandent ni augmentations ni promotions, qu'elles ne dirigent pas les débats. Elle estime que c'est de sa responsabilité de partager ses recherches et son expérience. Son intention, en écrivant ce livre, est d'encourager les femmes, de leur donner confiance en elles, de les aider à mieux piloter leur carrière. « Je n'incrimine pas les femmes. Il y a plein de choses qu'on ne peut pas contrôler. Mais mon message, c'est qu'il y a aussi plein de choses qu'on peut contrôler ; il faut agir, s'imposer davantage à la table des décideurs, prendre plus souvent la parole. »

Ce n'est certes pas une surprise que le livre lui attire des critiques. On l'a suffisamment prévenue. Une amie, notamment, lui a dit qu'elle était perçue comme élitiste et que la plupart des femmes ne pouvaient pas s'identifier à elle, femme blanche, bardée de diplômes et richissime. Mais les jugements sont si peu constructifs que Sandberg est prise de court. Maureen Dowd, chroniqueuse au *New York Times*, écrit que « chaussée de ses bottines Prada, Sandberg joue du PowerPoint comme d'une flûte enchantée, pensant réveiller les feux de la révolte féminine ». La directrice des opérations de Facebook a peut-être de bonnes intentions quand elle appelle les femmes à s'imposer, mais elle est si déconnectée de la réalité que son message est condescendant. « Les gens rejoignent un mouvement social initié par le bas, pas par le haut. Sandberg s'approprie les paroles et la mélodie de la révolution féministe non pas pour défendre une cause mais pour se faire de la pub[22]. »

D'après l'intéressée, ses détracteurs n'ont pas bien compris, Maureen Dowd en tête. « Toute ma vie, on m'a dit ou fait ressentir qu'il valait mieux éviter d'être trop intelligente, trop performante, trop ceci ou trop cela, confie-t-elle à O'Donnell. Ça touche vraiment une corde sensible pour moi. Et ce que je voudrais, c'est que toutes les petites filles à qui l'on dit qu'elles sont autoritaires entendent plutôt qu'elles sont taillées pour être leaders. »

Elle vit ces attaques comme un affront personnel et injuste, d'autant qu'elles semblent remettre en question ses bonnes intentions, point sur lequel elle se croyait inattaquable.

Dans le contexte du scandale Cambridge Analytica, Sandberg considère que Facebook essuie des critiques tout aussi injustifiées. L'entreprise est devenue un bouc émissaire, dit-elle à ses collaborateurs, une cible bien commode pour ses concurrents, mais aussi pour les médias. Ces derniers envient le succès de Facebook. Les journaux tiennent le réseau social pour responsable de leur déclin ; cette couverture négative, c'est une opération punitive. Pour d'autres hauts responsables, il y a une explication encore plus simple à ce retour de bâton : le lien entre Cambridge Analytica et la campagne de Trump. « Tout le monde nous en veut parce que Trump a gagné », insiste un dirigeant de longue date.

Quelqu'un doit défendre publiquement Facebook. Cinq jours après le début du scandale, Mark Zuckerberg accepte d'ouvrir les portes de l'Aquarium à Laurie Segall, journaliste de CNN. Le patron commence par dire son mea-culpa, exercice qui lui est désormais familier. « Ce qui s'est passé constitue un abus de confiance majeur et j'en suis désolé », dit-il le regard éperdu. L'entreprise va procéder à un audit de toutes les applications qui ont pu détenir ou conserver des informations sensibles, promet-il.

Mais quand Laurie Segall lui demande pourquoi Facebook ne s'est pas assuré que Cambridge Analytica avait supprimé les données en 2015, Zuckerberg s'agace. « Je ne sais pas vous, répond-il sans prendre la peine de cacher son impatience, mais moi, j'ai l'habitude que les gens fassent ce qu'ils s'engagent à faire. »

Mark Zuckerberg s'est préparé pour son audition devant le Congrès avec une équipe d'avocats du cabinet WilmerHale, basé à Washington. Au cours de séances de simulation, ils le bombardent de questions sur la protection de la vie privée et l'ingérence électorale, le testent sur l'identité de chacun des parlementaires qui seront présents. Ils le mettent en garde contre les questions sans lien avec l'affaire, destinées à le détourner des points dont il ne veut pas dévier.

Les enjeux sont de taille. Les auditions lèveront à n'en pas douter le voile sur la poule aux œufs d'or de Facebook, à savoir le ciblage publicitaire, et forceront son patron à défendre le modèle commercial sur lequel il s'exprime rarement en public. Ce n'est un secret pour personne, lors de ses apparitions publiques, Mark Zuckerberg est nerveux. Il peut se mettre à transpirer à grosses gouttes ou à bafouiller quand une interview se corse. Par ailleurs, il n'a pas l'habitude d'être bousculé – ses collaborateurs ne le font que rarement. Aussi, ils se demandent comment il va réagir aux questions sans concession, aux interruptions et à la dramaturgie propres aux auditions parlementaires.

Les lobbyistes de Facebook ont bien essayé d'envoyer Sheryl Sandberg témoigner à la place de Mark Zuckerberg. C'est une oratrice imperturbable, fiable, qui ne s'écarte jamais du message qu'elle veut faire passer. Autant de qualités qui lui valent d'être la représentante attitrée de l'entreprise à Washington. Quand, au lendemain de son élection, Donald Trump a organisé une rencontre avec les géants de la tech, c'est elle qui s'est présentée à la Trump Tower, entourée des patrons d'Amazon, d'Apple, de Google et de Microsoft. (À cette occasion, Joel Kaplan, qui l'accompagnait, a passé un entretien avec l'équipe de transition du président ; il briguait le poste de directeur du Bureau de la gestion et du budget mais s'est retiré de la course avant qu'ils arrêtent leur décision.) Mais les parlementaires n'ont rien voulu savoir. Dick Durbin et Marco Rubio, sénateur républicain de la Floride, ont dû menacer d'assigner Zuckerberg à comparaître pour que son équipe accepte qu'il représente Facebook au cours de l'audition marathon de deux jours devant plus d'une centaine de parlementaires[23]. Seule concession accordée aux lobbyistes : ils monteront la climatisation pour le grand patron.

Le jour J, dans les bureaux de Washington, les communicants se réunissent pour suivre l'audition diffusée en direct à la télévision. À Menlo Park, les directeurs font de même. Un deuxième écran leur permet de communiquer avec leurs collègues de la côte Est. Les visages grimacent tandis que les parlementaires ouvrent les hostilités, accusant Zuckerberg d'abus de confiance répétés toujours suivis d'excuses vides de sens. Une grande partie des questions ciblent le modèle commercial de Facebook. Les communicants envoient des messages aux journalistes qui couvrent l'audition pour connaître leur impression sur la prestation de Zuckerberg. Verdict : il est calme, réfléchi, ne se laisse pas démonter par les interruptions et récriminations. Il est visiblement bien préparé et capable de répondre à un large éventail de questions.

Même s'il en élude plusieurs en promettant que ses équipes reviendront vers le Congrès avec des réponses précises, dans l'ensemble, Zuckerberg s'en tient à la ligne de défense habituelle de Facebook : les utilisateurs ont le contrôle sur leurs données et l'entreprise ne les monnaie pas. « Nous ne vendons aucune donnée aux annonceurs. En revanche, les annonceurs nous disent qui ils veulent cibler et nous plaçons leurs publicités. »

Jeff Chester, défenseur du droit à la vie privée, regarde également l'audition depuis le petit bureau qu'il a installé chez lui à Takoma Park dans le Maryland. Il fulmine. Éparpillées sur le sol, des piles de plaquettes et autres présentations de Facebook à destination des annonceurs montrent l'entreprise sous un tout autre jour. Chester a rassemblé tous ces documents au cours de salons sur la publicité en ligne où le géant de la tech vante la puissance de ses outils publicitaires auprès d'agences venues du monde entier et de marques telles que Coca-Cola et Procter & Gamble. Dans les salles de réception des hôtels où se tiennent les grands événements de l'industrie de la pub comme la Semaine de la publicité à New York, les cadres de Facebook mettent en avant le stock inégalable de données dont l'entreprise dispose et sa capacité à tracer ses 2,2 milliards d'utilisateurs hors site. Un atout majeur pour aider les annonceurs à influencer les consommateurs, à qui Facebook vend un discours complètement différent.

À présent, le sénateur Roger Wicker, président du Comité du commerce, demande à Mark Zuckerberg si Facebook trace les utilisateurs hors site. C'est le cas, grâce à un outil appelé « Pixel », bien connu dans les secteurs de la pub et de la tech. Mais le grand patron se dérobe. « Monsieur le sénateur, je voudrais vous fournir une réponse détaillée, il serait donc probablement plus indiqué de laisser mes équipes revenir vers vous sur ce point. »

Pour Chester, c'en est trop. Il tweete un lien vers la documentation dédiée aux outils marketing, dont Pixel, mise en ligne par Facebook dans ses pages d'aide aux entreprises. Pendant les trois heures qui suivent, chaque fois que Mark Zuckerberg se contente de réponses vagues ou trompeuses, il dirige les internautes vers les sites qui prouvent que Facebook pratique la fouille de données à grande échelle et le traçage comportemental. Il est convaincu que le P-DG ment délibérément aux membres du Comité, ignorants de ces questions. Au cours des dernières années, il a pourtant dénoncé à maintes reprises le laxisme des parlementaires, républicains et démocrates confondus, laxisme qui a permis à Facebook de devenir un véritable Frankenstein numérique. Et maintenant qu'ils l'ont à la table des témoins, ils le laissent s'en sortir par des pirouettes.

Facebook prétend connecter les gens mais c'est avant tout une entreprise publicitaire. Pour preuve, sa domination, avec Google, du marché de la publicité en ligne. 135 milliards de dollars, c'est la somme amassée par les deux géants en revenus publicitaires rien qu'en 2017. Cette même année, le revenu publicitaire de Facebook a dépassé à lui seul celui de tous les journaux américains réunis, et ce grâce aux puissants outils de traçage qui permettent à la plateforme de suivre les utilisateurs hors site et de collecter des données classées dans plus de 50 000 catégories différentes, d'après une enquête menée par ProPublica, site d'information à but non lucratif[24]. Un annonceur peut ainsi cibler les consommateurs en fonction de multiples critères : préférence religieuse, orientation politique, note de solvabilité, revenu. Il sait par exemple que 4,7 millions d'utilisateurs de Facebook appartiennent à des ménages dont les actifs se situent entre 750 000 dollars et un million[25].

« Ils se sont lancés dans une guerre des données. Pour le meilleur ou pour le pire, Facebook est un acteur majeur de la vie civile mais l'entreprise n'est pas optimisée pour ce rôle », explique Ethan Zuckerman, l'inventeur de la publicité *pop-up*. Maître de conférences à l'université du Massachusetts à Amherst, il est spécialisé dans les politiques publiques, la communication et l'information. « C'est pour aspirer les données et générer des profits qu'elle est optimisée. »

Cela fait des années que Jeff Chester et d'autres défenseurs des consommateurs mettent en garde les organes de régulation contre les pratiques toujours plus agressives de Facebook qui prospère, aux dépens des consommateurs, dans un environnement non réglementé. Il est plus difficile d'obtenir une licence radio pour émettre en zone rurale dans le Montana ou de lancer un jouet premier âge que de créer un réseau social qui rassemble un quart de la population mondiale, déplorent-ils. Depuis le début des années 2000, le Congrès a présenté des dizaines de textes sur la protection de la vie privée en ligne, mais entre l'incroyable pression des entreprises de la tech qui ergotent sur des points de détail et l'embouteillage des projets de loi au Congrès, tous sont tombés à l'eau.

Ce mardi-là dans la salle d'audition du Hart Building, Mark Zuckerberg se montre plus coopératif que par le passé. Épinglé sur la vieille habitude de son entreprise à contrer toute réglementation, il déclare que Facebook ne s'opposera pas à une « loi juste » aux États-Unis et confirme que la Réglementation générale sur la protection des données adoptée par l'Union européenne sera bien appliquée. « Les entreprises du web et de la technologie doivent répondre aux exigences croissantes des législateurs. La vraie question n'est pas de savoir s'il faut un cadre, mais plutôt quel cadre. »

Mark Zuckerberg parle beaucoup de l'engagement de la plateforme pour la sécurité et la protection des données, mais au sein de l'entreprise on s'accorde à dire que ces questions sont secondaires ; ce qui prime, c'est la croissance. Les ingénieurs ont des objectifs d'engagement ; leurs bonus et leurs évaluations annuelles de performance sont fonction de résultats mesurables. Leurs produits ont-ils attiré davantage d'utilisateurs ? Combien ? Ont-ils permis de prolonger leur temps de connexion sur la plateforme ? « Le quotidien des salariés, c'est la politique de la carotte et du bâton », se souvient un ancien. Le 20 mars, Sandy Parakilas, l'ancien directeur des opérations qui en 2012 avait mis ses supérieurs en garde contre l'Open Graph, publie une tribune dans le *Washington Post* : il révèle qu'au cours des seize mois qu'il a passés chez Facebook, à aucun moment il n'a vu « les développeurs audités par l'entreprise avoir à rendre de comptes sur le stockage des données[26] ». L'explication d'un tel laxisme ? « Facebook ne tenait pas à rendre publiques les énormes défaillances de sécurité des données. »

Et en effet, malgré les affirmations de Zuckerberg devant le Congrès, Facebook se livre à une guerre sans merci contre la réglementation relative à la protection de la vie privée aux États-Unis. Joel Kaplan a rassemblé un bataillon de cinquante lobbyistes et, avec un budget de 12,6 milliards de dollars pour la seule année 2018, il commande le neuvième plus gros cabinet de lobbying d'entreprise de Washington[27]. Les dépenses de Facebook en lobbying dépassent celles de géants du pétrole tels que Chevron et ExxonMobil ou de poids lourds de l'industrie pharmaceutique comme Pfizer ou Roche. Kaplan a également transformé Facebook en une puissante force politique grâce aux millions dont dispose son comité d'action politique qui distribue des donations en égale mesure aux républicains et aux démocrates. Il faut conserver l'équilibre des alliances, prêche-t-il régulièrement. La vérité, c'est que le comité d'action politique de Facebook a financé la campagne de plus de la moitié des parlementaires qui interrogent Mark Zuckerberg.

Quelques semaines après l'audition de son boss devant le Congrès, Joel Kaplan rencontrera en privé les lobbyistes en chef d'IBM, de Google et d'autres géants de la tech au Conseil de l'industrie des technologies de l'information basé à Washington. Un ambitieux projet de loi sur la protection des données est à l'étude au parlement de l'État de Californie – un projet plus contraignant que la nouvelle législation européenne, qui, s'il aboutit, mettra un frein à la collecte de données et donnera un droit de regard aux utilisateurs. Kaplan proposera à ses homologues de pousser le gouvernement fédéral à adopter une loi moins restrictive afin de doubler les législatures étatiques, mobilisant ainsi tous les acteurs du secteur pour une lutte coordonnée.

Selon Orrin Hatch, sénateur républicain de l'Utah âgé de quatre-vingt-quatre ans, « aucune audition des acteurs de la technologie n'a été aussi suivie depuis celle de Microsoft » dans le cadre d'une enquête antitrust en 1998. Le P-DG de Facebook est soumis à la question depuis environ une heure et plusieurs journalistes décrivent dans leurs live blogs un Mark Zuckerberg acculé face à des parlementaires coriaces et opiniâtres.

Mais à un moment, l'interrogatoire prend un tour inattendu.

« Comment assurez-vous la viabilité de votre modèle économique alors que le service que vous proposez est gratuit pour les utilisateurs ? » demande Orrin Hatch. Le sénateur semble ne rien savoir du procédé de base qui est au cœur du fonctionnement de Facebook.

Zuckerberg prend quelques secondes puis sourit. « Monsieur le sénateur, nous diffusons des publicités. » Gloussements dans la salle, explosion de rires dans les bureaux de Facebook des deux côtés du pays.

À présent, Mark Zuckerberg est interrogé par les membres du Comité du commerce et du Comité judiciaire. Moyenne d'âge des quatre leaders : soixante-quinze ans. Les autres parlementaires ne sont guère plus jeunes. Ils ne font pas partie de la génération des médias sociaux. Les fonctionnalités de base de Facebook et de ses filiales, Instagram et WhatsApp, ne leur sont pas familières.

Zuckerberg se détend. Les questions ne le forcent pas à dévier de son script. Au bout de deux heures, quand on lui demande s'il a besoin d'une pause, il décline. « Vous pouvez continuer un peu », dit-il avec un petit sourire.

À Washington et à Menlo Park, on pousse des cris d'encouragement. « Il est à l'aise, super ! » s'exclame un lobbyiste.

Et les parlementaires d'enchaîner les grossières erreurs, même parmi les plus jeunes. « Si j'envoie un mail via WhatsApp, est-ce que vos annonceurs le savent ? » demande Brian Schatz, sénateur d'Hawaï âgé de quarante-cinq ans. Zuckerberg explique que WhatsApp sert à envoyer des messages, pas des e-mails, et qu'ils sont chiffrés. Au bout de quatre heures, un autre lui demande si Facebook écoute les conversations téléphoniques pour collecter des données à l'usage des annonceurs. D'autres encore disent un mot pour un autre lorsqu'ils posent des questions sur les conditions générales d'utilisation ou le stockage des données.

À mesure que les heures passent, la presse s'attache davantage à l'incroyable technophobie des élus de la nation qu'au modèle commercial dangereux de Facebook. « Les parlementaires n'ont qu'une vague idée des agissements de Facebook ; ils ne savent pas davantage comment y mettre un terme[28] », titre un article de Vox. L'audience viendra alimenter les émissions de télévision de deuxième partie de soirée de Jimmy Kimmel et Stephen Colbert qui diffuseront une compilation des plus mauvaises questions[29]. Il faut créer de nouvelles instances au Congrès et dans les agences de régulation pour mieux maîtriser les sujets liés à la technologie, lit-on sur Twitter. Énorme coup de chance pour Facebook, l'opinion se retourne contre Washington.

Après sa deuxième journée d'audience, Mark Zuckerberg prend l'avion direction San Francisco tandis que l'équipe de Joel Kaplan fait la fête dans un bar à vin de Georgetown[30]. Les actions de Facebook montent de 4,5 % en vingt-quatre heures, un bond record depuis 2016. Bilan des courses : Zuckerberg a arrondi sa fortune de 3 milliards de dollars en répondant à six cents questions en dix heures d'audition[31].

9

Réfléchissez avant de partager

Pendant les deux jours d'audition, Mark Zuckerberg doit aussi répondre à des questions qui dépassent le cadre du scandale Cambridge Analytica : addiction dangereuse à la technologie, conditions générales d'utilisation trompeuses, désinformation électorale. Les parlementaires souhaitent accéder à des données internes pour savoir comment Facebook œuvre à garantir la sécurité des utilisateurs et à s'assurer du respect des dispositions internationales en matière de protection de la vie privée. Ils soulèvent également le cas de la Birmanie où, en raison de la diffusion de fausses informations, la plateforme cause un préjudice inédit, d'une atroce violence.

Car c'est à un génocide qu'on assiste en temps réel sur Facebook. Le 26 août 2017, Sai Sitt Thway Aung, fantassin de la 99e division d'infanterie légère des forces armées de la Birmanie, s'adresse à ses cinq mille abonnés en ces termes : « Une seconde, une minute, une heure, c'est une éternité pour ceux qui font face à la menace de ces chiens musulmans. » Il n'est pas le seul soldat à publier des posts sur sa page en plein milieu d'un massacre : des dizaines de publications alimentent la propagande anti-Rohingyas, avec parfois des photographies de l'avancée militaire dans l'épaisse jungle de l'État de Rakhine. Des membres de plusieurs ONG, soucieux de documenter de la manière la plus complète possible la crise des droits de l'homme qui se joue, en font des captures d'écran. Alors que le gouvernement birman nie toute responsabilité dans les violences et diffuse des communiqués mensongers sur ce qui se passe sur place, les comptes Facebook des soldats sont autant de fusées éclairantes qui donnent à voir la réalité, au moins sur les lieux des attaques menées par l'armée.

Si d'importantes tensions ethniques couvent depuis des décennies en Birmanie, Facebook a bel et bien été l'étincelle qui a mis le feu aux poudres, et ce en dépit des avertissements des ONG qui ont maintes fois essayé, en vain, d'attirer l'attention de Menlo Park sur la fumée qui étouffait lentement le pays. En mars 2018, la mission d'enquête indépendante de l'ONU indique d'ailleurs que les médias sociaux ont joué « un rôle déterminant » dans le génocide. Facebook a « considérablement participé au niveau d'acrimonie, de dissension et de conflit, déclare Marzuki Darusman, président de ladite mission. La propagation des discours haineux n'est en rien étrangère à la situation. Dans le cas de la Birmanie, quand on parle de réseaux sociaux, on parle de Facebook[1]. »

Les associations de défense des droits de l'homme estiment que le génocide perpétré par les soldats birmans a causé la mort de plus de 24 000 Rohingyas. Au cours de l'année suivante, 700 000 musulmans trouveront refuge dans des camps sordides dans l'État voisin du Bangladesh.

« Ce qui se passe en Birmanie est une véritable tragédie, et nous devons faire plus », assure Zuckerberg au cours de son audition devant le Congrès en avril 2018. Il promet que l'entreprise va engager des dizaines de locuteurs du birman et travailler plus étroitement avec les acteurs de la société civile afin de fermer les comptes des leaders qui sur place disséminent la désinformation et appellent à la violence. (À ce moment-là, Facebook dispose de cinq locuteurs natifs pour surveiller le contenu généré par dix-huit millions d'utilisateurs en Birmanie. Parmi eux, aucun ne vit sur place.)

Cinq mois plus tard, Sheryl Sandberg, appelée à témoigner devant le Comité du renseignement du Sénat, déclare que la situation en

Birmanie est « accablante ». Dans la seule semaine précédant son audition, l'entreprise a supprimé 58 pages et comptes birmans dont la majorité se faisaient passer pour des sites d'information[2]. « Nous prenons des mesures offensives et nous sommes conscients de la nécessité de poursuivre dans cette voie. »

La vérité, c'est que les ONG tirent la sonnette d'alarme depuis des années.

Dès mars 2013, Matt Schissler, travailleur humanitaire américain, s'inquiète des rumeurs qui circulent à Rangoun. Certains de ses amis bouddhistes – comme le sont la majorité des Birmans – lui montrent des photos pixellisées sur leur téléphone portable. Dessus, affirment-ils, des cadavres de moines bouddhistes tués par des musulmans. D'autres relaient des théories complotistes diabolisant la minorité musulmane des Rohingyas, déjà rejetée depuis longtemps.

« Tout à coup, les propos islamophobes revenaient dans toutes les conversations », se souvient Matt Schissler. Son apparence – un mètre quatre-vingt-dix, cheveux bruns coupés court, yeux bleus – ne laisse aucun doute sur sa nationalité. « Les gens venaient me voir pour se répandre contre les musulmans qui incarnaient le mal. À cause du 11 Septembre, ils pensaient qu'en tant qu'Américain, je ne pouvais que partager leur haine. »

De simples voisins brandissent leur mobile sous son nez pour lui faire lire des articles – certains émanent d'organes de presse reconnus comme la BBC mais d'autres ne citent pas leur source et avancent des preuves douteuses – qui affirment que des djihadistes de Daesh font route vers la Birmanie. Même un ami journaliste l'appelle pour le prévenir qu'une attaque des musulmans serait imminente. Il rapporte avoir vu une vidéo, laquelle, de l'avis de Schissler, a visiblement été modifiée et doublée en birman avec des propos menaçants. « Voilà quelqu'un qui aurait dû faire preuve de discernement, mais non ! Il avalait tout ce qu'il entendait ! »

La propagation de photos et de vidéos retouchées a coïncidé avec l'arrivée des téléphones portables dans le pays. Jusqu'en 2013, alors que le reste du monde adopte la technologie mobile et surfe sur le Net, le Birman moyen, lui, vit sous le contrôle de l'armée et en est coupé. Mais quand le régime lâche la bride, le gouvernement autorise les opérateurs de télécommunications étrangers et les smartphones d'occasion à bas prix inondent le marché[3]. Navigateur web et Facebook y sont déjà installés.

« Blue », le nom utilisé au sein de l'entreprise pour se référer à son produit phare, l'application mobile, devient le portail d'accès à Internet. L'appli est tellement populaire que les mots « Facebook » et « Internet » sont interchangeables. Dans les grandes villes, les boutiques de téléphones s'alignent le long des rues noires de monde ; les vendeurs aident les acheteurs à créer leur compte utilisateur.

Dans un État où le pouvoir militaire contrôle la presse écrite et la radio, Facebook fait figure de bastion de la liberté d'expression et les Birmans l'adoptent à vitesse grand V. Ils y partagent photos de famille, recettes de curry aux œufs, opinions, mèmes, contes populaires. Pour ceux qui ne sont pas encore connectés, un magazine intitulé *Facebook* publie un échantillon des posts trouvés sur le réseau social.

L'application est également plébiscitée par les chefs militaires et les propagandistes religieux. Ashin Wirathu, moine bouddhiste que ses positions anti-musulmans désignent bientôt comme « le Ben Laden bouddhiste », a vite compris le pouvoir de la plateforme[4]. Au début des années 2000, il a été arrêté pour avoir encouragé des émeutes anti-musulmans. Mais avec l'arrivée de Facebook, il professionnalise son activité : dans un bureau de la baie de Mandalay, ses étudiants administrent en son nom des dizaines de pages Facebook prônant la violence à l'encontre de la minorité Rohingya. Ils postent des visuels retouchés montrant des cadavres, ceux de bouddhistes assassinés par des militants Rohingyas, disent les messages qui les accompagnent. Ils attisent la haine en créant des rumeurs d'attaques programmées contre les civils à Mandalay et à Rangoun. Si elles ne se concrétisent jamais, elles continuent de se propager et exacerbent la peur et la colère au sein de la population. D'autres que Ashin Wirathu œuvrent à la diffusion de contenus déshumanisants qui associent les Rohingyas à de la vermine, des insectes, des rats. Circulent également des capsules vidéo pseudo-scientifiques affirmant que les Rohingyas ont un ADN différent des autres.

Ces idées ne sont pas nouvelles. Les bulletins d'information et les radios d'État tiennent le même discours délétère contre la minorité musulmane depuis des années, mais avec Facebook, ce sont désormais les civils qui se font les porte-voix de la haine. Ils entendent leurs proches développer une rhétorique dangereuse qu'ils transmettent à leur tour. Elle est d'autant plus largement adoptée qu'elle n'émane pas des médias étatiques reconnus par tous comme armes de propagande.

La situation pousse Matt Schissler à contacter plusieurs donateurs et diplomates rencontrés dans le cadre de ses activités humanitaires. Dans un mail, il souligne l'importance d'étudier l'essor de Facebook dans la région pour voir s'il coïncide avec le changement que tout le monde constate dans la nature des informations qui circulent. Il écrit qu'il s'inquiète de l'impact du matraquage médiatique sur la plateforme qu'il faut, selon lui, analyser.

Personne ne répond à son cri d'alarme.

En 2013 à Menlo Park, on s'apprête à fêter les dix ans de Facebook. Au mois d'août, Mark Zuckerberg, qui n'en a pas encore trente, annonce sa vision pour la décennie à venir dans un post intitulé « La connectivité est-elle un droit humain ? ». Son plan pour le plus important réseau de communications du monde ? Passer de 1,15 milliard à près de 5 milliards d'utilisateurs[5].

S'il vise la lune, c'est qu'il a l'ambition toute personnelle de rejoindre ses mentors dans le panthéon des visionnaires de la tech – Steve Jobs qui a révolutionné l'informatique mobile avec l'iPhone, Bill Gates qui a transformé le monde de la programmation puis la philanthropie mondiale. Les proches de Mark Zuckerberg se rappellent sa frustration en découvrant la presse négative qu'il a reçue lorsqu'il s'est essayé à la philanthropie en 2010. En dépit d'une généreuse donation de 100 millions de dollars au profit du système éducatif public de Newark dans le New Jersey, des voix se sont élevées pour dénoncer le faible impact des réformes entreprises dans les zones défavorisées. Zuckerberg confie à son entourage qu'il souhaite qu'on se souvienne de lui comme d'un innovateur et d'un philanthrope, à l'image de Bill Gates qu'il érige au rang de héros dans une interview donnée à la « TechCrunch Disrupt » en 2013.

La connectivité est un outil formidable pour réduire les inégalités économiques mondiales, écrit-il dans son post. Elle favorise le développement économique et fait augmenter le PIB. L'immense majorité des 2,7 milliards d'internautes vivent dans les pays développés. Dans les marchés émergents, l'accès à l'Internet mobile est souvent réservé aux chefs de famille. « En connectant le monde entier, nous améliorerons non seulement la vie de milliards de gens, mais la nôtre aussi, car nous bénéficierons des idées et de la productivité des nouveaux connectés. »

Ce discours n'a pourtant rien d'original. Comme le souligne David Kaye, ancien rapporteur spécial des Nations unies sur la liberté d'expression, « c'était une idée largement débattue sur la scène internationale à la fois par les hommes politiques et les ONG. Tous plaidaient pour que la population mondiale soit connectée. » Depuis des années, l'ONU, Human Rights Watch et Amnesty International encouragent les géants du web à tourner leur attention vers les pays émergents, non sans leur recommander de prendre en compte les caractéristiques locales – situation politique et paysage médiatique – dans leur conquête de ces nouveaux marchés. Un accès trop important et trop rapide à Internet pourrait être dangereux. « Tout le monde s'accordait à dire que l'accès à l'information passait par le web et que donc l'accès universel à Internet était un objectif important, se souvient Kaye. Mais cela n'allait pas sans inquiétudes. Ces entreprises privées procédaient-elles aux évaluations adéquates des pays et des marchés dans lesquels elles commençaient à s'implanter ? Sauraient-elles être responsables ? »

La publication de Zuckerberg annonce le lancement d'Internet.org, projet visant l'accès à Internet pour tous, en partenariat avec six entreprises du secteur des télécommunications. Des accords sont conclus avec les opérateurs cellulaires pour offrir une sélection de services Internet dans les pays en développement. Facebook est préchargé et compressé de sorte qu'il puisse être utilisé même avec une connexion lente et irrégulière. Pour les zones isolées ne disposant d'aucune couverture cellulaire, Zuckerberg crée un laboratoire de projets dont émanent par exemple Aquila, un drone solaire géant conçu pour délivrer l'accès à Internet depuis le ciel, ou Catalina, une flotte de drones pas plus gros que des oiseaux censés augmenter la vitesse des données Internet des smartphones. Aucun des deux projets ne dépassera la phase de test.

Dans la course aux nouveaux clients, les autres acteurs du web ne sont pas en reste. Google a également lancé un laboratoire de projets pour développer le haut débit – des ballons stratosphériques notamment devaient apporter Internet dans les zones rurales du monde entier. Microsoft, LinkedIn et Yahoo font d'importants investissements pour financer leur expansion mondiale. Les entreprises chinoises comme Weibo et WeChat n'hésitent pas à déployer des méthodes agressives pour conquérir l'Amérique latine et l'Afrique. Ce sont d'ailleurs les acteurs chinois que Zuckerberg tient à concurrencer de manière franche et directe, y compris sur leur propre terrain. Il commence à faire du lobbying auprès des régulateurs et des leaders de l'empire du Milieu, allant jusqu'à rencontrer Xi Jinping deux fois en 2015[6]. Car pénétrer les marchés mondiaux inexploités en premier, n'est-ce pas l'assurance d'être en bonne position pour une croissance financière future ?

« C'était très clair pour tout le monde dans la boîte que rien n'enthousiasmait davantage Mark, le projet était stimulant », se souvient un employé qui a travaillé sur Internet.org. De fait, dans les réunions hebdomadaires avec les cadres, le grand patron demande régulièrement comment les produits en développement vont pouvoir soutenir le projet « Next One Billion », qui vise à augmenter le nombre d'utilisateurs de Facebook d'un milliard. Il ne manque pas de s'assurer que les ingénieurs conçoivent des outils adaptés aux besoins des pays émergents. « Le message était limpide : son objectif, c'était "plus un milliard", et le plus vite possible. »

Les conséquences d'une expansion rapide, surtout dans les pays non démocratiques, ne sont pas une préoccupation pour lui. Facebook se déploie sans que personne ne surveille ses implantations à l'aune des dynamiques culturelles et politiques complexes propres à chaque nation. La plateforme pourrait-elle être utilisée à des fins délétères dans un pays comme la Birmanie ? Dispose-t-on d'un nombre suffisant de modérateurs de contenus pour contrôler les posts que les utilisateurs vont publier dans des centaines de langues inédites sur la plateforme ? Personne ne pose ces questions. Le projet ne prévoit pas de supervision, laquelle aurait été la responsabilité de Sheryl Sandberg, à la tête des services Politique publique et Sécurité. Compte tenu de son expérience à la Banque mondiale, la directrice des opérations aurait parfaitement convenu à une telle mission mais elle se concentre sur son rôle d'organisatrice et de porte-parole. « Je ne me souviens pas d'avoir entendu qui que ce soit interroger Mark ou Sheryl sur l'existence de dispositifs de sécurité ou exprimer une inquiétude ou une recommandation sur l'implantation de Facebook dans des environnements culturels différents », rapporte un ancien salarié impliqué dans le projet « Next One Billion ».

Ainsi, Facebook conquiert de nouveaux marchés en partant du principe que le reste du monde va utiliser la plateforme comme les Américains et les Européens. Ce n'est certainement pas le recrutement de quelques modérateurs de contenus qui permet aux dirigeants de Menlo Park d'avoir la moindre visibilité sur ce qui se passe dans d'autres langues sur la plateforme.

Les premiers résultats confortent Zuckerberg dans son enthousiasme. Le déploiement d'Internet.org commence effectivement en 2014. Il se félicite alors de la façon dont les femmes en Zambie et en Inde s'emparent d'Internet pour subvenir aux besoins de leur famille. Galvanisé par la multiplication des nouveaux marchés – Philippines, Sri Lanka, Birmanie –, il ne se laisse pas démonter par les premières critiques. « Quand une technologie ou une innovation changent la nature de quelque chose, il y a toujours des gens pour critiquer et vouloir revenir en arrière, admet-il dans une interview au magazine *Time*. Mais franchement, c'est tellement positif pour les gens, cette capacité à rester connectés aux autres[7]. »

Les premiers signaux d'alarme se perdent donc dans l'exaltation liée au projet. Ils étaient pourtant on ne peut plus clairs. Dès le 3 mars 2014, à la demande de Susan Benesch, professeure à Harvard, Matt Schissler est invité à prendre part à une vidéoconférence avec les dirigeants de Facebook sur le thème des discours haineux en ligne. Autrice de plusieurs articles sur le sujet, Benesch s'est déjà rapprochée du service Politique publique pour faire part de ses inquiétudes, notamment sur la Birmanie. Matt Schissler est là pour apporter un éclairage de l'intérieur.

Lorsqu'il se connecte, il est présenté à une demi-douzaine d'employés de Facebook, dont Arturo Bejar, responsable de l'ingénierie, et une poignée de chercheurs universitaires et indépendants. Peu avant la fin de l'entretien, Schissler livre un témoignage saisissant sur la circulation de nombreux contenus islamophobes dangereux sur la plateforme sans rien omettre : propos déshumanisants, photos retouchées, fausses informations.

Les représentants de Facebook ne semblent pas comprendre la gravité de ce que Schissler rapporte. Ils assimilent le contenu dangereux évoqué à du cyberharcèlement. L'entreprise entend bien décourager le harcèlement, disent-ils, convaincus que les outils utilisés pour empêcher un élève de terminale d'intimider un petit nouveau peuvent également servir à contrer les moines bouddhistes birmans qui propagent des discours anti-Rohingyas. « C'était exactement ça, l'approche de Facebook : avoir un protocole et l'appliquer à n'importe quelle situation, qu'il s'agisse d'un ado qui mène la vie dure à un autre ou d'un appel au meurtre en Birmanie », se souvient un chercheur qui a assisté à la vidéoconférence. Il précise qu'aucun salarié de l'entreprise n'a interrogé Schissler pour en savoir davantage sur la situation en Birmanie.

Schissler, qui vit dans la région depuis presque sept ans – d'abord en Thaïlande dans la zone frontalière puis en Birmanie –, parle birman et connaît bien la culture et l'histoire du pays. Ce qu'il y observe, et il n'est pas le seul, est beaucoup plus dangereux que quelques remarques ponctuelles ou des posts isolés sur Facebook. La Birmanie est consumée par une campagne de désinformation diabolisant les Rohingyas et dont Facebook constitue le centre actif.

Après cette vidéoconférence, une poignée de salariés de Menlo Park – certains appartiennent au service juridique, d'autres à la Politique publique ou à la Communication – et des ONG basées en Birmanie forment un groupe de travail informel. Il s'agit d'établir un canal de communication direct de sorte que les travailleurs humanitaires puissent alerter l'entreprise à l'apparition du moindre problème. Les salariés de Facebook vont et viennent en fonction des sujets abordés dans le groupe.

Il ne s'écoulera que quatre petits mois avant que les activistes basés en Birmanie aient l'occasion de tester l'efficacité du canal de communication. Début juillet, ils préviennent Facebook via le groupe privé qu'une rumeur commence à circuler sur la plateforme : l'histoire d'une jeune bouddhiste violée par des musulmans. Pas de réponse. Quelques jours plus tard, des émeutes éclatent dans tout le pays. Bilan : deux morts et quatorze blessés[8]. Toujours aucun retour de Facebook.

Au troisième jour d'émeutes, le gouvernement birman bloque l'accès au réseau social dans tout le pays. Déconnexion forcée. Schissler contacte Menlo Park via un intermédiaire pour s'enquérir de la coupure ; la réponse est immédiate. « Il y a des émeutes, silence radio ; le pays est coupé d'Internet et de Facebook, là, réponse du tac au tac, se souvient un collègue de Schissler. Ça montrait bien où étaient leurs priorités. »

Et ceci n'est qu'un exemple parmi d'autres. Fin juin, Schissler informe le groupe Facebook du cas d'un vieil homme cloué au pilori sur la plateforme. Il travaille pour une organisation caritative et a été photographié en train de livrer du riz et autres denrées alimentaires dans des camps qui accueillent des Rohingyas déplacés de force. Son portrait circule sur Facebook où les internautes l'accusent « d'aider l'ennemi » et le menacent de violentes représailles. Lui-même n'a pas de compte Facebook.

Schissler fait remonter la photo via les systèmes automatisés de Facebook. Réponse : l'image n'est pas un contenu haineux ou menaçant. Il explique alors que le problème, ce sont les commentaires qu'elle suscite. Pas de retour. Il insiste auprès des salariés qui mettront plusieurs semaines pour revenir vers lui : ils ne peuvent rien faire si l'homme ne signale pas la photo lui-même à la plateforme. Bien sûr, comme il n'a pas de compte, c'est impossible.

Ce ne sera pas la dernière fois que Schissler sera confronté à un traitement kafkaïen des problèmes qu'il soumettra à Facebook concernant la situation en Birmanie. Quelques mois après les émeutes et la coupure d'Internet, les raisons des lenteurs de la plateforme pour réagir aux problèmes qui surgissent sur le terrain ou même à lire les commentaires des publications apparaissent clairement lorsqu'un salarié du service Relations publiques sollicite les conseils du groupe. Un journaliste l'a contacté pour savoir comment Facebook gère la modération de contenus dans un pays comme la Birmanie où l'on compte plus d'une centaine de langues différentes. Plusieurs activistes du groupe posent la question depuis un moment sans obtenir de réponse. Même silence sur le nombre de modérateurs et le nombre de langues qu'ils maîtrisent.

Le message de l'employé de Facebook dans le tchat est sidérant : « Il y a un commercial qui parle birman au service Actions communautaires. » Il nomme le responsable de l'équipe qui se joint à la conversation et confirme : « Oui, nous avons un contractuel basé à Dublin qui soutient la communauté birmane. »

Tout à coup, les choses font sens. Il n'y a qu'un modérateur pour surveiller le contenu diluvien généré en Birmanie, et il ne parle que le birman. Les signalements répétés de harcèlement et de propos haineux ne sont pas traités car l'entreprise n'a pas engagé le personnel nécessaire.

« Il y a peut-être une centaine de langues parlées en Birmanie, et plus encore de dialectes, mais pour Facebook, avoir un locuteur birman, ça suffisait, rapporte un des participants à la conversation sur le groupe. C'est comme s'ils disaient : on a un Allemand, c'est bon, on peut surveiller toute l'Europe. »

Au lendemain des émeutes de juillet, le service Communication publie plusieurs communiqués précisant que Facebook s'engage à multiplier les efforts pour assurer la sécurité des utilisateurs en Birmanie. Elle sollicite Schissler et ses collègues pour traduire les règles d'utilisation de la plateforme en birman – tâche confiée à une ONG birmane appelée Phandeeyar, qui lance également une campagne centrée autour de l'usage de stickers numériques pour empêcher la propagation de discours haineux. Dessus, des personnages animés tels qu'une petite fille, une grand-mère ou un bébé doté d'un petit nez et de joues roses qui pleure, accompagnés de messages comme « Réfléchissez avant de partager » ou « N'encouragez pas la violence ». Selon Facebook, les stickers aident les modérateurs à détecter les posts dangereux et à les supprimer.

Mais Schissler et ses collègues se rendent vite compte qu'ils ont en réalité un effet pervers : les algorithmes de Facebook interprètent leur présence comme le signe que les utilisateurs apprécient le post qui, de par sa popularité, est vu par encore plus de gens.

Le manque de réactivité de l'entreprise agace de plus en plus Schissler, qui se met en retrait du groupe Facebook. Il fera néanmoins un dernier effort pour se faire entendre en mars 2015. À l'occasion d'un voyage personnel en Californie, il se rend à Menlo Park où, dans une petite salle de conférences, il présente à une douzaine de salariés – et quelques-uns de plus en visio – un diaporama dans lequel la gravité de la situation en Birmanie ne laisse aucune place au doute. La prolifération de propos haineux en ligne génère des violences telles que des gens se font tuer – pour de vrai.

Plus tard, alors qu'il s'entretient avec les quelques employés désireux de poursuivre la conversation, une femme finit par l'interroger sur ce qui, selon lui, va se passer en Birmanie dans les mois ou les années à venir. Est-il possible, demande-t-elle le sourcil arqué, que la violence prenne des proportions explosives ? Certains disent que ce qui se prépare, c'est un *génocide* ; Schissler pense-t-il que c'est le cas ?

« Absolument », répond-il. Si la Birmanie ne change pas de cap, si la propagande anti-musulmans ne faiblit pas, un génocide est possible. Personne ne rebondit. Alors que Schissler s'éloigne, deux salariés s'attardent dans le couloir. « Il n'est pas sérieux, dit l'un d'entre eux à voix haute. C'est juste impossible. »

L'origine du problème de la désinformation réside évidemment dans la technologie. Facebook est conçu pour mettre en avant les contenus à haute charge émotionnelle, même s'il s'agit de discours haineux – ses algorithmes favorisent le sensationnalisme. Simple curiosité, effroi ou réel intérêt ? La raison qui pousse un utilisateur à cliquer sur un lien ne revêt aucune importance. Le système comprend que le post est lu par de nombreux utilisateurs, il le fait remonter encore plus largement dans les fils d'actualité. La situation en Birmanie est le résultat sanglant de ce qui peut se passer quand, avec l'arrivée d'Internet dans un pays, un réseau social devient la première source d'information d'une population prête à lui accorder toute sa confiance.

Si la capacité de la plateforme à manipuler les émotions des internautes n'est pas un secret pour les dirigeants de l'entreprise, c'est début juin 2014 que le reste du monde la découvre. La presse révèle en effet que Facebook a conduit une expérience qui a démontré sa faculté à pénétrer en profondeur le psychisme de ses utilisateurs et sa volonté d'en tester les limites à leur insu.

« Les émotions sont transférables d'une personne à une autre – c'est la contagion émotionnelle, par laquelle un individu va être amené à partager la même émotion qu'un autre sans en avoir conscience », peut-on lire dans une contribution des chercheurs en données de Facebook à la revue de l'Académie américaine des sciences. Ils y décrivent comment en 2012, ils ont trafiqué le fil d'actualité d'environ 700 000 utilisateurs sur une semaine.

Au cours de l'expérience, certains sujets ont été exposés à des contenus très positifs, comme la naissance d'un panda dans un zoo ; d'autres à des contenus très négatifs, comme un éditorial enragé sur l'immigration. Résultat tout à fait frappant : face à des posts négatifs, les utilisateurs ont exprimé davantage de négativité dans leurs propres publications et inversement, l'observation de publications positives a généré plus de contenus optimistes.

Cette étude a donc montré que la contagion émotionnelle ne nécessitait pas d'interactions en chair et en os (puisque le canal de communication entre les cobayes involontaires se résumait à leur fil d'actualité). C'est une découverte majeure.

Si l'étude fait d'abord l'objet d'articles dans les revues technologiques et scientifiques, elle se retrouve bientôt à la une de la presse grand public. « Facebook vous prend pour des rats de laboratoire », s'insurge-t-on sur CNN[9]. L'expérience sur l'humeur confirme ce que les détracteurs de Facebook affirment depuis longtemps : le réseau social, tel le Magicien d'Oz derrière son rideau de fumée, a le pouvoir d'influencer les propos et de provoquer l'indignation. Face à la pression des médias et des associations de défense de consommateurs qui réclament des explications, Sheryl Sandberg se contente d'un communiqué dans lequel elle admet, en guise d'excuses, que la communication de l'entreprise a été maladroite. « Cette étude entre dans le cadre des recherches continues menées par les entreprises pour tester divers produits, rien de plus. Nous n'avons pas bien communiqué sur le sujet et pour cela, nous vous présentons nos excuses. Nous n'avons jamais eu l'intention de vous peiner. »

Mais les ingénieurs de Facebook, totalement ignorants de l'expérience avant qu'elle ne fasse la une des journaux, reconnaissent qu'elle met le doigt sur la capacité du fil d'actualité à influencer les gens et sur une caractéristique encore plus pernicieuse. Avec le temps, les algorithmes de la plateforme sont devenus de plus en plus performants pour identifier les contenus préférés de chaque utilisateur. Le système fonctionne avec la précision d'une horloge ; il repère par exemple que tel internaute a passé tant de temps sur telle photo ou tel article. Une fois défini le type d'information que l'utilisateur va vraisemblablement regarder, il en est gavé.

Les ingénieurs, conscients qu'un problème se profile, tentent de tirer la sonnette d'alarme à plusieurs reprises. Dans leurs groupes Workplace, ils signalent à leurs managers que les pièges à clics remontent régulièrement en tête des fils d'actualité et soulèvent la probable nécessité de réévaluer l'algorithme. Un salarié fait remonter à lui seul des dizaines d'histoires mensongères ou salaces devenues virales, parmi lesquelles « Barack Obama a eu un enfant illégitime » ou « l'élite mondiale dispose d'un sérum magique de jeunesse éternelle ». « Est-ce vraiment ce genre d'info que les gens doivent voir en premier lorsqu'ils se connectent ? » s'inquiète-t-il.

À l'automne 2014, d'autres s'adressent directement à Chris Cox, lui demandant d'en référer à Mark Zuckerberg. Le P-DG doit savoir que l'algorithme dysfonctionne gravement. « Chris nous a dit qu'il était d'accord, que pour lui aussi, c'était un problème, se souvient un ingénieur. Pour nous, le fil d'actu, c'était comme un distributeur de cochonneries, des cochonneries bourrées de sucre. On le savait. Et c'était franchement malsain de continuer à en chanter les louanges, pour nous comme pour tous ceux qui étaient dans la danse. »

Pourtant, Cox est partagé. Les utilisateurs de Facebook n'ont jamais passé autant de temps sur la plateforme. N'est-ce pas le signe que le système fonctionne ? Les sucreries, c'est addictif, ce n'est un secret pour personne, et c'est bien là tout le mérite du fil d'actualité.

Quelques semaines plus tard, alors que les ingénieurs le relancent, Cox assure que l'entreprise prend le problème très au sérieux. Des modifications de l'algorithme sont en cours pour traiter les problèmes du fil d'actualité.

Ces changements mettront plus de six mois à aboutir et leur impact sera minime. En juin 2015, Facebook annonce que désormais l'outil de mesure principal de l'activité des utilisateurs pour déterminer ce qui apparaîtra sur leur fil d'actualité sera le « temps passé[10] ». Le postulat, c'est qu'ils se lassent vite des contenus pièges à clics. Donner la priorité à la durée de leur intérêt permettra de faire apparaître des informations plus valables en haut de leur fil. L'entreprise commence également à déclasser les « fermes à clics », ces usines à notoriété qui permettent de doper le nombre d'utilisateurs de n'importe quel compte, ou les sites qui produisent des contenus sans la moindre valeur informative dans le seul but de générer des clics.

Mais les internautes continuent de cliquer, la malbouffe numérique occupe toujours une partie non négligeable de leur temps et les sites racoleurs modifient légèrement leurs titres ou leurs approches pour passer sous les radars. Les publications sensationnalistes se placent inexorablement en haut des fils d'actu.

Ces caractéristiques délétères sont un ingrédient constitutif de l'algorithme. Comme le souligne Dipayan Ghosh, expert en protection de la vie privée qui a un temps travaillé pour Facebook, « nous avons fixé des limites éthiques dans nos sociétés, mais une machine qui donne la priorité à l'engagement sera toujours encouragée à les franchir ».

Fin septembre 2018, Matthew Smith, directeur de Fortify Rights, organisation basée en Asie du Sud-Est, décide de s'associer à d'autres ONG de défense des droits de l'homme. Objectif : monter un dossier suffisamment solide pour saisir la Cour pénale internationale de La Haye. Pour cela, ils doivent prouver que les soldats birmans ont enfreint les lois internationales et perpétré un génocide contre les Rohingyas. Selon eux, Facebook dispose de données utiles : la plateforme détient des informations détaillées sur chacun de ses utilisateurs et conserve une trace de toutes leurs publications, y compris celles qu'ils suppriment. De plus, grâce à l'application mobile que la majorité des soldats birmans possèdent, il sera possible de croiser les données de géolocalisation des régiments avec les villages Rohingyas qui ont subi des attaques.

À la suite de la publication dans le *New York Times* du 16 octobre d'un article faisant état d'un lien entre Facebook et le génocide, des milliers de comptes et de pages gérés secrètement par des militaires birmans, qui faisaient circuler discours haineux, fausses informations et clichés racistes, sont fermés[11]. Et pour cause, ils pullulent de photos de bombardements ou de cadavres décrits comme ceux d'innocentes victimes tuées au cours d'attaques menées par les Rohingyas. En réalité, elles sont pour la plupart issues de films ou de banques d'images volées à des journaux qui ont couvert les conflits en Irak ou en Afghanistan.

Les ONG se rapprochent alors de Facebook dans l'espoir d'obtenir ces publications qui serviront à documenter le génocide perpétré par l'armée mais aussi les opérations de manipulation qu'elle a orchestrées afin de s'assurer le soutien de la population. « Facebook disposait d'une masse d'informations susceptibles d'être utilisées dans le cadre de poursuites, déclare Smith. Des données montrant que les soldats se trouvaient sur les lieux des massacres notamment. Je leur ai dit que tout cela serait utile aux procureurs qui voulaient traduire les responsables devant la Cour pénale internationale. »

Mais les avocats de Menlo Park rejettent leur demande, arguant que communiquer lesdites publications est contraire aux règles de confidentialité de la plateforme. Et de s'embourber dans moult détails juridico-techniques. Par exemple : si les soldats s'abritent derrière le fait qu'ils ont suivi les ordres de leur hiérarchie, ils pourront se retourner contre Facebook pour les avoir dénoncés. L'entreprise coopérera uniquement si l'ONU crée une entité pour soutenir les investigations sur les violations des droits de l'homme, disent les avocats. Quand Smith leur dit que le Mécanisme d'enquête indépendant pour la Birmanie[12] existe depuis plusieurs années déjà, ils tombent des nues. « J'étais abasourdi, confie Matthew Smith. Nous rencontrions les avocats de Facebook pour parler de la possibilité de saisir la Cour pénale internationale pour dénoncer la situation en Birmanie et ils n'avaient pas la moindre idée du cadre mis en place par l'ONU ! »

L'équipe juridique l'informe également qu'il n'existe pas de procédure en place au sein de l'entreprise pour localiser les contenus dangereux que Smith souhaite récupérer. Ce qui est faux. Facebook a déjà travaillé de concert avec le Congrès pour monter des dossiers contre les prédateurs d'enfants.

« Facebook a eu l'opportunité de faire ce qu'il fallait à maintes reprises, mais, non, ils n'ont rien fait. Pas pour la Birmanie en tout cas, dit Smith. Il y avait une décision à prendre et ils ont fait le choix de ne pas aider. »

10

Chef de guerre

La salle où l'équipe historique se réunit en ce matin de juillet 2018 est surnommée « la fille de Ping et Pong », en référence à une salle de réunion dans les bureaux d'origine qui était située à côté des tables de ping-pong. Le groupe, qui comprend une grosse douzaine de cadres dirigeants et de chefs de service, a du mal à garder le moral. Cela fait dix-huit mois que les mauvaises nouvelles s'enchaînent. Ils ont été forcés de défendre Facebook face à leurs amis, à leurs familles et à leurs employés en colère. La plupart ne sont pour rien dans les polémiques sur la désinformation électorale ni dans le scandale de Cambridge Analytica et répriment difficilement leur propre irritation contre Zuckerberg et Sandberg.

Ces rencontres, qui se tiennent deux ou trois fois par an, sont des moments de communion. D'ordinaire, Zuckerberg donne le coup d'envoi avec un dîner arrosé, fourni par un de ses restaurants préférés à Palo Alto. Puis, pendant deux jours, les participants enchaînent les présentations exubérantes assorties de courbes de croissance vertigineuse, en revenus comme en nombre d'utilisateurs. Ils dévoilent d'audacieux projets à base d'intelligence artificielle, de réalité virtuelle et augmentée et de blockchains. Le groupe décortique les principaux problèmes qu'affronte Facebook et parle stratégie pour laisser la concurrence sur le carreau.

La quarantaine de cadres de direction ont appris à bien se connaître avec le temps : ils ont vécu ensemble la douloureuse transition de Facebook vers le mobile, son introduction en Bourse mouvementée, sa course vers le premier puis le second milliard d'utilisateurs. Ils ont souvent abandonné le sujet des affaires pour se raconter leurs mariages, leurs divorces, les nouveaux bébés ou les décès soudains dans la famille. Zuckerberg conclut les deux jours de rencontre par un discours de motivation enthousiasmant avant de les renvoyer diriger chacun son fief : ingénierie, ventes, produits, publicité, politique extérieure, communication.

Zuckerberg, comme toujours, trône à la place centrale autour d'une vaste table en U. Boz vient de présenter avec passion les plans d'un assistant domestique vocal appelé Portal, la tentative de Facebook pour rivaliser avec d'autres appareils connectés comme l'Echo d'Amazon et le Home Hub de Google. Un autre a présenté une mise à jour de l'Oculus, le casque de réalité virtuelle de Facebook. Les traits de Zuckerberg se sont éclairés. La révélation des nouveaux produits est son moment préféré lors de ces rencontres. C'est la preuve que plutôt que s'endormir sur ses lauriers, il pousse encore et toujours son entreprise dans le sens de l'innovation.

C'est ensuite Sandberg qui prend la parole. Les choses reviennent à la normale, annonce-t-elle au groupe. Les scandales de l'année passée sont derrière eux : la prestation de Zuckerberg au Congrès a été un triomphe. Elle rappelle à tous la feuille de route officiellement lancée l'année précédente : « Donner aux gens le pouvoir de créer une communauté et de resserrer les liens dans le monde[1]. »

« Le bus avait perdu ses roues, mais on les a remises », conclut-elle.

Cependant, cet instant d'optimisme est vite passé. Au cours de leurs présentations, plusieurs cadres ont exprimé des inquiétudes pour leurs équipes. Des enquêtes internes montrent que les salariés sont démoralisés par le rôle de Facebook dans les interférences électorales et dans le scandale Cambridge Analytica. Le turnover est élevé, et les recruteurs ont du mal à faire venir de nouveaux ingénieurs. Les jeunes diplômés trouvent que la perspective de travailler chez Facebook, autrefois la boîte la plus courue de la Silicon Valley, a perdu de son intérêt. Dans la compétition intense pour s'attirer les talents, la satisfaction des employés est une priorité.

Zuckerberg les écoute en les fixant de son célèbre regard perturbant. En tête à tête, il peut vous observer sans ciller pendant plusieurs minutes d'affilée. Cela entraîne de grands blancs dans la conversation, très gênants. Les employés de longue date décrivent charitablement cette particularité de Zuckerberg en disant que c'est sa tête qui consomme et traite les informations tel un ordinateur.

Son tour venu, le patron commence par un long silence. Puis, opérant un surprenant coq-à-l'âne, il se met à parler de sa philosophie du leadership. Facebook, dit-il, a évolué. C'est maintenant une entreprise géante comptant plus de 35 000 employés, 70 bureaux dans 35 pays, plus d'une douzaine de produits, et 15 *data centers* valant plusieurs milliards de dollars dans le monde. Jusque-là, le réseau social a eu des accrochages avec la concurrence, mais a toujours bénéficié d'une croissance sans encombre et de la sympathie du public, portée par l'optimisme technologique des vingt dernières années. Mais cette période, c'est fini. Les consommateurs, les parlementaires et les défenseurs des citoyens se sont retournés contre Facebook, lui reprochant de rendre la société accro aux smartphones et d'empoisonner le discours public. La plateforme est devenue le symbole emblématique de la croissance irresponsable à tout prix. Elle est sous le coup d'une douzaine d'enquêtes par les instances de régulation dans le monde. Des actionnaires, des utilisateurs et des activistes de la défense des consommateurs lui font des procès. « Jusqu'à maintenant, j'étais un leader en temps de paix, déclare Zuckerberg. Mais ça va changer. »

Il est influencé par un livre intitulé *What You Do Is Who You Are* de Ben Horowitz – le créateur de Andreessen Horowitz, la firme de réalité virtuelle qui a investi très tôt dans Facebook (Marc Andreessen, ami de Zuckerberg et membre du conseil d'administration, étant l'autre créateur). Dans son livre, Horowitz explique qu'en fonction de leur stade de développement, les entreprises de tech exigent deux sortes de P-DG : les leaders en temps de paix et les chefs de guerre. Dans les périodes de paix, écrit-il, une entreprise peut se consacrer à l'expansion et à la consolidation de ses forces. Dans les périodes de guerre, c'est son existence même qui est menacée, et l'entreprise doit rassembler ses forces et combattre pour sa survie. Eric Schmidt, P-DG de Google, a poussé le moteur de recherche jusqu'à en faire un mastodonte mondial pendant une période de paix où il y avait peu de concurrence. Mais Larry Page a pris le relais au moment où l'entreprise voyait de nouvelles menaces dans les réseaux sociaux et la technologie mobile. « Le P-DG en temps de paix travaille à réduire les conflits. Le P-DG en temps de guerre rehausse les contradictions, écrit Horowitz. Le P-DG en temps de paix recherche une large approbation. Le P-DG en temps de guerre ne se complaît pas plus dans la recherche du consensus qu'il ne tolère les désaccords[2]. »

L'idée est largement acceptée par les leaders de la tech, mais elle n'a rien de nouveau. Dans ses conférences et ses interviews[3], Horowitz reconnaît d'ailleurs qu'il s'est inspiré de *Seuls les paranoïaques survivent*, un livre écrit par l'ancien P-DG d'Intel Andrew Grove, réputé pour sa dureté, qui a piloté la transition de la production de puces mémoire à celle de processeurs. Grove est connu dans la Silicon Valley pour sa manière de tyranniser rivaux et opposants, au point d'en avoir fait sa philosophie : ne jamais baisser sa garde, car il y a toujours un nouvel ennemi en vue.

(Dans un billet de blog, Horowitz a reconnu qu'il s'était aussi inspiré du film *Le Parrain*, citant une scène où le *consigliere* Tom Hagen demande au *don* de la famille Corleone : « Mike, pourquoi je suis exclu ? », et où Michael Corleone répond : « Tu n'es pas un *consigliere* de guerre. » La référence au parrain de la mafia a frappé certains employés de Facebook par sa justesse. « Il ne faut pas s'étonner que Mark se soit vu comme un disciple d'Andy, alors qu'en fait il s'inspirait du gangster le plus célèbre d'Hollywood, a commenté un ancien de l'équipe. Vous ne trouverez personne de plus impitoyable en affaires que Mark. »)

À dater de ce jour, continue Zuckerberg, il va endosser le rôle de chef de guerre. Il contrôlera plus directement tous les aspects de la gestion. Il ne va plus s'isoler pour se concentrer uniquement sur les nouveaux produits. Il sera le seul décisionnaire sur beaucoup plus de choses.

L'équipe historique en reste coite. Sandberg et quelques autres qui savaient d'avance ce qu'il se préparait à dire hochent la tête. Mais d'autres ne peuvent que garder prudemment une expression neutre, tout en s'efforçant d'évaluer les répercussions sur leur service et sur leur avancement personnel. Dans l'absolu, en tant que fondateur et actionnaire majoritaire depuis les tout débuts, Zuckerberg a toujours eu le contrôle de l'entreprise. Mais il déléguait des pans entiers de la gestion. Les dirigeants de branches comme WhatsApp et Instagram pouvaient opérer avec une indépendance considérable, et les puissants chefs de l'ingénierie, dans le secteur central de Facebook, ont cultivé des équipes fidèles et bien à eux. « Zuckerberg embauchait et promouvait des chefs qui avaient de grands rêves pour eux-mêmes. Depuis des années, ils étaient satisfaits car ils savaient qu'ils pouvaient compter sur une relative autonomie, note un témoin de la réunion. Là, il avait l'air de dire que ça allait changer. »

L'affinité de Zuckerberg pour le premier empereur romain, César Auguste, qu'il a étudié à Exeter comme à Harvard, est bien connue. Jusque-là, sa gouvernance a été comparable à celle de la première République romaine. Il y avait un chef clairement identifié, mais son pouvoir était appuyé sur une sorte de Sénat qui délibérait sur les grandes décisions et la stratégie. Ce qu'il dessine à présent s'apparente davantage à l'Empire romain. Zuckerberg met en place une forme de pouvoir absolu.

De manière prévisible, Boz est le premier à se prononcer pour soutenir la déclaration. Replacer Zuckerberg au centre de toutes les prises de décision est la meilleure façon d'avancer, dit-il.

L'annonce de Zuckerberg suit de près une réorganisation majeure de l'entreprise. Deux mois plus tôt, il a bouleversé les rangs de l'encadrement en redistribuant les mandats de ses lieutenants. Chris Cox, directeur des produits, superviserait toutes les applis, y compris Blue, WhatsApp, Facebook Messenger et Instagram. Le directeur de la technologie, Mike Schroepfer, a été chargé des technologies émergentes, comme la réalité virtuelle et les blockchains. Javier Olivan, directeur de la croissance, a ajouté à son portefeuille la sécurité, la publicité et les services[4]. Sandberg est restée directrice des opérations, mais la question de savoir si elle est toujours, dans les faits, bras droit de Zuckerberg n'est pas bien claire. Elle n'était pas mentionnée dans l'annonce de la restructuration. Maintenant qu'il s'affirme encore davantage, Zuckerberg semble se positionner clairement comme numéro 1 – avec tous les autres en dessous.

Des mécontents sont déjà partis au cours de l'année. Jan Koum, le cofondateur de WhatsApp, a annoncé son départ en avril[5] ; il a expliqué plus tard que Zuckerberg avait trahi sa promesse de garder WhatsApp séparé de l'appli Facebook et de protéger la confidentialité des données[6]. Kevin Systrom, cofondateur d'Instagram, est parti en septembre pour des raisons similaires : Zuckerberg n'avait pas tenu ses promesses[7]. Et bien sûr, Stamos a officiellement renoncé à ses fonctions en août, mais il avait déjà démissionné depuis plusieurs mois.

À trente-quatre ans, environ quatorze ans après avoir fondé Facebook, Zuckerberg reconfirme le slogan qu'il affichait en bas du site Facebook en 2004 : « Une production Mark Zuckerberg ».

Comme l'a noté un cadre présent à la réunion, « depuis le premier jour, c'était sa boîte ». Mais jusque-là, « il avait toujours volontiers laissé les autres faire ce qui ne l'intéressait pas. Ce n'était plus le cas ».

Zuckerberg a peut-être changé d'avis sur la délégation des responsabilités, mais il a toujours eu un caractère impitoyable, surtout vis-à-vis de la concurrence. Même après l'acquisition d'Instagram en 2012, il a continué de s'inquiéter en voyant arriver une génération d'applis qui risquaient de détourner les utilisateurs de Facebook et de le distancer dans la course à la suprématie sur les appareils mobiles. C'est alors que Javier Olivan, vice-président chargé de la croissance, lui a parlé d'Onavo, une start-up israélienne spécialisée justement dans l'analyse des données mobiles. L'entreprise exploitait une série d'applis destinées aux consommateurs, notamment un réseau privé virtuel pour les utilisateurs de téléphones portables ; mais ce qui intéressait le plus Olivan, c'était la technologie derrière Onavo, qui permettait aux éditeurs d'applis d'évaluer les performances non seulement de leurs propres applications, mais aussi de celles de leurs concurrents. Grâce aux outils d'analyse d'Onavo, on pouvait suivre des indicateurs comme le nombre de connexions à d'autres applications mobiles, la durée de leur utilisation, et les types de fonctionnalités les plus populaires dans ces applications. C'était « vraiment cool pour identifier les acquisitions potentielles[8] », comme il l'a écrit dans un mail. Zuckerberg était intrigué et, à partir du début de l'été 2013, Olivan a commencé à se rendre à Tel-Aviv pour rencontrer les créateurs de la boîte afin d'en savoir plus sur les capacités du service et l'étendue des renseignements concernant la concurrence qu'Onavo permettait réellement de glaner. Zuckerberg a conclu de ses rapports que les données n'étaient pas seulement précieuses pour Facebook, mais que l'appli pouvait aussi aider ses rivaux.

Le 13 octobre 2013, Onavo annonçait que Facebook l'avait rachetée – ainsi que la technologie et les données exclusives de la société, qui générait des rapports approfondis sur la façon dont les gens utilisaient Internet dans le monde entier. Facebook absorberait la trentaine d'employés d'Onavo en Israël ainsi que ses fondateurs, Guy Rosen et Roi Tiger.

Quelques jours après l'annonce du rachat (pour un prix estimé à 115 millions de dollars), Rosen, Tiger et d'autres cadres d'Onavo ont rencontré leurs homologues chez Facebook pour évoquer les modalités de l'accord et fêter l'événement. Ils ont été bombardés de questions, dont on leur a dit qu'elles venaient de Zuckerberg : pouvaient-ils étudier quelles applis étaient utilisées en Inde par rapport à l'Europe ? Pouvaient-ils faire des rapports hebdomadaires sur les nouvelles applis qui gagnaient le plus en popularité ? Pouvaient-ils dire à Zuckerberg quelles applis les gens utilisaient de préférence à Facebook, notamment pour s'envoyer des messages ? Oui, tout ça, c'était possible, ont-ils répondu. « Onavo était le nouveau jouet de Mark, ça le surexcitait, se rappelle un ancien employé de la start-up. Il consultait lui-même les statistiques tous les jours. »

Zuckerberg s'intéressait particulièrement aux données sur l'appli de messagerie WhatsApp, qui avait dépassé Facebook Messenger pour devenir numéro 1 dans le monde en volume global quotidien de messages envoyés – environ 12,2 milliards par jour, contre 11,7 milliards pour Facebook. Les statistiques d'Onavo montraient aussi que les utilisateurs passaient de plus longs moments sur WhatsApp et que l'appli était plus populaire que Messenger dans toutes les classes d'âge. Zuckerberg craignait que WhatsApp, une société fondée par deux anciens ingénieurs de Yahoo en 2009 et appréciée dans le monde entier pour son engagement sur la confidentialité, puisse facilement s'ajouter des fonctionnalités qui la rapprocheraient d'un réseau social. Il voyait là des menaces multiples : elle pourrait défier Facebook et son service Messenger de manière indépendante, ou être rachetée par un concurrent comme Google qui pourrait en faire réseau social rival viable. Quatre mois plus tard, Facebook annonçait son projet d'acquérir WhatsApp pour 19 milliards de dollars.

En 2018, Zuckerberg continue de s'intéresser avant tout au volet production de son entreprise. La réputation écornée de Facebook et les complications qui montent du côté de Washington ne sont que des problèmes d'image qui peuvent être réglés avec un peu de doigté. Six mois après que les rapports sur Cambridge Analytica ont mis en lumière le mauvais usage que Facebook faisait des données privées,

Zuckerberg est encore dans le déni, refusant de voir que la quantité d'informations collectée par Facebook pose des problèmes plus larges. Presque deux ans après que des hackers soutenus par l'État russe ont pesé sur la présidentielle de 2016 en divisant l'opinion à coups de discours et d'images polarisants, il répugne encore à poser une définition claire de l'incitation à la haine. Il est clair que Zuckerberg ne compte modifier ni la plateforme de Facebook ni ses produits phares. Ce qu'il veut, lui, c'est que sa directrice des opérations change l'état d'esprit du public.

Le 4 septembre, Sandberg pénètre dans les bureaux de Washington et se rend directement dans une salle de réunion. Des ouvriers ont recouvert les parois vitrées de papier adhésif. La porte, fermée, est gardée par un vigile. Kaplan, ses lobbyistes et des avocats du cabinet WilmerHale l'accueillent quand elle entre.

Kaplan a transféré son personnel de Washington dans de nouveaux locaux de plus de 15 000 mètres carrés dans le quartier branché et animé de Penn Quarter, non loin du Capitole. Les bureaux de Washington, qui abritent aussi le personnel des ventes et de la sécurité, sont conçus à l'image des open-spaces de Menlo Park, avec sol en béton ciré, grandes installations d'art moderne et plafonds ouverts laissant voir la tuyauterie et les câbles électriques.

D'ordinaire, Sandberg fait un speech au personnel lorsqu'elle vient. Ses visites à Washington sont toujours un grand tralala ; elle a fait installer une *war room* (salle de guerre) pour préparer ses rendez-vous avec les parlementaires et pour que les employés l'aident à écrire des cartes de remerciements pour tous les personnages officiels. Mais cette fois-ci, elle saute la rencontre avec les employés afin de préparer son témoignage devant le Comité du renseignement du Sénat, qui supervise une enquête sur les campagnes de désinformation des Russes sur Facebook et sur d'autres réseaux sociaux.

L'enjeu est énorme. Après la réprimande de Zuckerberg à propos de sa gestion des scandales de Cambridge Analytica et de l'élection de

2016, ses efforts en privé avec les élus n'ont pas eu l'efficacité qu'elle espérait. Son audience au Congrès, où elle va défendre Facebook contre les accusations de complicité d'interférence électorale, est une chance de retourner en sa faveur non seulement les parlementaires, mais aussi la presse.

Pendant l'été, après la déclaration de guerre de Zuckerberg, Sandberg a engagé de son côté une intense campagne en coulisse. Pendant que Zuckerberg lançait une véritable offensive de relations publiques en répondant à des interviews officielles menées par des journalistes chevronnés, elle a travaillé les canaux officieux pour convaincre les puissants de Washington qu'il fallait le croire. Préalablement à l'audience, Sandberg a fait savoir qu'elle ne témoignerait qu'aux côtés des P-DG de Twitter et de Google. Elle tenait à ce que le blâme soit réparti entre les géants de la tech, même si Facebook est celui qui est le plus sur la sellette. Le P-DG de Twitter, Jack Dorsey, a accepté l'invitation, mais celui de Google, Sundar Pichai, a refusé de témoigner. C'est la diversion idéale. Juste avant l'audience, la presse publie des articles sur son absence, illustrés par des photos de sa chaise vide derrière un chevalet marqué « Google ». Dans leurs entretiens avec les journalistes, des élus en colère attribuent la décision de Pichai à son orgueil démesuré et remercient avec effusion Sandberg et Dorsey d'avoir pris l'avion jusqu'à Washington.

Le jour de l'audience, Dorsey entre le premier, la barbe hirsute et sans cravate, le premier bouton de la chemise défait. Sandberg suit, en tailleur classique noir. Alors que Dorsey se pointe simplement accompagné d'une poignée de conseillers et assistants et ne sait pas bien où s'asseoir, Sandberg arrive avec une escorte de douze personnes et se met immédiatement à serrer des mains. Lorsqu'elle s'assoit, elle ouvre son classeur en plastique noir et pose devant elle une feuille de papier blanc qui porte les noms d'une liste de sénateurs. En grandes lettres majuscules, en haut de la feuille, on peut lire les mots « Lente, posée, déterminée ».

Sandberg sort de l'audience persuadée qu'elle a triomphé de l'épreuve. En contraste avec son discours fluide et bien préparé, Dorsey a donné des réponses mal cadrées, improvisées. Mais dans la presse, l'après-midi même, Dorsey reçoit une pluie d'éloges pour sa candeur, tandis que les réponses calculées de Sandberg sont mal notées.

Un échange en particulier illustre les styles différents des deux chefs d'entreprise. Lorsque le sénateur républicain de l'Arkansas, Tom Cotton, a demandé : « Vos entreprises pourraient-elles un jour envisager des actions privilégiant des forces hostiles étrangères sur les États-Unis ? », Sandberg a tergiversé : « Je ne connais pas tout cela en détail, mais étant donné la formulation de la question, je dirais que la réponse est non. »

Dorsey, lui, répond en deux mots : « Non plus. »

Le style de communication hyper préparé de Sandberg est bien connu des élus qui l'ont fréquentée au fil des années. Une rencontre qui a eu lieu en octobre 2010 entre elle et le président de la FTC Jonathan Leibowitz, où elle s'efforçait de juguler l'enquête sur les réglages de confidentialité et sur le logiciel Open Graph, a particulièrement marqué les mémoires.

Sandberg, détendue et sûre d'elle, a ouvert la séance en prétendant que Facebook avait donné aux utilisateurs plus de contrôle sur leurs données que toute autre plateforme, et que le plus grand regret de l'entreprise était de ne pas avoir clairement communiqué sur le fonctionnement de sa politique de confidentialité. Les membres de la FTC l'ont aussitôt contredite, Leibowitz notant qu'il avait personnellement vu sa fille collégienne en butte aux réglages de préférences compliqués de Facebook : cela montrait bien que des inconnus pouvaient facilement trouver des utilisatrices comme elle. « Je le constate chez moi », a-t-il insisté.

« C'est formidable », s'est contentée de répondre Sandberg. Elle a enchaîné en louant la manière dont le réseau permettait aux jeunes de

« se prendre en main ». Elle semblait n'entendre que ce qu'elle voulait entendre.

« C'est un problème sérieux, et nous prenons notre enquête au sérieux », a répliqué Leibowitz.

Sandberg a alors tenté de détourner la conversation en affirmant que les critiques se trompaient sur les abus prétendument commis par Facebook. Esquivant les questions de la commission relatives à la confidentialité des données, elle a préféré s'étendre sur les contributions de l'entreprise à l'économie.

« On aurait dit qu'elle se croyait en campagne électorale ou je ne sais quoi, et non à une réunion sur une enquête fédérale, se rappelle David Vladeck, président du Bureau de protection des consommateurs qui supervisait l'enquête. Ça nous a étonnés que quelqu'un d'aussi pointu que Sheryl Sandberg puisse être à ce point à côté de la plaque. »

D'autres ont un avis moins charitable. « L'arrogance est sa faiblesse, son angle mort. Elle est persuadée de pouvoir charmer ou convaincre n'importe qui », observe un ancien salarié de Facebook.

Huit ans plus tard, elle n'est pas plus consciente de l'effet qu'elle produit. Après l'audience, un sénateur déclare malicieusement qu'elle a parfaitement su donner les réponses creuses que le Congrès en est venu à attendre de Facebook. « C'était une bonne prestation, mais on l'a tous prise pour ce que c'était : une prestation. »

Sandberg n'est pas le seul membre de la direction qui se rende à une audience très médiatisée ce mois-là. Trois semaines après sa visite à Washington, la nation suit de près les débats publics tendus qui entourent la confirmation du juge Brett Kavanaugh à la Cour suprême. Une de ses anciennes camarades de classe, Christine Blasey Ford, et d'autres femmes accusent Kavanaugh d'agression et de harcèlement sexuels. Mais seule Blasey Ford est autorisée à témoigner. On est alors en plein mouvement #MeToo, et l'audience de confirmation de

Kavanaugh tourne au référendum sur le harcèlement sexuel systémique et la maltraitance des femmes dans les affaires et la politique.

Environ vingt millions de spectateurs regardent l'audience de Kavanaugh consacrée aux allégations d'agression sexuelle, qui commence le 27 septembre au matin. Pendant qu'il prononce ses remarques préliminaires, les caméras le cadrent à la table des témoins avec son épouse, Ashley Estes Kavanaugh, visible derrière son épaule droite. Un rang derrière elle, Joel Kaplan est là.

Kaplan et Kavanaugh sont des amis très proches, voire intimes. Leurs histoires familiales sont inextricablement liées. Tous deux approchent de la cinquantaine et se sont fait les dents à Washington pendant les années George W. Bush. Ils ont été membres de la Federalist Society (une organisation conservatrice et libertarienne) et font partie, à Washington, d'une cohorte très soudée de conservateurs issus d'universités de l'Ivy League qui ont participé à la campagne de Bush ou fait partie de son monde. Kaplan est venu soutenir son bon copain dans la pire épreuve de sa vie. Sa femme, Laura Cox Kaplan, est assise à côté d'Ashley Kavanaugh.

Des journalistes reconnaissent immédiatement Kaplan et appellent le service Communication de Facebook pour avoir une confirmation. Les attachés de presse cherchent quoi dire : personne n'était prévenu qu'il serait à l'audience, et ils répondent qu'il a pris une journée de congé. Quand les reporters tweetent que Kaplan est à Washington sur son temps personnel, des employés de Facebook consultent les plannings et constatent qu'il n'avait pas de congé prévu ce jour-là ; ils déplorent, dans les groupes Workplace, qu'il y soit apparemment allé dans le cadre de ses fonctions. Leurs chefs les informent ultérieurement qu'il y a eu une erreur et que Kaplan avait bien demandé à s'absenter – simplement, le planning n'a pas été mis à jour. Mais la colère contre Kaplan continue de frémir. Un salarié fait remarquer que, responsable des relations avec le gouvernement, il savait forcément qu'il serait vu à l'audience. « Il a volontairement choisi sa place, bien conscient que la presse allait identifier tous les personnages visibles derrière Kavanaugh. Il savait que ça ferait scandale en interne, mais qu'il ne pourrait pas être viré pour ça. C'est un bras d'honneur à notre culture, et une gifle pour ses collègues, écrit-il sur la page partagée Workplace. Oui, Joel, on te voit[9] », conclut-il.

Les salariés s'en plaignent à leurs chefs et directement à Sandberg et à Zuckerberg. Kaplan est déjà impopulaire auprès de certains en raison de sa politique en général, et plus particulièrement pour son approche de la stratégie concernant Trump et le discours public. Le tourbillon #MeToo, les rancœurs politiques au sein de Facebook comme dans tout le pays : tout cela s'est agrégé dans sa décision d'apparaître à l'audience de Kavanaugh.

Kaplan décide de s'adresser directement au personnel. « Je tiens à m'excuser, écrit-il dans une note interne. Je comprends que ce moment soit profondément douloureux – à l'intérieur de nos services comme à l'extérieur. » Il regrette d'avoir pris les employés de court avec son apparition surprise, mais il ne regrette pas d'y être allé, dit-il. Il se retranche derrière sa loyauté envers son ami.

Sandberg écrit dans un post Workplace qu'elle s'est entretenue avec Kaplan pour lui signaler qu'il avait commis une erreur en y allant, compte tenu de sa position dans l'entreprise. « Nous soutenons le droit de chacun à faire ce qu'il veut sur son temps personnel, mais dans ce cas précis, ce n'est pas si simple. »

Quand, à la fin de la semaine, l'incident est évoqué lors de la Q&A, Zuckerberg argue que le vice-président chargé des politiques publiques n'a enfreint aucune règle. Mais il ajoute que pour sa part, il n'aurait sans doute pas fait ça.

Il semble que Kaplan n'ait reçu aucune réprimande ni sanction de la part de Zuckerberg et de Sandberg pour son comportement. « On n'est pas viré pour stupidité, on l'est pour manque de loyauté », observe un salarié.

Pour beaucoup d'entre eux, c'est une piqûre de rappel : l'intérêt de la protection des affaires passe avant toute autre considération vis-à-vis des salariés. Kaplan joue un rôle crucial à la cour de Facebook, et il le joue bien ; il sera protégé coûte que coûte.

Il est vrai que les voix conservatrices ont toujours eu leur place dans la boîte. Sandberg et Zuckerberg ont défendu Peter Thiel, un des premiers administrateurs et investisseurs, et l'émissaire de Trump dans le monde de la tech, lorsque des salariés et des actionnaires ont appelé à sa révocation du conseil d'administration en raison de son soutien au président. Thiel a beau se poser en chantre de la liberté d'expression, ça ne l'a pas empêché de financer le procès du catcheur Hulk Hogan contre Gawker, un site qui avait publié des extraits d'une *sex tape* dans laquelle il figurait. C'est Gawker qui a révélé le rôle de l'investisseur milliardaire dans l'affaire.

Quelques salariées femmes se disent particulièrement déçues par Sandberg, dont le mantra *En avant toutes* était pourtant censé émanciper les femmes sur le lieu de travail. Les statistiques sur la diversité au sein du personnel avancent à une allure d'escargot, les femmes occupant 30 % des postes de direction en 2018 contre 23 % en 2014. Seulement 4 % des employés sont noirs[10]. Kaplan incarne une culture du privilège que le mouvement #MeToo vient de mettre en accusation à l'échelle nationale. Beaucoup de salariés considèrent le soutien de Zuckerberg et de Sandberg à Kaplan comme un signe de leur complicité dans cette culture.

Quelques jours à peine après la Q&A, Kaplan donnera une réception dans sa somptueuse villa située à Chevy Chase, dans le Maryland, pour fêter la confirmation de Kavanaugh.

Deux mois plus tôt, en juin, Zuckerberg a accordé une longue interview – la première depuis des années – à Kara Swisher, une rédactrice de Recode, site d'info spécialisé dans les nouvelles technologies. Ses attachés de presse ont réglé la clim de l'Aquarium sur une température glaciale pour l'occasion. Swisher est une journaliste chevronnée dont le podcast, incontournable, donne la parole aux grands chefs d'entreprise de la Silicon Valley. Ses reparties aussi acerbes que spirituelles et ses questions sans détour lui valent un public nombreux et influent. Beaucoup de gens, y compris Zuckerberg, la trouvent intimidante.

Il y a huit ans de cela, Swisher l'a déjà interviewé, sur scène, lors du congrès « AllThingsD ». À l'époque, Facebook était surveillé de près à cause des modifications de ses préférences de confidentialité. Alors que Swisher le pressait de questions sur cette polémique, le P-DG, qui avait à l'époque vingt-six ans, s'est figé et a été pris d'une suée. Son front et ses joues ruisselaient littéralement de transpiration ; ses cheveux étaient collés sur ses tempes. Son malaise était tellement visible que Swisher s'est arrêtée pour lui proposer de retirer son sweat-shirt[11]. C'était humiliant. Ses communicants ont ensuite prétendu qu'il avait simplement eu trop chaud, son sweat étant trop épais sous les projecteurs brûlants.

Depuis, Zuckerberg s'est exprimé dans des congrès de développeurs et a fait un discours ici et là, mais en ce qui concerne la presse il laisse généralement les interviews à Sandberg. Là, cependant, son service Communication lui dit que le public doit l'entendre directement. L'entreprise doit montrer qu'elle change. Il s'est déclaré chef de guerre devant ses cadres ; il doit maintenant montrer au reste du monde qu'il a le contrôle et qu'il dirige fermement Facebook vers des eaux plus stables.

C'est une nouvelle directrice des relations publiques, Rachel Whetstone, qui a tenu à ce qu'il passe dans le podcast de Swisher. Des membres chevronnés de l'équipe l'ont aidé à se préparer sur tout un éventail de sujets que la journaliste risque d'aborder : l'interférence des Russes dans l'élection, Cambridge Analytica, la politique de confidentialité. La dernière polémique en date tourne autour de l'incitation à la haine et de la désinformation.

Depuis des mois, des individus et des groupes d'intérêt public se déchaînent contre Facebook, entre autres réseaux sociaux : ils reprochent à la plateforme de relayer les propos d'Alex Jones, personnalité médiatique tonitruante d'extrême droite qui dirige Infowars, un site bourré de théories du complot. Sur Facebook, Twitter et YouTube, des millions de personnes suivent ses élucubrations scandaleuses et totalement fausses et ses accusations incendiaires contre des figures politiques de la gauche. Son assertion la plus répugnante est que la fusillade de l'école élémentaire Sandy Hook de Newtown (Connecticut), en 2012, qui a coûté la vie à vingt-six personnes dont vingt élèves de CP, serait un canular[12]. Le public de Jones y croit. Les parents d'une des petites victimes ont dû déménager pour fuir les menaces de mort lancées par ses suiveurs.

Jones totalise plus d'un million d'utilisateurs sur Facebook, et ses formules choc sont parfaitement calibrées pour les algorithmes de la plateforme. Même quand des internautes furieux laissent un commentaire outré ou partagent ses posts par dégoût, cela ne fait que propulser ses contenus vers les sommets des fils d'actualité. La pression monte pour que Facebook bannisse Infowars et Alex Jones. Ses posts enfreignent les règles de Facebook contre les discours haineux et les contenus nuisibles. Pourtant, pendant toute l'année 2018, Facebook a refusé de fermer ses comptes.

Comme c'était prévisible, à la moitié de l'interview, Swisher aborde le sujet.

« Allez-y, argumentez », dit-elle à Zuckerberg. Pourquoi permet-il à Jones de déblatérer sur Facebook ?

Le P-DG ne dévie pas de sa ligne habituelle. La tâche de Facebook consiste à équilibrer liberté d'expression et sécurité. Il ne pense pas que les fausses informations doivent être supprimées. « Tout le monde peut se tromper, et si on supprimait les comptes pour quelques erreurs, on aurait du mal à laisser les gens s'exprimer et à dire que ça nous tient à cœur. » Sa solution consiste à encourager les utilisateurs à signaler les fausses nouvelles, car dans ce cas la plateforme peut rendre les contenus plus difficiles à trouver. Mais, ajoute-t-il, quand une nouvelle est qualifiée de fausse, dans la plupart des cas c'est discutable.

« Bon, "Sandy Hook n'est jamais arrivé", ça ne se discute pas, réplique fermement Swisher. C'est faux. Vous ne pouvez pas simplement supprimer ça ? »

Zuckerberg s'est préparé à ce genre d'objections. Il répond qu'il croit lui aussi que ceux qui nient la réalité de la fusillade ont tort, et que les posts qui soutiennent leur point de vue sont dans l'erreur. « Mais prenons un exemple plus personnel. Je suis juif, et il y a des tas de gens pour nier la réalité de la Shoah, dit-il en précisant qu'il trouve cela profondément offensant. Mais au bout du compte, je ne pense pas que notre plateforme doive supprimer ces propos, car je crois que différentes personnes se trompent sur différentes choses. Je ne pense pas qu'ils se trompent *volontairement.* » Facebook, continue-t-il, a « la responsabilité de continuer à donner aux gens des outils pour partager leur expérience, créer des liens et trouver de nouvelles façons de se rapprocher. Au fond, c'est pour cette tâche sans pareille que Facebook a été mis sur cette Terre[13] ».

Swisher exprime son désaccord et continue de le pousser dans ses retranchements : qu'est-ce qui lui dit que les gens qui nient la Shoah ne cherchent pas volontairement à tromper sur des événements pourtant bien réels ? Zuckerberg refuse de céder un pouce de terrain. « Il se croyait tellement malin avec son exemple ! Il ne voyait pas qu'intellectuellement il faisait figure de poids plume avec un argument qui sonnait creux, se rappellera Swisher. Je savais qu'il allait se faire laminer. »

Dès la diffusion du podcast, ses remarques se répandent comme une traînée de poudre. « Mark Zuckerberg défend les négationnistes de la Shoah », clame le gros titre d'un blog de gauche. NPR, la radio publique nationale, résume l'histoire sous ce titre : « Zuckerberg défend les droits des négationnistes ». Des organisations juives aux États-Unis, en Europe et en Israël publient des réponses incendiaires, rappelant à Zuckerberg que l'antisémitisme est une menace permanente pour les Juifs dans le monde entier. Le négationnisme est « une tactique de tromperie volontaire et délibérée, utilisée depuis longtemps par les antisémites, déclare Jonathan Greenblatt, président de l'Anti-Defamation League (la Ligue anti-diffamation, ONG de lutte contre l'antisémitisme). Facebook a l'obligation morale et éthique de s'opposer à sa dissémination ».

Au bout de quelques heures seulement, Zuckerberg tente de clarifier ses propos dans un mail envoyé à Swisher, disant qu'il n'a jamais voulu défendre les intérêts des négationnistes[14]. Cependant, il n'a pas été piégé ; il avait préparé la référence à la Shoah comme exemple de discours polémique que Facebook défendrait au nom de la liberté d'expression. Depuis l'élection de 2016 et la prolifération des *fake news* sur Facebook, il peine à trouver une ligne cohérente sur le sujet. Rachel Whetstone, qui briguait un poste de directrice de la communication, l'a encouragé à être ferme et à affirmer clairement qu'il ne toucherait pas à la liberté d'expression. Celle-ci est déjà un pilier central de son système de valeurs depuis des années, renforcé au fil de ses conversations avec des libertariens tels que Thiel et Andreessen. Les grands patrons de la Silicon Valley aiment à défendre des positions absolutistes, qu'ils voient comme intellectuellement rigoureuses. Ils ne voient pas les trous dans leurs arguments – les zones grises occupées par des gens comme Alex Jones ou les négationnistes. En suggérant à Zuckerberg de brandir en exemple le discours le plus choquant qu'il soit prêt à autoriser même s'il n'y adhère pas personnellement, Whetstone n'a fait que s'aligner sur Thiel et les autres. C'était pour le P-DG une manière de démontrer sa conviction que Facebook est une vaste foire aux idées où même les points de vue qui fâchent ont leur place.

Whetstone est dans l'entreprise depuis moins d'un an, et n'a pas mis longtemps à endosser de hautes fonctions au département des Relations publiques. Le service, qui compte plus de deux cents personnes à ce moment-là, est encore mal à l'aise avec la communication de crise. Elle, en revanche, les conflits, ça la connaît. Ancienne stratège en chef du Premier ministre britannique David Cameron, elle a ensuite dirigé la communication d'Eric Schmidt chez Google puis de Travis Kalanick chez Uber. Elle est connue pour son style agressif et tente parfois de peser sur les décisions éditoriales à coups de gueulantes contre les journalistes et les rédacteurs en chef.

Aussitôt entrée chez Facebook, elle a imploré Zuckerberg et Sandberg de changer leur culture en matière de relations publiques. Si Zuckerberg était sérieux dans son idée de devenir chef de guerre, lui a-t-elle dit, il devait avoir la stratégie de communication qui allait avec. Et passer à l'offensive.

Zuckerberg a adoré l'idée. Personnellement, le négationnisme le révulse, ce qui en faisait justement l'exemple parfait. En autorisant les négationnistes à se créer une communauté sur Facebook, il montrait sa capacité à mettre de côté ses opinions et sentiments personnels et à se tenir à une règle cohérente, fondée sur la logique. Il était sûr que les gens verraient sa position comme un moyen difficile mais nécessaire de maintenir l'intégrité de la liberté de parole sur Facebook. Plusieurs chargés de relations publiques l'ont imploré de revenir sur cette stratégie. Rien ne l'obligeait à invoquer un cas aussi extrême, ça ne ferait que lui exploser à la figure. Il ne les a pas écoutés.

Zuckerberg voit la parole comme il voit la programmation, les maths et le langage. Dans sa tête, les schémas factuels sont fiables et efficaces. Il veut des règles claires qui puissent un jour être suivies et entretenues par des systèmes d'intelligence artificielle capables de travailler par-delà les frontières et la barrière des langues. Le point crucial est de retirer les êtres humains, avec leurs opinions faillibles, du cœur de ces décisions : les gens commettent des erreurs, et Zuckerberg, en particulier, ne veut pas être tenu pour responsable de décisions au cas par cas. En avril, il a évoqué l'idée d'une commission externe pour statuer sur les cas de liberté d'expression les plus épineux, une sorte de

« Cour suprême » indépendante de l'entreprise, qui ait le dernier mot lorsque l'opinion publique réclame une décision[15].

Pour une grande partie des règles sur les contenus, la philosophie de Zuckerberg fonctionne. La plateforme bannit la violence, la pornographie et le terrorisme ; pour ces cas-là, les systèmes d'intelligence artificielle interceptent et suppriment tout seuls les neuf dixièmes des contenus problématiques. L'incitation à la haine, en revanche, n'est pas si facile à circonscrire ; sa définition change constamment, et varie selon les cultures. Chaque jour voit apparaître de nouveaux termes, idées et slogans, et seuls des humains bien introduits dans les mouvances extrémistes d'extrême droite qui cultivent ce genre de discours peuvent en suivre toutes les nuances.

« Dans le monde idéal de Mark, il y avait un algorithme neutre, applicable à tout, qui décidait ce qui était autorisé ou pas, se rappelle un cadre fidèle qui a passé du temps à débattre avec lui des mérites de la liberté de parole. Il partait du principe que (a) c'était possible, et que (b) le public le permettrait et l'accepterait. »

Le fiasco du podcast a clairement révélé qu'il avait sous-estimé les complexités de la parole, ce qui ne va pas l'empêcher de persister et de signer. Facebook ne sera pas un arbitre du discours. « Il ne comprenait pas que la parole, ce n'est pas noir ou blanc, précise encore le cadre qui a débattu du sujet avec lui. Il ne s'intéressait pas aux nuances, ni au fait qu'en matière de discours il y a certaines choses dont les gens sentent, ou simplement savent, qu'elles ne sont pas acceptables. »

Pour montrer le sérieux de l'entreprise dans le combat contre les ingérences électorales, une *war room* a été installée à Menlo Park. Elle sert de centre de commandement pour une sélection d'employés des services Sécurité, Ingénierie, Politique et Communication. L'équipe Relations publiques invite des journalistes triés sur le volet à avoir un aperçu exclusif ce qui s'y passe, afin de susciter des articles en prévision des prochaines élections. Certains membres du personnel sont gênés par cette campagne, qui leur semble trop optimiste et relève pour eux de la poudre aux yeux.

Au cas où quelqu'un aurait un doute sur la fonction de la salle, une affichette scotchée à la porte indique « *War Room* » en gros caractères. À l'intérieur, un drapeau américain est suspendu à un mur ; sur un autre, des horloges numériques indiquent l'heure dans les fuseaux horaires de la côte Est et de la côte Ouest, sur le méridien de Greenwich et à Brasilia – cette dernière les intéresse particulièrement parce que Facebook est en train de tester de nouveaux outils au Brésil, où des élections se préparent. Plusieurs écrans géants sur le mur du fond diffusent les informations d'un tableau de bord centralisé, conçu pour suivre la propagation des contenus de la plateforme dans le monde. Sur le quatrième mur, des écrans de télévision sont branchés sur CNN, MSNBC, Fox News et autres chaînes câblées.

Interviewé dans la presse, Zuckerberg décrit le combat contre l'ingérence électorale comme une « course à l'armement » contre les ennemis étrangers et intérieurs. L'entreprise a embauché dix mille personnes pour prêter main-forte à la sécurisation et la modération des contenus, et le service Sécurité a dépensé encore plus d'argent pour identifier des campagnes venues de l'étranger. Pendant l'été, Facebook a annoncé avoir supprimé un réseau de comptes russes[16] visant à influencer le résultat des élections de mi-mandat qui auront lieu en novembre, ainsi que des centaines de pages et de comptes iraniens et russes[17] engagés dans une campagne de désinformation pour le compte de leurs États respectifs dans certaines régions d'Europe et au Moyen-Orient.

« Quand je vois comment la boîte s'est mobilisée pour y arriver, je suis très heureux de ce qu'on est en train de faire, déclare dans la presse Samidh Chakrabarti, chef de l'équipe Élections et engagement civique. Pour nous, c'est probablement la plus grande réorientation de l'entreprise depuis le passage de l'ordinateur de bureau au téléphone portable. »

Zuckerberg et Sandberg ont promis aux parlementaires que la sécurité des élections serait leur priorité numéro 1. Dans les dix mille nouvelles embauches, on trouve de grands noms du renseignement et de la sécurité. Ils ont approché Yael Eisenstat, une ancienne de la CIA âgée de quarante-quatre ans, pour diriger l'équipe chargée de veiller à l'intégrité commerciale, côté publicité. Ce geste de Facebook l'a surprise ; elle ne se voyait pas nécessairement faite pour une entreprise de tech privée affligée d'une réputation médiocre en termes de sécurité électorale. Elle a passé presque vingt ans à travailler dans le monde entier pour le gouvernement américain et à combattre le terrorisme international. Elle a été diplomate puis conseillère à la sécurité nationale du vice-président Biden, et a travaillé dans le domaine de la responsabilité d'entreprise pour Exxon Mobil.

Facebook a fait cette offre à Eisenstat le jour d'avril où Zuckerberg a témoigné au Congrès sur l'affaire Cambridge Analytica. En regardant l'audience, son intérêt a été piqué lorsqu'il a promis de donner la priorité à la sécurité des élections de mi-mandat (prévues pour novembre) et de mobiliser toutes les ressources de la boîte pour en assurer l'intégrité. Elle qui avait toujours servi l'État s'est sentie le devoir d'apporter ses compétences au réseau social pour protéger la démocratie américaine, et on lui a promis un poste de premier plan dans ce combat. Sur son contrat d'embauche, son titre était « directrice mondiale des opérations d'intégrité électorale ». Elle pouvait embaucher autant de monde qu'il le faudrait. Son budget n'avait pas de plafond.

Folle de joie, elle a écrit à ses amis et collègues : « Tout, dans ce poste, parle à celle que je suis au plus profond de moi. J'ai passé l'essentiel de ma carrière et de ma vie personnelle à défendre la démocratie, et je vais pouvoir poursuivre ce combat sur la scène internationale en contribuant à protéger l'intégrité des élections dans le monde. Je n'aurais pas pu imaginer rôle plus parfait que de combiner mon dévouement au service public avec l'impact et l'envergure du plus grand réseau social au monde. »

Pourtant, du jour où elle arrive à Menlo Park, le 10 juin, le décalage lui saute aux yeux. Les affiches de motivation accrochées un peu partout et l'étalage de coûteuses œuvres d'art la rebutent. Elle a l'impression d'être entrée dans un brouillard de propagande. Les avantages (les repas gratuits, les transports, les gadgets) lui paraissent extravagants.

Le deuxième jour, on l'informe qu'il y a erreur dans son titre : elle n'est « directrice » d'aucune équipe, mais reçoit à la place le titre nébuleux de « manager ». Non seulement la direction a omis d'informer le personnel de son nouveau rôle, mais on lui a retiré son titre sans prendre la peine d'en parler avec elle. « J'étais perplexe. C'étaient eux qui m'avaient proposé ce poste. C'étaient eux qui m'avaient dit à quel point ils me voulaient et avaient besoin de moi, et combien ce serait important d'avoir mon avis sur la situation. Tout ça n'avait aucun sens. »

Quand elle demande des détails sur l'équipe et les projets qu'elle va gérer, elle reçoit un sermon sur les valeurs de Facebook. Un de ses chefs lui dit que les titres ne comptent pas et que la constitution des équipes est fluide. Il laisse entendre qu'on l'enverra là où on aura le plus besoin d'elle.

Eisenstat prend rapidement conscience que deux forces travaillent en parallèle chez Facebook. Elle a été embauchée pour travailler dans l'équipe de Sandberg, qui comprend la politique extérieure et la publicité. Mais le service Intégrité électorale, peuplé d'ingénieurs et de membres de la direction, rend des comptes au côté Zuckerberg. Dans les effectifs de ce dernier se trouve Samidh Chakrabarti, l'homme qui communique avec la presse sur la lutte contre les ingérences électorales. C'est l'équipe de Chakrabarti qui briefe Zuckerberg et sa garde rapprochée sur la préparation des élections de mi-mandat.

Pendant plusieurs mois, Eisenstat entend parler de réunions auxquelles elle n'est pas conviée. L'un de ses chefs l'expédie dans des pays qui se préparent à des élections, mais personne ne lui demande de rapport à son retour. C'est en discutant par hasard avec Nathaniel Gleicher, chef de la politique de cybersécurité, qu'elle apprend l'étendue du travail de Facebook sur les élections. « La rencontre a été de courte durée, mais j'ai été ravie de faire sa connaissance et de découvrir qu'il y avait un endroit où je pouvais contribuer à l'effort électoral de Facebook. Il a même insisté pour me dire : "Mon Dieu, mais il faut absolument qu'on travaille plus ensemble." Ça m'a redonné l'espoir qu'il y ait encore des gens dans cette boîte qui s'efforcent de faire les choses qui me passionnent. »

Cependant, elle ne reverra pas Gleicher. Exclue des groupes de discussion fermés de l'équipe électorale, elle rédige une série de posts qu'elle partage avec la Tribu Intégrité des affaires. Dans l'un d'eux, elle demande si Facebook applique les mêmes critères aux publicités politiques qu'aux contenus spontanés. Si Facebook travaille à juguler la désinformation dans les pages et les groupes des particuliers, ne serait-il pas sensé de veiller à ce qu'un politicien ne puisse pas acheter des espaces publicitaires pour répandre délibérément des idées fausses ou mensongères ? Dans ses conversations avec ses collègues, elle souligne que le système de microciblage de Facebook a le potentiel d'amplifier énormément l'intox. Par exemple, un candidat cherchant à salir le bilan de son adversaire en matière d'environnement peut diriger spécifiquement les clips conçus dans ce sens vers les utilisateurs ayant exprimé un intérêt pour le recyclage.

Le post d'Eisenstat soulève l'intérêt et génère des discussions dans toute l'entreprise. Des dizaines d'employés laissent des commentaires où ils évoquent les outils qui pourraient être appliqués à la publicité. Eisenstat est approchée par un ingénieur expérimenté, désireux de se mettre au travail le plus vite possible sur un programme qui permettrait de vérifier la véracité des publicités politiques et de débusquer les fausses informations et autres contenus susceptibles d'enfreindre les règles de la plateforme. « Beaucoup d'ingénieurs ont été stimulés par ce post. On attendait de voir si on pouvait se rendre utiles sur des projets liés aux élections, dit l'un d'entre eux, qui se souvient du message d'Eisenstat. On se faisait une joie de donner de notre temps pour l'aider avec son idée. »

Mais la discussion s'éteint aussi rapidement qu'elle a commencé. Eisenstat ignore comment c'est arrivé et qui, à la direction, a tué son initiative, mais le message est clair : soudain, les ingénieurs cessent de répondre à ses mails, et l'intérêt pour son projet s'évapore.

Eisenstat avance dans un champ de mines. Depuis qu'il a commencé à bouleverser la politique américaine avec sa campagne pour la présidentielle de 2016, Donald Trump n'a cessé de poser une suite ininterrompue de problèmes à Facebook et aux autres réseaux sociaux. Il a posté des déclarations et des photos contenant des contre-vérités flagrantes. Il a partagé des théories du complot largement discréditées et qualifiées de dangereuses par les forces de l'ordre. Et il a soutenu des personnages politiques liés à des groupes haineux.

Zuckerberg a décidé de lui accorder une dispense spéciale au motif qu'il s'agissait d'un élu, mais reste à savoir que faire des publicités achetées et payées par sa campagne. Trump est le plus gros client de Facebook en ce qui concerne la publicité politique. Les messages publicitaires, bien dans le ton de sa campagne, colportent fréquemment des contre-vérités ou encouragent des idées que la plateforme aurait bannies dans d'autres circonstances. Il est de plus en plus clair que Facebook, contre des millions de dollars, contribue à disséminer l'idéologie dangereuse de Trump via les outils qui lui permettent de toucher des publics précisément ciblés.

Eisenstat pense que l'entreprise commet une énorme erreur en omettant de vérifier la véracité des pubs politiques. Mais dès l'automne 2018, elle voit bien que ses supérieurs directs la mettent systématiquement sur la touche chaque fois qu'il est question des élections de mi-mandat qui approchent.

Elle décide de concentrer son énergie sur un projet qui a des chances de rendre les élections américaines plus sûres. Elle pense que c'est une évidence, et exactement le genre d'initiative pour lequel Facebook l'a engagée. Cette fois, au lieu d'en parler sur une messagerie interne, elle va travailler à l'élaboration d'un prototype, d'un mémoire de recherche et d'un ensemble de données pour aboutir à un produit garantissant des élections plus démocratiques.

Elle sait qu'il y a un point sur lequel les lois électorales sont parfaitement claires : il est illégal d'induire les citoyens en erreur au sujet du processus électoral ou de les priver de leur droit de vote le jour de l'élection. Lorsqu'elle travaillait au gouvernement, elle a connu des gens qui s'attachaient à contrer des groupes travaillant à tromper les électeurs en répandant de fausses informations, par exemple en publiant des heures ou dates de scrutin mensongères ou en racontant à tort aux électeurs qu'ils pouvaient voter par téléphone ou par mail.

Pendant plusieurs semaines, elle travaille en petit comité avec trois collègues, dont un ingénieur et un expert en politique d'entreprise. Ils construisent un système capable de localiser sur la plateforme et d'évaluer toute publicité politique susceptible de nuire au droit de vote des électeurs. Le système puise dans de nombreux outils que Facebook a déjà à sa disposition, mais en les réorientant de manière qu'ils cherchent les mots clés et expressions le plus souvent employés pour empêcher les citoyens de voter. Une fois le prototype terminé, Eisenstat envoie un mail enthousiaste à ses chefs. « J'ai veillé à bien dire que ce travail était le fruit d'une collaboration entre les services et qu'il venait de la base, de nos salariés. Je voyais cela comme une opération gagnant-gagnant, qui protégeait à la fois l'entreprise et le public », commente-t-elle. Mais ses supérieurs jugent le prototype superflu et mal conçu. « D'entrée de jeu, par retour de mail, ils ont rejeté ce qu'on essayait de faire. »

L'un de ses chefs l'accuse d'avoir travaillé dans leur dos et lui ordonne de tout arrêter. On lui dit de ne parler de l'idée à personne. « Ils me répétaient sans cesse de n'aller voir personne au-dessus d'eux. Je suppose que j'ai respecté cette demande parce que dans le monde d'où je venais, au gouvernement, il y a une chaîne de commandement claire, dit-elle. Ça ne me serait pas venu à l'esprit de passer dans leur dos. »

Eisenstat contacte alors les RH et demande à être mutée au sein de l'entreprise. Pendant des semaines, ils gagnent du temps, puis ils la licencient soudainement au motif qu'ils ne lui trouvent pas d'autre poste. Facebook, se dit-elle, fait encore passer les besoins de l'entreprise devant ceux du pays.

En tout et pour tout, elle sera restée six mois à Menlo Park. « Je n'étais pas entrée dans l'entreprise parce que mon but était de travailler pour Facebook, dit-elle. J'ai accepté ce poste parce que je pensais que c'était une des choses les plus importantes que je pouvais faire pour protéger la démocratie. Je me trompais. »

Cela fait des semaines que le service Communication de Facebook s'efforce de tuer dans l'œuf une enquête menée par des journalistes du *New York Times*. Le 14 novembre 2018, leur article[18], qui décrit la manière dont le réseau social, depuis deux ans, n'a pas cessé de retarder, de nier et de détourner la vérité sur l'ingérence électorale des Russes, paraît enfin. C'est le premier article expliquant précisément quand Facebook a découvert les tentatives d'ingérence russes, avant l'élection de 2016. Et on y apprend aussi que Facebook a engagé une firme spécialisée dans la collecte d'informations nuisibles, Definers Public Affairs, pour chercher à attaquer ses détracteurs, notamment George Soros.

L'article n'est paru que depuis quelques heures lorsque Zuckerberg et Sandberg se réunissent dans l'Aquarium avec des membres des services Communication et Relations extérieures. Tous deux étaient prévenus de la sortie de l'article, et pourtant ils semblent pris de court. Sandberg étrille ses employés. En cet automne 2018, Facebook a déjà embauché plus de deux cents personnes pour gérer les relations presse. Ils n'auraient pas pu faire quelque chose ? Elle demande comment la presse a pu avoir accès à ces infos. Puis, quand on lui répond que Facebook a donné très peu d'accès au *Times*, elle demande si ce ne serait pas une meilleure stratégie d'inviter les journalistes à les interviewer, Zuckerberg et elle.

Après la réunion, Sandberg, qui a un certain nombre d'amis communs avec Soros, informe son personnel qu'elle compte nier en bloc les allégations contenues dans l'article. Elle s'inquiète tout particulièrement des infos sur la campagne de dénigrement menée par Definers. C'est une firme dirigée par des politiciens républicains et qui mène des opérations classiques de recherche sur l'opposition, comme il y en a pléthore à Washington : sa tâche consiste à trouver de quoi salir l'adversaire. Definers a envoyé à la presse des rapports montrant des liens financiers entre Soros et Freedom from Facebook, une coalition de groupes ayant critiqué la plateforme. L'argument était que la coalition n'opérait pas pour la défense de l'intérêt public mais qu'elle était plutôt au service du financier milliardaire, connu pour ses idées progressistes. Mais en choisissant Soros comme cible, Facebook semble tomber dans les clichés notoirement employés par les conservateurs d'extrême droite, qui ont l'habitude d'attaquer Soros à coups de théories du complot antisémites. L'un des dirigeants de Definers répète avec insistance que la firme n'a nulle intention d'attaquer le milliardaire sur sa judéité. Mais le timing n'aurait pas pu être pire : quelques semaines plus tôt, Soros a reçu un colis explosif chez lui, à Westchester.

Sandberg et son équipe mettent au point une déclaration : « J'ignorais que nous les avions engagés et je n'avais pas connaissance du travail qu'ils faisaient, mais j'aurais dû. » Le lendemain, on lui fait remarquer qu'elle était destinataire d'un certain nombre de mails détaillant les recherches menées par Definers pour le compte de Facebook. Plusieurs de ces messages viennent d'être portés à la connaissance des journalistes du *Times*, qui préparent un nouvel article.

On demande alors à Schrage d'endosser la responsabilité de ce fiasco de relations publiques. Après une nuit de réflexion, il fait savoir à

Sandberg qu'il se sacrifiera. Il a déjà annoncé son intention de quitter son poste en interne pour jouer un rôle de conseiller extérieur auprès de Zuckerberg et de Sandberg. Il montre à cette dernière un brouillon du billet qu'il compte publier. Dans ce texte, il s'accuse lui-même d'avoir engagé Definers : « Je connaissais et j'ai approuvé le choix d'engager Definers ainsi que d'autre sociétés similaires. J'aurais dû être au courant de la décision d'étendre leur mandat. »

Sandberg est l'une des premières personnes à « liker » son post et à le commenter dès qu'il est publié. Facebook republie le post en intégrant son commentaire, un épilogue bizarre : elle remercie Schrage de s'être exprimé sur la question et veut bien reconnaître que des factures de la firme d'affaires publiques ont pu passer sur son bureau. La responsabilité, en dernier recours, lui incombe à elle et aux autres dirigeants, écrit-elle.

Les commentaires soigneusement calibrés de Sandberg ont provoqué des grincements de dents en interne. Cela ressemble à des excuses du bout des lèvres, sur la défensive. Des voix commencent à s'élever pour réclamer sa démission.

Lors d'une Q&A ce même mois, un employé demande à Zuckerberg s'il envisage de licencier certains membres de la direction. Zuckerberg hésite un instant, puis répond que non. Il envoie un petit sourire à Sandberg, assise dans le public, et ajoute qu'il fait toujours confiance à son équipe de direction pour sortir l'entreprise de la crise.

11

La Coalition des Volontaires

Assis à l'arrière de la Mercedes noire huit places, Mark Zuckerberg bout d'une colère contenue. L'objet de son courroux : le texte qu'il est en train de découvrir sur son portable. L'averse tombée dans l'après-midi a cessé, et une foule se presse le long des quais de la Seine.

Mark Zuckerberg est venu à Paris pour rencontrer le président Emmanuel Macron et discuter d'une déferlante de contenus violents et haineux sur Facebook. Cet entretien constitue la dernière étape d'une offensive diplomatique mondiale visant à défendre le site et à tenter d'infléchir les régulations que plusieurs pays envisagent d'introduire. En cinq semaines, le patron de Facebook a vu les chefs des gouvernements irlandais, allemand et néo-zélandais.

Mark Zuckerberg a pris un coup de vieux depuis l'année précédente : visage plus maigre – ce qui fait ressortir son crâne presque rasé – et petites rides autour des yeux rougis. Cet entretien avec Emmanuel Macron, c'est la dernière haie à franchir. Passée cette année éprouvante où se sont succédé pour Facebook les crises internes et externes, il prendra un congé bien mérité. Priscilla et lui ont prévu de célébrer la fête des Mères au Louvre, puis de partir en Grèce pour leur septième anniversaire de mariage.

Seulement voilà, une tribune de cinq mille mots publiée dans le *New York Times* vient compromettre tous ses projets. Une tribune où Chris Hughes – Chris, son copain de Harvard ! – critique sans ménagement le réseau social qu'ils ont créé ensemble dans leur chambre d'étudiant quinze ans auparavant. Chris évoque leur idéalisme des débuts, idéalisme dont Facebook s'est d'après lui largement éloigné pour se transformer en dangereux monopole privé doté d'un appétit monstrueux pour les données personnelles et engrangeant 80 % des revenus mondiaux du secteur. « Il est grand temps de démanteler Facebook », écrit-il.

Pour lui, le problème central, c'est Mark, Mark qui prend les décisions importantes et détient la majorité des votes des actionnaires. Mark, c'est Facebook, et Facebook, c'est Mark. Tant qu'il restera aux commandes, la seule solution pour mettre un terme aux nombreux problèmes du géant de la tech, ce sera une intervention du gouvernement pour le démanteler.

« Je regrette amèrement que son obsession de la croissance l'ait poussé à sacrifier sécurité et savoir-vivre sur l'autel des clics. En créant Facebook, nous aurions dû mieux réfléchir à comment l'algorithme générant le fil d'actualité pouvait bouleverser notre culture, influencer les élections et donner plus de pouvoir aux leaders nationalistes, conclut Chris Hughes. Le gouvernement doit mettre Mark en face de ses responsabilités[1]. »

Le visage dur, les yeux rivés sur son portable, Mark Zuckerberg parcourt le texte sans prononcer un mot. Au bout de quelques minutes d'un silence pesant, il lève la tête, le regard fixe et solennel. Il a l'impression, dit-il alors à ses conseillers proches, d'avoir reçu un coup de poignard dans le dos.

Et là, brusquement, il passe en mode chef de guerre. Comment ce texte a-t-il pu échapper à l'armée d'attachés de presse chargés de traquer les articles négatifs ? Qui donc Chris Hughes a-t-il consulté pour préparer sa diatribe ? Et qu'est-ce qu'il compte obtenir ?

Une heure plus tard, l'équipe Relations publiques de Facebook lance l'attaque. Hughes ne travaille plus pour Facebook depuis dix ans, explique-t-on aux journalistes. Il ne sait plus comment l'entreprise fonctionne. Ses mobiles sont douteux, tout autant que la décision prise par le *Times* de publier le texte sans donner à Mark Zuckerberg la possibilité de se défendre. « Chris a des ambitions politiques », affirme un attaché de presse à un journaliste du *New York Times*.

Sauf que Chris Hughes n'agit pas seul. Il fait partie d'un groupe d'anciens cadres dirigeants de Facebook, dont Sean Parker, ex-président, de plus en plus nombreux à critiquer ouvertement le réseau social qu'ils ont contribué à créer et qui leur a permis à chacun d'amasser une petite fortune. Il travaille également avec un groupe de pression à Washington appelant à démanteler le géant des réseaux sociaux. Leaders politiques, universitaires et défenseurs des droits des consommateurs poussent le gouvernement à séparer WhatsApp et Instagram, dont la croissance est exponentielle, de Facebook. Deux mois auparavant, Elizabeth Warren, candidate démocrate aux élections présidentielles, a promis de briser Facebook et d'autres géants de la tech si elle était élue. Bernie Sanders et Joe Biden lui ont emboîté le pas, s'engageant dans leur campagne à des actions sévères contre Facebook, Google et Amazon. Même le président Trump, de tous les candidats le plus actif sur Facebook, s'exprime contre le pouvoir démesuré des entreprises du numérique.

L'entretien avec Emmanuel Macron est tendu, comme il fallait s'y attendre, mais également prometteur pour le long terme, car il établit avec le dirigeant français une relation positive pour la réputation de Facebook en Europe. Pourtant, Mark Zuckerberg n'en finit pas de fulminer contre la trahison de Chris Hughes. Il s'exprimera sur le sujet en public pour la première fois deux jours plus tard[2], quand le journaliste de France 2, Laurent Delahousse, lui demandera sa réaction à la publication de la tribune. Le temps est gris. La pluie bat les vitres du studio où se déroule l'interview. Les sourcils froncés, Mark Zuckerberg regarde par terre. « À la lecture de son article, je me suis surtout dit que ce qu'il propose ne va servir à rien pour résoudre les problèmes », répond-il en haussant légèrement le ton et en refusant de mentionner Chris Hughes nommément.

Au lieu d'aborder les arguments soulevés par son ancien partenaire, tels le non-respect de la vie privée, la désinformation et ses dangers pour la démocratie, et le contrôle absolu qu'il a sur son entreprise, il choisit de mettre en garde contre toute intervention visant à découper Facebook. « Si vous tenez à la démocratie et à des élections libres, alors vous avez besoin d'une société comme la nôtre, capable d'investir des milliards de dollars chaque année, ce que nous faisons, pour mettre en place des outils permettant de combattre toute ingérence extérieure dans un processus électoral[3]. » Un démantèlement ne ferait qu'empirer les choses, affirme-t-il.

Deux mois plus tôt, Mark Zuckerberg a amorcé un changement de direction radical, un virage qui a scindé les employés du géant de la tech en deux camps opposés. Dans une note de blog intitulée « Une vision axée sur la confidentialité des réseaux sociaux », il a annoncé que Facebook créerait des espaces protégés dédiés à des conversations privées. Auparavant, les utilisateurs étaient encouragés à s'exprimer sur leur propre page et sur celle de leurs amis. Le contenu apparaissait alors dans leur fil d'actualité, ce serpentin constamment renouvelé qui, pour l'essentiel, fait office de hall d'entrée virtuel. Désormais, le patron de Facebook veut que les gens se replient dans l'espace sûr et privé de ce qui serait l'équivalent de leur salon. Il s'agit de la suite logique d'une politique poussant les utilisateurs à rejoindre des groupes.

Mark Zuckerberg explique dans sa note que Facebook chiffrera ses trois plateformes de messagerie, Messenger, WhatsApp et Instagram Messaging, et rendra possibles les échanges entre elles. La décision permettra aux utilisateurs de Facebook de trier et de regrouper leurs messages dans un emplacement central, tout en leur proposant une protection supplémentaire grâce au chiffrement. « Je suis convaincu que l'avenir de la communication passe par une utilisation croissante de services privés et chiffrés où les utilisateurs auront l'assurance que leurs messages sont protégés et leurs contenus éphémères, écrit

Mark Zuckerberg. Cette vision d'avenir, j'espère que nous allons aider à la réaliser. »

L'annonce en a surpris quelques-uns parmi les cadres de Facebook. Mark Zuckerberg n'a consulté que l'équipe historique au moment de la conception du projet. Le « pivot vers la vie privée » – l'expression consacrée – provoque l'inquiétude chez les experts en sécurité de Facebook, mais également chez certains dirigeants de département, pour qui l'importance accordée au chiffrement et aux groupes expose à des conséquences désastreuses. De fait, la proposition de Mark Zuckerberg revient à priver Facebook des moyens de contrôler ses propres outils.

Rita Fabi, directrice du département Sécurité en ligne, sera de ceux qui critiqueront le plus ouvertement le projet. Depuis qu'elle a rejoint les troupes de Menlo Park en 2010, elle a participé au traitement de contenus nocifs, notamment la violence contre les enfants et le trafic sexuel. Les membres du petit groupe qu'elle dirige sont considérés par beaucoup comme les employés les plus engagés et les plus zélés de l'entreprise. Rita Fabi constitue des dossiers contre les prédateurs débusqués par Facebook et collabore étroitement avec les policiers par l'intermédiaire du National Center for Missing and Exploited Children, en fournissant les preuves et les résultats de ses enquêtes au fil de leur avancée. Des dizaines de prédateurs ont ainsi été poursuivis sur la base des éléments qu'elle a fournis. Dans les bureaux du département Sécurité de Menlo Park, les photos des criminels que Facebook a contribué à mettre à l'ombre occupent tout un mur – le « mur des scalps ».

Après l'annonce du virage « vie privée », Rita Fabi a posté sur Workplace une note de service où elle tague Mark Zuckerberg ainsi que quelques dirigeants de Facebook. Vu le volume des contenus générés tous les jours, explique-t-elle, le site compte en grande partie sur les utilisateurs pour rapporter toute activité douteuse. Or, la constitution de groupes privés autour de goûts communs risque de grandement compliquer les choses. De même, argue Fabi, le fait de chiffrer les messages permettra aux personnes malintentionnées de se dérober aux regards de l'équipe Sécurité de Menlo Park. Un prédateur pourra se joindre à un petit groupe privé de jeunes fans d'un chanteur pop et appâter ses membres sous le couvert d'un tchat chiffré. Un pédophile sera en mesure de constituer son propre groupe où toutes sortes de pervers partageront leurs trucs et astuces pour s'attaquer aux enfants, le tout en utilisant des termes codés échappant à toute vigilance au sein de Facebook.

Quant à Chris Cox, lui aussi s'alarme du virage pris et des trous dans la raquette Sécurité. Membre de l'équipe historique, il entretient des relations particulièrement proches avec Mark Zuckerberg. Les deux hommes se voient souvent le soir et le week-end en dehors du travail. Très apprécié à Menlo Park, Chris Cox fait office d'apôtre en interne. Il accueille les petits nouveaux lors des journées d'intégration, tout en étant reconnu comme un codeur de grand talent – il fait partie des quinze premiers ingénieurs du réseau, à l'époque où celui-ci s'appelait encore « The facebook ».

Sauf que là – une fois n'est pas coutume – Chris Cox s'oppose fermement à l'initiative de Mark Zuckerberg. Depuis plusieurs mois il lui fait part en privé de ses réserves sur son projet de chiffrer les contenus et de fusionner les trois services de messagerie. Ses arguments font en grande partie écho aux inquiétudes de Rita Fabi. Il est plus difficile de contrôler la diffusion de fausses informations quand elles proviennent de groupes privés, souligne-t-il. Facebook est en train d'offrir une tribune aux théoriciens du complot, aux groupes haineux et terroristes qui pourront diffuser leurs messages dans l'ombre grâce aux outils de la plateforme.

Mark Zuckerberg écoute jusqu'au bout les arguments de son vieil ami et confident, puis lui répond qu'à son avis les groupes privés sont l'avenir. Hors de question de renoncer à son projet. Alors Rita Fabi démissionne. Et, après treize ans de bons et loyaux services, Chris Cox quitte lui aussi le navire.

Son départ sera difficile à encaisser. Beaucoup le considèrent comme « l'âme » de Facebook et l'héritier présomptif si jamais Mark Zuckerberg décidait de laisser sa place. Sans doute, suppose-t-on à Menlo Park en apprenant la nouvelle, lui a-t-on proposé un poste de P-DG dans une autre société, ou bien au gouvernement.

« Impossible d'imaginer Chris démissionner, sauf pour le boulot de ses rêves quelque part ailleurs, déclarera un ingénieur qui a travaillé avec lui pendant des années, dans plusieurs départements. Quand on a appris qu'il était parti parce qu'il n'était pas d'accord avec la direction que Mark voulait faire prendre à la boîte, on était, disons, effondrés. Comme si nos parents divorçaient. »

Sur sa page Facebook, Chris Cox annonce la nouvelle dans un post illustré d'une photo le montrant le bras posé sur les épaules de Mark Zuckerberg. L'annonce du « pivot vers la vie privée » marque un nouveau chapitre dans la conception des outils, et Facebook, écrit-il, « aura besoin de leaders investis dans la réalisation du nouveau projet ».

Ajoutant qu'il a prononcé son dernier discours d'intégration quelques jours auparavant, Chris Cox reprend une phrase qu'il a dite des centaines de fois aux nouveaux employés : « L'histoire des réseaux sociaux n'est pas encore écrite, et ses effets ne sont pas neutres. »

Même après son départ de Facebook, Chris Hughes est resté en bons termes avec Mark Zuckerberg. Ils ont assisté à leurs mariages respectifs et partagé chaque moment important de leur vie. À l'été 2017, Chris Hughes a rendu visite aux Zuckerberg à Palo Alto et passé du temps avec Mark, Priscilla et la petite Max. La conversation a porté sur divers sujets : la famille, Facebook, la vie sur la côte Est et la vie sur la côte Ouest.

Mais depuis quelque temps, Chris Hughes observait l'évolution de Facebook avec un certain malaise. Un malaise que l'ingérence russe dans les élections américaines, le scandale de Cambridge Analytica et la montée des discours haineux a fini par transformer en colère et en culpabilité. Et voilà que le 24 avril 2019, il a appris, en lisant un rapport d'exploitation de Facebook, que la FTC se prépare à condamner le géant de l'Internet à payer 5 milliards de dollars pour avoir laissé Cambridge Analytica siphonner les données de ses utilisateurs[4]. Une amende record, sans commune mesure avec celles précédemment infligées à d'autres sociétés de la Silicon Valley, et une condamnation sans appel des pratiques au cœur du modèle publicitaire style rouleau-compresseur de Facebook. L'amende la plus élevée à ce jour dans le secteur pour un défaut de protection des données, c'était celle que Google avait dû payer en 2012 – 22 millions de dollars. Pour Chris Hughes, la sanction envisagée par la FTC est méritée. « Mon Dieu, marmonne-t-il en parcourant le rapport dans son bureau-loft de Manhattan. On y est. »

Curieux de voir comme l'action Facebook va plonger à la suite de cette annonce, il ouvre un onglet Finance sur Yahoo. Pour constater, à sa grande stupéfaction, que l'action monte en flèche. À rebours de ses attentes, l'amende est accueillie avec enthousiasme par Wall Street – les investisseurs se félicitent de voir que l'enquête de la FTC est terminée. Sans compter que Facebook a le même jour publié son rapport d'activité trimestriel : ses revenus publicitaires ont augmenté de 26 %, ses réserves de liquidités s'élèvent à 45 milliards de dollars et ses revenus annuels à 71 milliards. L'amende record – 3,5 % des recettes – est tout au plus un accident de parcours.

« J'ai trouvé ça scandaleux, rapportera Chris Hughes. Le non-respect de la vie privée, c'était juste le prix à payer pour faire du business. »

En 2016, Chris Hughes a fondé l'Economic Security Project, un think tank et lobby progressiste, qui fait des propositions de réformes fiscales au niveau fédéral et local en faveur d'un revenu mensuel pour les Américains les plus pauvres. Il a également rejoint un mouvement de plus en plus actif d'universitaires et de responsables politiques à sensibilité de gauche, dont Elizabeth Warren et Bernie Sanders, qui s'opposent à la concentration de pouvoir des géants de la tech et considèrent Facebook, Amazon et Google comme les titans impitoyables d'un nouveau *Gilded Age* (âge doré) – référence à cette période de l'histoire des États-Unis où des fortunes colossales ont été amassées dans les années 1865-1901. D'autres voix commencent à grossir leurs rangs, parmi lesquelles Robert Reich, ancien secrétaire d'État au Travail, et George Soros.

Chris Hughes reconnaît dans sa tribune que, dès sa naissance, Facebook portait tous ses problèmes en germe : obsession de la croissance à tout prix, modèle commercial basé sur la publicité, pouvoir centralisé de Mark Zuckerberg. Personne, pas même cet ami – ce « chic type », pour reprendre ses termes –, ne devrait détenir autant de pouvoir au sein d'une organisation aussi puissante. Les multiples occurrences de violation de la vie privée sont symptomatiques d'un problème plus vaste encore. Même l'amende record de la FTC ne suffirait pas à dissuader Facebook de recourir à ses pratiques dangereuses. 2,3 milliards d'utilisateurs, une évaluation boursière à 540 milliards de dollars : la société est devenue trop grosse pour que des règles suffisent à restreindre son pouvoir.

« Ma vie entière a de toute évidence été transformée par l'un des plus grands monopoles des États-Unis, écrit Chris Hughes. Alors j'ai besoin de prendre du recul pour digérer le fait que Facebook est devenu un trust, mettre des mots sur cette histoire et expliquer comment nous en sommes arrivés là, les erreurs commises et les réactions outrées des forces culturelles et politiques. Ensuite, il faudra essayer de trouver des solutions. »

Deux mois avant la publication de la tribune de Chris Hughes, Mark Zuckerberg a annoncé son projet de casser les murs entre les services de messagerie de Facebook, d'Instagram et de WhatsApp[5]. Il s'agit de fusionner les technologies *backend* des applications et de permettre aux utilisateurs de poster des messages et des contenus sur les trois en même temps. Le fait de rendre les applications « interopérables » représentera un bénéfice pour les consommateurs, d'après lui[6]. Imaginons que l'un d'eux crée une petite entreprise sur Instagram, il pourra utiliser WhatsApp pour sa communication. Les informaticiens chiffreront les messages sur toutes les applications, ce qui assurera aux utilisateurs une sécurité accrue.

« Les gens doivent pouvoir utiliser n'importe laquelle de nos applications pour rester en contact avec leurs amis et communiquer d'un réseau à l'autre facilement et en toute sécurité », écrit le patron de Facebook. En réalité, le but est de consolider la société. Avec un total de 2,6 milliards d'utilisateurs dans le monde[7], Blue, Instagram et WhatsApp figurent parmi les sept applications les plus populaires aux États-Unis[8]. En fusionnant leurs données, Facebook pourra récolter au passage de précieuses informations sur ses utilisateurs. Les différentes équipes d'ingénieurs collaboreront étroitement pour permettre une fluidité accrue entre les applications, ce qui maintiendra les utilisateurs plus longtemps et plus exclusivement au sein de la grande famille Facebook. En quelque sorte, on va faire une omelette avec toutes ces applis.

Cela signifie que Mark Zuckerberg revient sur des concessions faites aux représentants du gouvernement pour obtenir la validation par les instances régulatrices des accords de fusion originaux. Il revient également sur ce qui avait été promis aux fondateurs d'Instagram et de WhatsApp, à savoir maintenir l'indépendance des applications. En 2012, il avait assuré à Kevin Systrom et à Mike Krieger, fondateurs d'Instagram, qu'il ne changerait pas l'apparence, l'esprit ou les activités commerciales de leur application. Obsédés par le style et l'esthétique de leur bébé, et redoutant que Facebook, au look pratiquement inchangé depuis ses débuts, ne touche à son ADN, Systrom et Krieger ont gardé leurs distances après la fusion-acquisition, et se sont installés avec leurs équipes d'Instagram dans un espace de travail distinct à Menlo Park, avec une déco différente[9].

Pour Amin Zoufonoun, vice-président chargé du développement de Facebook, les promesses faites aux fondateurs d'Instagram ne concernent que la marque – Facebook ne toucherait pas à ce qui fait le style et la spécificité de l'application de partage de photos, et dès le début du projet de fusion, il est clairement dit qu'Instagram « pourrait utiliser l'infrastructure Facebook ». « Avec le temps, Instagram s'est mis à partager davantage notre infrastructure avec nous, car il fallait de toute évidence une stratégie plus cohérente au sein de la société », déclarera Amin Zoufonoun. D'autres cadres de Menlo Park évoquent, eux, une relation beaucoup plus tendue.

Instagram est populaire auprès des jeunes, tandis que Blue vise plus vieux. Ce contraste irrite Mark Zuckerberg, inquiet du risque que la première cannibalise la seconde[10]. Six ans à peine après la fusion, il commence à se mêler des prises de décisions techniques chez Instagram, tentant par exemple d'introduire un outil qui permettrait de rediriger le flux vers Facebook. Quant à Sheryl Sandberg, elle pousse à la mise en place de davantage de publicité sur l'appli, qui a introduit ses premières annonces en novembre 2013, pour quelques grandes marques. En juin 2015, c'est l'ouverture à tous les annonceurs[11]. Au terme de sept ans sous le contrôle de Facebook, Instagram cumule un milliard d'utilisateurs, est devenu immensément populaire, et vaut d'après les estimations 100 milliards de dollars[12]. « Mark avait cerné dès le départ le potentiel d'Instagram et a tout fait pour aider l'appli à se développer, affirmera Adam Mosseri, président d'Instagram. Logiquement, Facebook n'a pas intérêt à prendre une décision qui pourrait compromettre cette réussite. »

Sauf que pour les fondateurs d'Instagram, Mark Zuckerberg et Sheryl Sandberg commencent à se montrer trop interventionnistes[13]. Alors, en septembre 2018, ils démissionnent, déclarant qu'ils ont

« l'intention de prendre du temps pour eux afin de renouer avec leur curiosité et leur créativité ».

Il se passera à peu près la même chose avec WhatsApp. Les cofondateurs, Jan Koum et Brian Acton, ont vendu WhatsApp à condition que l'entreprise conserve son autonomie de fonctionnement. Zuckerberg a de plus assuré à Jan Koum, qui redoutait que le gouvernement utilise les applications à des fins de surveillance, que la protection de la vie privée serait pour lui prioritaire. Deux conditions essentielles également pour les instances de contrôle. Brian Acton racontera que Facebook l'a coaché pour qu'il explique aux régulateurs européens qu'une fusion pure et simple poserait de gros problèmes. « On m'a préparé pour que je raconte à quel point il était compliqué de fusionner ou de mêler des données provenant des deux systèmes[14] », expliquera-t-il. Mark Zuckerberg et Sheryl Sandberg finissent par imposer leur pouvoir à WhatsApp et pousser Jan Koum et Brian Acton à monétiser leur application. Acton raconte avoir proposé lors d'une réunion avec Sheryl Sandberg un système progressif par lequel les utilisateurs paieraient une somme minime pour un nombre défini de messages. Sheryl Sandberg écarte la suggestion. « Ça ne rapportera rien », décrète-t-elle.

En décembre 2017, Brian Acton démissionne pour marquer son désaccord avec les projets Facebook d'introduction de la publicité ciblée. Les indemnités versées feront de lui un milliardaire. Par la suite, il regrettera sa naïveté et la confiance qu'il a accordée à Zuckerberg. Les affaires, ça compte plus que tout, et tous deux sont des hommes d'affaires compétents. « En fin de compte, j'ai vendu ma société, déclarera-t-il dans une interview au magazine *Forbes*. J'ai vendu la vie privée de mes utilisateurs pour gagner plus d'argent. J'ai fait un choix, et des compromis. Et ça, j'y pense tous les jours. »

Pour Tim Wu et Scott Hemphill, tous deux professeurs de droit, le premier à Columbia, le second à New York University, l'intégration des applications est une ruse de Facebook pour se soustraire aux dispositifs antitrust. Mark Zuckerberg peut alors arguer que défaire les liens entre les applications serait pour sa société trop compliqué et trop dommageable – quand une omelette est battue, difficile de séparer les blancs des jaunes. Cette stratégie, le géant de la tech a intérêt à l'adopter. En effet, les organismes régulateurs ne reviennent sur les fusions actées qu'avec réticence. Démanteler une fusion, c'est un processus compliqué qui peut faire plus de mal que de bien.

Sauf que les deux professeurs de droit ont longuement étudié l'histoire de Facebook en matière d'acquisitions. Pour eux, l'annonce de Zuckerberg est une mesure défensive visant à protéger son empire. En matière d'administration, Tim Wu en connaît un rayon. Il a travaillé pour la FTC, pour l'administration Obama et pour le procureur général de New York. Il est surtout connu pour avoir créé l'expression « *Net neutrality* », « neutralité du Net », en référence au principe selon lequel les fournisseurs d'accès à Internet doivent laisser l'accès libre à tous les contenus, quels qu'ils soient. Google et Facebook ont encensé ses théories et appuyé son action en faveur d'une réglementation sur l'accès haut débit. Or ces derniers temps, voilà qu'il retourne sa veste et se met à dénoncer avec véhémence le pouvoir de ces mêmes fournisseurs.

Les acquisitions d'Instagram et de WhatsApp, déclarent les deux universitaires, font partie d'un vaste plan de Facebook visant à s'arroger le monopole des réseaux sociaux et à protéger sa position grâce à l'achat ou à la liquidation de la concurrence. Le parallèle avec la Standard Oil, devenue un monopole pendant la révolution industrielle grâce à une politique d'acquisitions lui permettant de contrôler plus de quarante sociétés, s'impose. Le trust pétrolier, créé en 1882 par John D. Rockefeller, a par la suite consolidé sa position en s'associant avec des partenaires plus ou moins louches et en écrasant la concurrence, pour finir par être présent à chaque étape de la chaîne de production. À son apogée, la Standard Oil avait la mainmise sur pratiquement toute la production, la transformation, la vente et le transport du pétrole aux États-Unis.

En 2019, Facebook détient dans son escarcelle presque 70 sociétés, grâce à des accords s'élevant pour la majorité à moins de 100 millions de dollars, et donc échappant à tout contrôle des instances régulatrices. Lorsque l'accord avec Instagram est examiné par la FTC en 2012, Facebook affirme que l'application de partage de photos n'est pas un concurrent direct. Et en 2014, le géant utilise un argument semblable pour défendre l'acquisition de WhatsApp : l'application n'est pas en concurrence avec le cœur de ses activités. Si les commissions de régulation ne bloquent pas les accords, c'est parce que les preuves manquent pour établir que Facebook est en train de liquider des concurrents. À l'époque, Instagram et WhatsApp ne font pas de publicité, et la FTC ne tient pas compte du fait qu'en absorbant ces applications, Facebook va alimenter sa base de données à destination des publicitaires et renforcer sa domination sur les médias sociaux. « Les leçons de l'Histoire étaient là, sous nos yeux, et pourtant nous prenions tranquillement la même direction, déclarera Tim Wu. Le *Gilded Age* nous avait appris qu'une concentration extrême dans le domaine économique génère souffrances et inégalités, et apporte de l'eau au moulin des leaders nationalistes et extrémistes. »

Si l'on en croit les deux professeurs de droit, Facebook tentera également de liquider ses concurrents. En 2013, d'après un document rendu public au Royaume-Uni par le Digital, Culture, Media and Sports Committee dans le cadre d'une enquête visant Facebook pour des soupçons de violation de la vie privée, des mails internes indiquent que la société a effacé Vine, le service de vidéos courtes de Twitter, de la fonctionnalité Recherche d'amis sur le protocole Open Graph. Certains spécialistes des réseaux sociaux affirment que la décision sera fatale à Vine, qui disparaît en 2016. « Les dossiers apportent la preuve des agissements hostiles de Facebook qui, en interdisant à cette application l'accès aux données, la condamna à l'échec[15] », expliquera Damian Collins, membre du Digital, Culture, Media and Sports Committee.

Lors de conversations avec des connaissances ou des concurrents, Mark Zuckerberg a coutume de dire : « Maintenant, vous savez contre qui vous vous battez » – citation tirée, d'après un ami, du film *Troie*. À l'instar d'Achille, le héros grec qui prononce la phrase, le numéro 1 de Facebook signale par là son intention de liquider son adversaire.

Dans son livre *The Curse of Bigness : Antitrust in the New Gilded Age*, Tim Wu présente plusieurs théories qu'il a développées avec Scott Hemphill. Chris Hughes lit l'ouvrage peu après sa publication en novembre 2018 pendant ses vacances en famille au Mexique. À son retour, les deux hommes se rencontrent pour échanger leurs idées, puis se mettent en quête d'alliés au sein du parti démocrate et du monde des affaires.

Fin janvier 2019, Tim Wu tombe par hasard, au cours d'une fête organisée dans le cadre du festival de cinéma Sundance à Park City, sur Jim Steyer, fondateur de Common Sense. Le premier parle de ses théories antitrust au second, qui applaudit des deux mains.

Il est alors décidé de rallier à la cause d'autres agitateurs, dont Roger McNamee, ancien camarade de classe de Jim Steyer, qui a été l'un des premiers à investir dans Facebook et est en pleine rédaction d'un pamphlet intitulé *Zucked**. L'étape suivante sera de demander l'avis de Bruce Reed, conseiller auprès de l'équipe de Common Sense et ancien secrétaire général du vice-président Joe Biden, qui a affronté Facebook dans le cadre d'une poursuite judiciaire en Californie pour non-respect des règles de confidentialité.

Jamais le géant de la tech n'a suscité autant d'animosité. Les organisations de défense des droits civiques et les défenseurs des droits des consommateurs dénoncent de graves violations des droits de l'homme et de la vie privée. Des parlementaires des deux bords publient régulièrement des déclarations très critiques à son égard, et Trump lui-même a accusé Facebook et Twitter de censure. C'est donc un nouveau front

* *Facebook. La Catastrophe annoncée*, Quanto, 2019.

que Tim Wu et son petit groupe ouvrent, avec pour but de rassembler les preuves qu'on a affaire à un trust. « Nous sommes, comme je le dis, la Coalition des Volontaires », explique-t-il – allusion aux forces multinationales sous commandement américain qui, pendant la présidence de George W. Bush, ont envahi l'Irak.

Tim Wu et Scott Hemphill préparent leurs arguments sous forme d'un diaporama avec lequel ils partent en tournée en février, rencontrant les collaborateurs de onze procureurs généraux, dont ceux de l'État de New York, de la Californie et du Nebraska. Une visioconférence est organisée, au cours de laquelle Chris Hughes se joint à eux pour implorer les hautes autorités responsables de la lutte antitrust au ministère de la Justice et à la FTC de démanteler Facebook.

12

Menace existentielle

La veille de la publication de la tribune de Chris Hughes, Sheryl Sandberg s'entretient avec Nancy Pelosi, présidente de la Chambre des représentants. La rencontre couronne deux jours de réunions tendues avec des membres républicains et démocrates des Comités du commerce des deux Chambres, qui ont attaqué la numéro 2 de Facebook sur les problèmes de confidentialité et de désinformation qui pourraient survenir pendant les élections de 2020 et l'ont mise en demeure d'agir [1].

La période est éprouvante. Sheryl Sandberg croule sous les responsabilités. D'après certains amis, elle vit mal la pression – et dans une moindre mesure la culpabilité – causée par l'accumulation de scandales autour de Facebook.

Lorsque Nancy Pelosi fait son apparition dans le salon des invités, Sheryl Sandberg lui adresse un sourire, auquel la présidente de la Chambre répond froidement, en lui faisant signe de s'asseoir à côté d'elle sur un canapé. Rien à voir avec ce jour de juillet 2015 où Sheryl Sandberg lui avait rendu visite dans son bureau pour discuter de la place des femmes à des postes de responsabilité. C'était quelques mois après la mort de son mari. Elle avait repris ses voyages et était partout accueillie chaleureusement. « Quel plaisir de recevoir Sheryl Sandberg et son équipe, ici, au Capitole ! » s'était exclamée Nancy Pelosi sur Facebook, dans un post accompagné d'une photo les représentant toutes les deux devant un immense miroir à cadre doré et un drapeau américain. « Merci, Sheryl. Vous aidez les femmes du monde entier à croire en elles-mêmes. Nous savons que quand les femmes s'y mettent, elles réussissent[2] ! »

Mais ça, c'était il y a quatre ans. Ignorant délibérément la froideur de l'accueil, Sheryl Sandberg dresse la liste des efforts accomplis par Facebook : fermeture des comptes étrangers factices, embauche de milliers de modérateurs, mise en place de technologies recourant entre autres à l'intelligence artificielle pour repérer et retirer au plus vite les *fake news*. Facebook, assure-t-elle, ne contestera pas les efforts de régulation. Mark Zuckerberg n'a-t-il pas, dans une tribune publiée par le *Washington Post* en avril, appelé à l'instauration de règles en matière de confidentialité, de lois obligeant à informer sur le financement des campagnes électorales en ligne, et de dispositions légales permettant aux utilisateurs de la plateforme d'extraire leurs données de Facebook et de les utiliser sur des sites rivaux ?

L'entretien dure presque une heure. Oui, Facebook a des problèmes, et le géant semble disposé à faire des efforts pour les résoudre. Tout en restant sur ses gardes, Nancy Pelosi convient qu'il y a des avancées. Enfin. Ils ont visiblement compris, glisse-t-elle à ses conseillers à la fin de la réunion.

Deux semaines plus tard, une vidéo de la présidente de la Chambre devient virale.

Filmée le mardi 21 mai 2019 lors d'une conférence organisée par le Center for American Progress, un think tank progressiste basé à Washington, elle sera postée dès le lendemain sur Facebook. Sur l'image, Nancy Pelosi, visiblement de bonne humeur, raconte devant un public qui s'est déplacé en masse au Renaissance Hotel pour venir l'écouter la prise de bec qu'elle a eue la veille avec Donald Trump à propos de sa campagne en faveur de la procédure d'*impeachment* qui le menace. On voit la foule se lever pour l'applaudir.

Sauf que dans la vidéo Facebook, quelque chose de très bizarre se produit. La présidente commence à avoir des problèmes d'élocution et des difficultés à prononcer le mot *opportunity* (occasion), comme si elle était ivre. Puis, alors qu'elle raconte comment le président a quitté la réunion en trombe, son débit ralentit. « C'était très... très... très étrange. »

La vidéo est rapidement partagée sur la page Facebook « Politics Watchdog », où elle suscite deux millions de vues[3] et plus de deux mille commentaires qualifiant Nancy Pelosi qui d'« ivrogne », qui de « malade mentale ». De là, le lien est envoyé à des centaines de groupes Facebook privés, aux opinions généralement très partisanes. Vingt-quatre heures plus tard, Rudy Giuliani, ancien maire de New York et avocat personnel de Donald Trump, tweete le lien en y ajoutant le commentaire suivant : « Qu'est-ce qui lui arrive, à Nancy Pelosi ? Elle a une drôle de façon de parler[4]. » Le hashtag #DrunkNancy (#NancySaoule) devient tendance.

La vérité, c'est que Nancy Pelosi n'était pas saoule. Elle ne boit pas[5]. Sur C-SPAN, la chaîne câblée publique qui a diffusé la version originale de la vidéo, elle est lucide et parle normalement[6]. Les images circulant sur Facebook et les autres réseaux sociaux ont été modifiées grâce à des techniques permettant de ralentir la voix de 75 % par rapport à son débit normal. Le procédé, d'une simplicité et d'une accessibilité effrayantes, ouvre un nouveau front dans la bataille contre la désinformation dans le champ politique.

Les groupes Facebook privés dont Mark Zuckerberg s'était fait l'apôtre deux mois plus tôt avec son « pivot vers la vie privée » sont ceux-là mêmes qui font à présent circuler la vidéo. Bien à l'abri dans leurs petits cercles, les utilisateurs Facebook ne se contentent pas d'échanger pour rire des conseils sur comment modifier la vidéo : ils partagent leurs techniques pour lui faire atteindre un maximum de personnes.

Pourquoi le réseau social a-t-il laissé circuler la vidéo ? se demande-t-on dans l'entourage de Nancy Pelosi. Quant à la présidente, elle est blême : les entreprises de l'Internet lui avaient assuré qu'elles s'efforçaient de faire le ménage dans leurs sites. Trois semaines plus tôt, Sheryl Sandberg lui avait dit exactement pareil, dans ce même bureau. « Appelez-les, et dites-leur de retirer la vidéo », ordonne-t-elle à ses conseillers.

Quelques heures plus tard, YouTube fait supprimer la vidéo au titre de sa politique de lutte contre la désinformation[7]. Dans l'intervalle, les médias ont commenté l'affaire. Des articles publiés dans le *Washington Post* et d'autres organes de presse détaillent la manipulation à l'origine de la vidéo trafiquée. Pour certains universitaires et législateurs, les plateformes de médias sociaux se trouvent là face à un test décisif avant les élections présidentielles de 2020.

Apprenant que YouTube a retiré la vidéo, Nancy Pelosi demande ce qu'il en est de Facebook. La vidéo, lui répond-on, est encore visible sur plusieurs sites Internet, parmi lesquels des sites d'information de l'ultra-droite et d'autres groupes plus marginaux, mais c'est surtout sur Facebook que les choses se passent – et Facebook ne répond pas aux appels.

Nancy Pelosi n'en revient pas. Ses services entretiennent des liens particulièrement étroits avec le géant du web. Catlin O'Neill, son ancienne directrice de cabinet, figure parmi les lobbyistes de Facebook les plus importants. La boîte compte d'autres collaborateurs issus de l'équipe Obama, qui ont travaillé pour la sénatrice Dianne Feinstein et l'ancien sénateur John Kerry. Tous ces liens n'auraient-ils donc aucun sens ?

Les démocrates se ruent au secours de Nancy Pelosi. David Cicilline, représentant du Rhode Island, tweete peu après l'apparition de la vidéo : « Dis donc, @facebook, tu déconnes. Une fois de plus. T'as intérêt à réparer les dégâts, et vite[8] ! » Le sénateur Brian Schatz accuse la plateforme d'hypocrisie : « Facebook nous répond tout de suite quand il s'agit de parler de législation fédérale, mais quand on leur demande de supprimer une vidéo trafiquée, là, c'est le silence radio. La vérité, ce n'est pas qu'ils sont incapables de résoudre ce problème, c'est qu'ils refusent de faire le nécessaire[9]. »

Le jeudi, Mark Zuckerberg, Sheryl Sandberg et Joel Kaplan se réunissent par visioconférence pour convenir d'une réponse à la situation. Les modérateurs et les technologies d'intelligence artificielle dont Sheryl Sandberg a fait les louanges lors de son entretien avec Nancy Pelosi n'ont pas signalé la vidéo ni empêché sa diffusion. Il s'avère en réalité très simple de contourner les filtres et outils de détection de Facebook. Deux mois plus tôt, les systèmes de la plateforme n'ont pas non plus réussi à repérer les images terrifiantes du tireur de Christchurch (Nouvelle-Zélande) se filmant le 15 mars 2019 en train de tuer 51 fidèles dans deux mosquées – une vidéo conçue pour devenir virale, où le tueur avait mis plusieurs références à des groupes conspirationnistes hébergés par Facebook sur lesquels il pouvait compter pour diffuser largement les images du massacre.

Pendant vingt-quatre heures, les équipes de Facebook se sont démenées pour tracer les copies de la vidéo, et en ont retiré 1,2 million sur les 1,5 million en circulation. Ce qui en laissait 300 000, dont certaines vont rester sur le site pendant plusieurs minutes, voire plusieurs heures. Facebook aura beau plus tard afficher fièrement le retrait de 90 % des vidéos téléchargées, c'est insuffisant pour des images glorifiant un acte barbare. L'incident fait la preuve que les utilisateurs peuvent contourner les garde-fous mis en place par la plateforme en ralentissant la vidéo d'un millième de seconde ou en superposant aux images un tatouage numérique. Certains ont tout bêtement filmé la vidéo elle-même. Celle-ci s'est retrouvée sur les fils d'actualité et a généré des millions de commentaires et de partages au sein des groupes privés.

Clairement, donc, les solutions technologiques imaginées ne méritent pas la confiance que Mark Zuckerberg leur témoigne. Des représentants des gouvernements français, britannique et australien critiquent vivement l'incapacité de Facebook à empêcher le détournement de ses outils. Plusieurs pays proposent l'introduction de nouvelles législations. Prenant l'initiative, Emmanuel Macron et Jacinda Ardern, Première ministre de Nouvelle-Zélande, demandent l'organisation d'un sommet international contre la diffusion en ligne de contenus violents et haineux[10].

Pour en revenir à la vidéo truquée de Nancy Pelosi, elle n'est pas seulement révélatrice de la faiblesse des outils technologiques de Facebook, mais également de désaccords au sein même de la plateforme, dont les directeurs, lobbyistes et communicants passent la journée du lendemain dans des débats interminables. Sheryl Sandberg est d'avis que les règles en vigueur contre la désinformation justifieraient pleinement le retrait de la vidéo, mais en reste là. Joel Kaplan et les lobbyistes d'obédience républicaine soutiennent quant à eux la position de Mark Zuckerberg, celle d'une « ouverture maximale » : il faut absolument afficher une neutralité politique totale, en cohérence avec l'engagement de Facebook pour la liberté d'expression.

Les discussions prennent un tour de plus en plus alambiqué. La vidéo peut-elle être considérée comme une parodie ? se demandent Mark Zuckerberg et quelques membres du département Politique publique. Si c'est le cas, alors elle peut contribuer au débat, la satire ayant toujours occupé une place essentielle en politique. Plusieurs membres du département Communication relèvent que l'émission humoristique « Saturday Night Live » aurait très bien pu diffuser une parodie similaire de Nancy Pelosi. Peut-être, rétorque l'équipe Sécurité, mais les téléspectateurs savent pertinemment que « SNL » donne dans la caricature, alors que la vidéo en question n'est pas signalée comme une parodie. « On trouvait tous que ça prenait beaucoup trop de temps, expliquera un employé, mais quand on essaie de définir une politique concernant des milliards d'êtres humains, peu importe : il faut envisager toutes les conséquences indésirables. »

Entretemps, Monika Bickert et le département Politique des contenus ont lancé une analyse technique de la vidéo, dans le but de voir si elle correspond à ce que Facebook appelle une vidéo *deepfake*, ou infox vidéo, en d'autres termes une vidéo falsifiée grâce aux techniques d'intelligence artificielle ou d'apprentissage profond. La réponse est non.

Le vendredi, quarante-huit heures après l'apparition de la vidéo, Mark Zuckerberg annonce sa décision. La vidéo restera.

Nancy Pelosi ne s'était jusque-là pas montrée aussi critique que certains de ses collègues envers Facebook. Pour cette représentante de Californie, il était logique de considérer le secteur de la tech comme un élément essentiel de l'économie. Mais le mal est fait. « Ne prenez plus d'appel, plus de demande de rendez-vous, cessez toute communication avec Facebook », ordonne-t-elle à ses équipes. Le géant du web vient de perdre son soutien le plus solide au parti démocrate.

Les lobbyistes de Facebook poussent alors Mark Zuckerberg et Sheryl Sandberg à téléphoner personnellement à Nancy Pelosi pour expliquer la décision prise. Elle refuse leur appel et, la semaine suivante, a des mots cinglants pour la plateforme. « On a dit : "Oh les pauvres, à Facebook, ils se sont fait involontairement berner par les Russes." Moi j'affirme que c'était tout sauf involontaire : en ce moment même, ils diffusent en pleine connaissance de cause des images mensongères », déclare-t-elle lors d'une interview pour une radio publique de San Francisco. Facebook, poursuit-elle, est directement responsable du problème de désinformation sur son site. « Pour moi, ils ont prouvé, en ne retirant pas une vidéo dont ils connaissaient le caractère falsifié, qu'ils ont activement aidé la Russie à s'ingérer dans nos élections. »

En privé, Sheryl Sandberg confie qu'elle est déchirée par la décision de Mark Zuckerberg. Le refus de retirer la vidéo rend caducs tous ses efforts pour restaurer la confiance en Facebook. Pourtant, elle n'a pas protesté lors de la vidéoconférence, relèvent certains de ses collègues. Une position qui déçoit ceux qui voyaient en elle la personne la mieux placée pour contester les décisions du grand patron. De toute évidence, en interne, elle suit le chef. « Il n'y a qu'une opinion qui compte », a-t-elle l'habitude de dire à son entourage.

Quelques semaines plus tard, lors d'une table ronde à la conférence du Lions Club à Cannes, en France, quelqu'un l'interroge au sujet de la vidéo. Elle convient que la décision de ne pas la retirer était difficile, et qu'elle y pense encore. Mais elle se refuse à mentionner le nom de Nancy Pelosi et se fait l'écho de la position désormais bien connue de son patron en matière de liberté d'expression. « Quand un contenu est mensonger, je veux dire par là quand il est faux, nous ne le retirons pas, dit-elle d'un ton monocorde et neutre. Parce que nous pensons qu'en vertu du principe de la liberté d'expression, la seule manière de combattre des informations erronées, c'est de leur opposer des informations justes[11]. »

Mark Zuckerberg est inquiet : les partisans d'un découpage de la nébuleuse Facebook commencent à gagner du terrain. À la fin du printemps 2019, un collaborateur a lancé une série d'enquêtes de terrain sur la question de la régulation et des démantèlements de certaines entreprises du Net, dont Facebook. Les personnes interrogées ont répondu que de toutes les options, celle d'un gouvernement mandaté pour détricoter le géant des réseaux sociaux avait leur faveur.

Nick Clegg, qui a remplacé Elliot Schrage, est alors chargé de tuer l'idée dans l'œuf. Il fait publier sa propre tribune dans le *New York Times* en réponse à celle de Chris Hughes et, pour réfuter l'idée que Facebook se trouve en situation de monopole, fait valoir le développement des concurrents Snapchat et Twitter et la menace croissante du chinois TikTok. « Casser un magnifique exemple de *success story* à l'américaine ne va pas éliminer ces problèmes-là[12] », prévient-il.

Contrairement à son prédécesseur, sir Nick Clegg est un orateur né, et un véritable ambassadeur de l'entreprise auprès des dirigeants mondiaux. L'ancien vice-Premier ministre britannique et chef du parti libéral a quitté la scène politique sur une défaite. Entré dans la coalition formée par le Premier ministre David Cameron autour d'un plan d'austérité, il s'était attiré les critiques en augmentant des frais d'inscription à l'université et en réduisant les dépenses publiques. Mais pour les Américains, c'est un visage nouveau. Il conseille à Mark Zuckerberg et à Sheryl Sandberg d'adopter une position plus proactive sur le plan politique. Impossible d'éviter la mise en place de régulations. Alors Facebook doit entraîner les entreprises de la tech dans une campagne en faveur de règles peu contraignantes afin d'éviter des lois plus draconiennes.

Nick Clegg et Joel Kaplan s'entendent tout de suite bien. Ils sont sur la même longueur d'onde en matière de liberté d'expression, et ont tous deux une vision politique des choses. Leur stratégie vise à détourner le regard vers les problèmes économiques et sécuritaires posés par la Chine. Mark Zuckerberg a quasiment abandonné l'idée de pénétrer le marché chinois. En mars, il a dans un message interne annoncé qu'il n'installerait pas de *data centers* dans des pays pratiquant la censure et la surveillance de la population[13]. Sheryl Sandberg et lui critiquent maintenant la Chine ouvertement.

Joel Kaplan va porter leur message à Washington auprès des lobbyistes du secteur. Il propose avec son équipe la création d'un groupement professionnel qui défendra les intérêts des géants technologiques américains, avec à sa tête d'anciens membres de l'armée. L'idée sous-jacente : la réussite des entreprises américaines constitue la meilleure réponse qui soit contre la puissance militaire et industrielle chinoise. Les lobbyistes de Facebook prennent contact avec les dirigeants de l'Internet Association, pour voir si certains de leurs membres – Google, Amazon et Microsoft par exemple – seraient prêts à intégrer la nouvelle organisation, baptisée American Edge (« fer de lance américain »). Ils essuient des refus. « Personne ne voulait s'associer avec Facebook », confiera un cadre dirigeant. Joel Kaplan lance quand même American Edge, avec Facebook pour unique entreprise membre.

Le mois de juin 2019 voit l'ouverture de trois enquêtes sur les pratiques de la plateforme en seulement deux semaines : une de la FTC sur la position de monopole du géant de Menlo Park[14], une deuxième d'un groupe de huit procureurs généraux mené par celui de l'État de New York[15], et une troisième par la sous-commission antitrust de la Chambre des représentants, visant Facebook et d'autres entreprises de la tech[16].

La multiplication inédite de ces enquêtes en surprend plus d'un dans les bureaux de Facebook à Washington. Mais cela n'arrête pas Zuckerberg. En juin, il annonce la création de Libra, une cryptomonnaie susceptible de remplacer les systèmes financiers conventionnels. Les critiques fusent. Pour les régulateurs internationaux, le risque qu'un système géré par une entreprise privée – Facebook en l'occurrence – héberge des activités illégales est réel. Alors le Congrès convoque immédiatement les représentants du réseau social. Joel Kaplan répond au danger en renforçant les moyens du bureau de Washington, avec notamment l'embauche entre juillet et octobre de cinq nouveaux lobbyistes chargés de combattre les visées interventionnistes du gouvernement sur Libra.

Peu à peu, les employés de Menlo Park commencent à percevoir les menaces pesant sur la boîte et à s'inquiéter des enquêtes antitrust. En juillet, lors de deux Q&A, ils demandent à Mark Zuckerberg ce qu'il pense des appels de plus en plus pressants dans la sphère politique à casser Facebook, et par exemple de la promesse à laquelle s'est engagée Elizabeth Warren, candidate aux élections présidentielles, de démanteler l'entreprise.

Si elle est élue, répond Mark Zuckerberg, Facebook devra se préparer à une guerre sans merci. « En fin de compte, ajoute-t-il, si quelqu'un menace une chose aussi essentielle pour vous, alors vous montez sur le ring et vous vous battez[17]. »

13

Ingérence au Bureau ovale

En ce 19 septembre 2019, c'est avec discrétion que Mark Zuckerberg entre dans le Bureau ovale – il n'a pas de rendez-vous officiel. Les attachés de presse du président raconteront juste qu'« ils n'ont pas vu le président de toute la journée ». La rencontre entre les deux hommes les plus puissants du monde se déroule en secret.

Donald Trump se penche en avant et pose les coudes sur le *Resolute Desk*, bureau utilisé par pratiquement tous les présidents américains depuis le XIXe siècle. Tandis que devant lui, sur un petit carton rond, un énorme verre de Diet Coke se couvre de buée, il se félicite des performances économiques du pays sous sa présidence. Mark Zuckerberg est assis en face, sur un fauteuil en bois à dossier droit, entre Joel Kaplan et Jared Kushner, gendre et haut conseiller du président. Dan Scavino, directeur des réseaux sociaux de la Maison-Blanche, est installé en bout de rang. Une statue dorée de Poséidon, dieu grec de la mer, trône sur la cheminée en marbre derrière Mark Zuckerberg[1].

Le président monopolise pour ainsi dire la parole. Son équipe a utilisé Facebook avec grand profit, mais il n'en reste pas moins sceptique. Il a un jour accusé le réseau social d'avoir bidouillé son algorithme pour censurer ses partisans. Il en veut également à ses dirigeants, dont Sheryl Sandberg et d'autres hauts cadres, pour leur soutien ouvert à Hillary Clinton pendant les élections de 2016. « Facebook a toujours été anti-Trump », a-t-il écrit sur sa page Facebook en septembre 2017[2]. Lui et son équipe de campagne ont souvent posté sur le réseau social, même si le président préfère utiliser Twitter pour se déchaîner contre ses rivaux politiques et les médias. Le problème, c'est qu'il a besoin de Facebook pour toucher le public, tout autant que Facebook a besoin de rester au centre du débat public, accaparé depuis trois ans par le président.

Ce rendez-vous avec Donald Trump, c'est Joel Kaplan et Peter Thiel qui l'ont obtenu. Mark Zuckerberg a fait la connaissance de Jared Kushner à Harvard, quand ce dernier finissait ses études et que lui-même les commençait. Rencontrant le gendre du président peu avant le rendez-vous dans le Bureau ovale, il le félicite : « Vous avez été très bons sur Facebook. »

Si le patron de Facebook vient voir le président, c'est pour neutraliser l'hostilité de ce dernier envers la plateforme. Il arrive donc avec un cadeau propre à flatter la vanité présidentielle. Son équipe a compilé les chiffres : le président est, de tous les chefs d'État actifs sur Facebook, celui qui a le plus de succès. Son compte personnel a attiré le chiffre astronomique de 28 millions d'utilisateurs. L'ancienne star de la téléréalité apprécie le compliment.

Mark Zuckerberg a préparé un vaste éventail de sujets que Donald Trump serait susceptible d'aborder, dont son animosité envers la Chine. Le président a entamé une guerre commerciale avec la première puissance asiatique, qui s'inscrit dans un programme nationaliste de renforcement du pouvoir des entreprises américaines pour contrer l'émergence des géants chinois. Il a interdit à Huawei et à ZTE de vendre leurs équipements de télécommunications aux États-Unis, et pousse les alliés européens à en faire autant. Mark Zuckerberg saute sur la première occasion pour abonder dans le sens du président. Des applications chinoises comme TikTok et WeChat figurent parmi les plus populaires au niveau mondial et dépassent la plupart de leurs concurrents américains en nombre de téléchargements sur iTunes et Android. Les deux hommes s'accordent à dire que le développement du secteur chinois de la tech, soutenu par le gouvernement de Xi Jinping, menace la domination américaine en matière de technologie et d'innovation.

La discussion se termine au bout d'une heure sur une note très cordiale. Plus tard dans la journée, Donald Trump en révèle la tenue sur Facebook et Twitter avec une photo les représentant, lui et Mark Zuckerberg – ce dernier tout sourire – en train de se serrer la main. « Rencontre très agréable avec Mark Zuckerberg de @Facebook aujourd'hui au Bureau ovale. »

Pour Joel Kaplan et Nick Clegg, l'entrevue au Bureau ovale est un beau coup. Ils estiment que les dirigeants de Facebook doivent entretenir des relations plus étroites avec la présidence. Au cœur de cette stratégie : la rencontre avec Donald Trump. Mark Zuckerberg hésitait beaucoup à s'entretenir directement avec le président, alors que les autres grands patrons avaient fait le pèlerinage à la Maison-Blanche. En privé, il se dit dégoûté par la politique et la rhétorique trumpiennes en matière d'immigration. Il soutient depuis longtemps les droits des immigrants, y compris ceux des *Dreamers*, ces enfants d'immigrants clandestins. Sa femme Priscilla, fille de réfugiés d'origine chinoise installés au Vietnam, lui a suggéré un jour de venir faire du tutorat auprès de ses élèves du lycée de Palo Alto, où elle enseignait. Le patron de Facebook, profondément marqué par cette expérience, est devenu un féroce défenseur de l'immigration. En 2013, il a créé FWD.us, un groupe de pression en faveur de réformes législatives favorisant l'immigration, avec par exemple l'augmentation des quotas pour les travailleurs qualifiés. Pourtant, si l'on excepte quelques commentaires faits juste après l'élection, Mark Zuckerberg ne s'est jamais exprimé jusque-là en public à propos de la politique de Trump en matière d'immigration.

Le fossé se creuse entre Menlo Park, où de nombreux employés ont été choqués par la rencontre avec le président, et le bureau de Washington, dont les équipes estiment que Joel Kaplan ne fait que suivre les usages en règle dans le monde des lobbys. Le but principal, c'est de préserver le statu quo et d'empêcher la mise en place de régulations qui bloqueraient la récolte de données et le ciblage publicitaire, les deux mamelles de Facebook. D'après certains des collaborateurs de Joel Kaplan, cet ancien officier d'artillerie des US Marines aborde sa fonction comme un exercice de tactique militaire, suivant un principe de commandement qui a cours chez les Marines et est désigné sous l'acronyme « JJDIDTIEBUCKLE » pour *Justice* (justice), *Judgement* (jugement), *Dependability* (fiabilité), *Initiative*, etc. Peu importe qui est au pouvoir. Joel Kaplan n'est pas un idéologue, loin de là. En fait, son seul dogme, c'est d'agir sur les cercles d'influence du microcosme washingtonien. Son équipe est composée pratiquement à parts égales de républicains et de démocrates. « Les affaires, c'est les affaires. Si un démocrate se retrouvait à la Maison-Blanche, c'était pareil pour lui », confiera un membre du département Politique publique.

Au cours de l'été, Joel Kaplan a commencé à organiser des dîners et des rencontres réunissant Mark Zuckerberg et des membres influents du parti conservateur, dont le sénateur de Caroline du Sud Lindsey Graham, un allié clé de Donald Trump, et Tucker Carlson, l'animateur incendiaire de Fox News qui a affirmé que le suprématisme blanc était une « farce[3] ». Kaplan demande également à ses lobbyistes démocrates d'organiser des réceptions similaires avec les critiques démocrates de Facebook les plus en vue. Le soir précédant la réunion de septembre avec Donald Trump, Mark Zuckerberg a dîné au Ris, un restaurant du centre de la capitale fédérale, avec Mark Warner, sénateur de Virginie, et Richard Blumenthal, sénateur du Connecticut, ainsi que trois autres législateurs. Tout en mangeant son saumon grillé accompagné de choux de Bruxelles rôtis, le jeune patron a informé ses convives que l'entreprise avait fermé les comptes Facebook étrangers qui avaient diffusé des *fake news*.

Mais sur la côte Ouest, les employés de Facebook jugent les mouvements tactiques de Joel Kaplan profondément cyniques : non, Trump n'est pas un homme politique comme les autres. Il y a une ligne à ne pas franchir. Certains pensent même que les choix de Kaplan témoignent d'une vision à court terme. Pour reprendre les mots utilisés par un salarié de Menlo Park : « Si vous voulez vraiment protéger l'entreprise, il faut protéger les utilisateurs – œuvrer pour leur sécurité et dans leur intérêt –, pas seulement faire du profit. »

À l'époque, Donald Trump se prépare pour une deuxième campagne présidentielle avec la même utilisation des réseaux sociaux qu'en 2016. Son équipe a établi de l'autre côté du Potomac, à quelques kilomètres de la Maison-Blanche, un QG de campagne grassement doté, qui centrera sa stratégie autour de Facebook, comme précédemment. Installé au quatorzième étage d'un immeuble de Rosslyn, en Virginie, qui abritait autrefois une compagnie d'import-export, Brad Parscale, directeur de campagne du président, a engagé une véritable phalange d'experts en campagne et réseaux sociaux[4]. On prévoit de dépenser au bas mot 100 millions de dollars en publicité sur Facebook[5], plus du double de la somme engloutie lors de la campagne de 2016[6].

La stratégie de l'équipe Trump est de submerger les électeurs de posts du président et de publicités sur Facebook. Chaque annonce est dupliquée des dizaines de fois, avec çà et là un petit changement de couleur ou de formulation pour cibler des tranches de population ou des zones géographiques bien particulières. Ces publicités répondent en général à des commentaires négatifs sur Donald Trump diffusés dans les médias traditionnels. Comme l'explique Steve Bannon, l'ancien haut conseiller de Trump dans une interview au site de médias Bloomberg en février 2018, peu importe qui se présente effectivement contre le président. « Ce qui compte, ce n'est pas les démocrates. La vraie opposition, elle est dans les médias, dit-il, et la meilleure façon de les combattre, c'est d'ensevelir la zone sous une couche de merde. »

Sheryl Sandberg n'est pas conviée aux dîners de Joel Kaplan. Elle se concentre sur l'amélioration des relations avec les autres détracteurs de Facebook. En septembre 2019, une semaine après la rencontre signalant le début de la détente entre Mark Zuckerberg et Donald Trump, elle se rend à Atlanta sur l'invitation de la Civil Rights X Tech, une organisation œuvrant au dialogue entre la tech et les acteurs des droits civiques, qui organise une journée de conférences autour du thème de la discrimination dans le monde des technologies nouvelles[7].

Cela fait des années que les militants des droits civiques accusent Facebook d'un défaut de neutralité dans le ciblage publicitaire et lui reprochent de n'avoir fait que très peu de progrès en matière d'intégration d'employés noirs ou hispaniques. Les élections de 2016 ont montré que la plateforme n'a rien fait pour empêcher des agents russes d'utiliser des mouvements tel Black Lives Matter pour atteindre l'électorat noir. Les messages de haine prospèrent sur le site. Les employés toutes races confondues s'expriment de plus en plus ouvertement en interne et critiquent la direction, majoritairement composée de Blancs.

Sheryl Sandberg confie à son cercle rapproché à quel point ces problèmes, et en particulier les accusations d'antisémitisme croissant sur le site, la tourmentent. En mai 2018, sous la pression de figures importantes de la lutte pour les droits, elle a lancé un audit interne avec à sa tête Laura Murphy, défenseuse reconnue des droits civiques et ancienne membre de l'ACLU, l'Union américaine pour les libertés civiles. Elle a également mis son proche conseiller Gene Sperling, ancien directeur du National Economic Council sous l'administration Obama, en rapport avec Laura Murphy et plusieurs leaders des droits civiques pour faciliter le travail de l'audit et concevoir des outils garantissant l'objectivité du recensement et des votes. Le 30 juin 2019, la numéro 2 de Facebook a publié un compte rendu de la situation dans l'entreprise en matière de droits civiques, pointant des pratiques publicitaires discriminatoires bien ancrées, dans le domaine du logement par exemple.

En fait, Facebook a déjà commencé à traiter certains de ces problèmes. En mars 2019, des poursuites judiciaires pour pratiques publicitaires discriminatoires avaient obligé l'entreprise à interdire le ciblage par âge, genre et code postal dans le domaine de l'immobilier, de l'emploi et des opérations financières[8]. Le même mois, la plateforme avait annoncé l'interdiction des groupes et des discours suprématistes défendant l'idée d'un nationalisme blanc. Sheryl Sandberg avait annoncé ensuite la création d'une unité spécialement dédiée aux droits civiques et à la diversité, et affecté des fonds à la prévention des informations erronées autour du recensement de 2020.

« Depuis que j'ai lancé l'audit de Facebook, j'observe une progression dans la volonté d'écoute et d'action en matière de droits civiques, conclut Laura Murphy dans son rapport. Je crois sincèrement que l'entreprise a évolué par rapport à l'année dernière – je vois des employés poser les bonnes questions, réfléchir à la situation sous l'angle des droits civiques, et dénoncer frontalement les problèmes relatifs aux produits et aux choix de Facebook. »

La table ronde d'Atlanta, à laquelle Sheryl Sandberg assiste avec son fils et sa mère, est censée couronner une année difficile de réconciliation progressive avec les leaders des droits civiques, qu'elle a consultés étroitement. « Nous avons apprécié à leur juste mesure les efforts faits par Sheryl et l'avons invitée à venir s'exprimer publiquement pour témoigner de notre volonté de collaborer », se souvient Rashad Robinson, président de Color of Change et l'un des organisateurs de la journée de conférences.

Seulement voilà, deux jours avant, Nick Clegg a lancé une bombe en annonçant au cours d'un entretien à Washington avec le jury du festival Atlantic, fondé en 1857 autour des idéaux américains, que Facebook laissera tous les leaders politiques s'exprimer en toute liberté. Il vient ainsi d'apporter un nouvel éclairage sur cette exception accordée aux contenus « à pertinence particulière », une exception aux contours flous, motivée au départ par le désir de préserver la vidéo où Donald Trump évoquait le décret « anti-musulmans ». L'exception avait été formulée plus ouvertement quand le site avait autorisé de nouveau la diffusion de la photo iconique où l'on voit une petite fille fuyant son village attaqué au napalm pendant la guerre du Vietnam – photo initialement retirée parce qu'elle violait les règles en matière d'exploitation des enfants. Le but de Nick Clegg : déclarer publiquement que le géant du Net a décidé de transformer cette exception en règle applicable à tout type de discours politique, sauf ceux susceptibles d'encourager la violence.

« Notre rôle est de nous assurer d'un traitement égal pour tous, en observant nous-mêmes une totale neutralité politique », déclare-t-il avec son accent snob d'ancien étudiant de Cambridge. Parcourant le public du regard, il ralentit son débit pour souligner la gravité de ses mots. « C'est pourquoi je tiens à être clair avec vous aujourd'hui – nous ne soumettons aucun discours provenant de nos responsables politiques à nos *fact-checkers* indépendants et nous leur ouvrons notre plateforme, même au cas où les contenus violeraient nos règles habituelles[9]. »

L'expression « discours politique » recouvre, ainsi que le confirmeront par la suite les porte-parole de Facebook, les annonces publicitaires payées par les candidats et leurs équipes de campagne. Ainsi, Nick Clegg entérine pour la première fois le fait que les publicités politiques ne sont pas vérifiées. Les hommes politiques peuvent donc, moyennant finance, poster des mensonges sur le site.

Au moment où Sheryl Sandberg prend la parole à Atlanta, l'annonce faite par Nick Clegg deux jours plus tôt suscite déjà les commentaires courroucés du public. La décision de Facebook est dangereuse : elle risque d'ouvrir la porte à un déferlement d'infox et à la triche électorale, disent certains. Depuis la fin du XIXe siècle, les exemples ne manquent pas dans l'histoire américaine de gouverneurs ayant eu recours à des lois ségrégationnistes, à des tests d'alphabétisation et à des impôts locaux pour empêcher les Afro-Américains de voter. « Mes collègues et moi-même étions venus pour discuter de solutions – pas pour faire face à de nouvelles décisions ouvertement nocives, déclarera Vanita Gupta, présidente de la Leadership Conference on Civil and Human Rights. Nous étions arrivés à Atlanta confiants, et en sommes partis inquiets de voir que l'exception instaurée par Facebook revenait sur les progrès qui avaient été faits. »

Les représentants de Facebook présents à Atlanta tentent de calmer les esprits. La mesure n'a rien de nouveau, disent-ils, et les médias ont grossièrement déformé les propos de Nick Clegg. « De l'enfumage, racontera un leader des droits civiques. La mesure était nouvelle, clairement : nous n'en avions jamais entendu parler. »

Le moment est particulièrement mal choisi pour Sheryl Sandberg. « Désolée de ne pas pouvoir vous donner des réponses satisfaisantes, là, tout de suite, déclare-t-elle en levant les mains au ciel. Ces réponses, nous ne les avons pas... Mais ce dont vous pouvez être sûrs, c'est de mon engagement personnel total, aujourd'hui et demain, de ma volonté de rester avec vous et de vous écouter, non seulement moi, mais également mon entreprise[10]. »

Rashad Robinson, de Color of Change, a engagé une équipe pour filmer les discussions d'Atlanta, avec l'idée de promouvoir l'événement sur son site. Le matin même, il annule tout. « Au bout du compte, le message, c'était que Facebook faisait des affaires, et que c'est comme ça qu'ils opèrent », dira-t-il.

Certains leaders des droits civiques estiment que Sheryl Sandberg est aveuglée par l'annonce de Nick Clegg. D'après l'un de ses proches, présent à Atlanta, elle a déclaré qu'il y avait tellement de choses qui arrivaient en même temps qu'elle était peut-être passée à côté de certains détails, même si on les lui a signalés. Quant aux officiels de Facebook, ils affirment qu'elle a tout à fait conscience de l'annonce faite par Nick Clegg et qu'elle approuve les décisions prises.

Moins de vingt-quatre heures après la table ronde d'Atlanta, une publicité de trente secondes attaquant Joseph Biden, le candidat démocrate, apparaît sur Facebook. Financée par un PAC (*political action committee*, comité d'action politique) pro-Trump, l'annonce commence par une vidéo au son très mauvais, où l'on voit Joe Biden, à l'époque vice-président de Barack Obama, rencontrer des officiels ukrainiens. « Joe Biden a promis à l'Ukraine 1 milliard de dollars pour limoger le magistrat qui enquête sur la boîte de son fils », affirme une voix d'un ton grave. Puis on voit les images d'une réunion du Council of Foreign Relations, un think tank travaillant sur la politique étrangère américaine, au cours de laquelle Joe Biden mentionne la somme : « Quand le président Trump demande à l'Ukraine d'enquêter sur les soupçons de corruption, les démocrates exigent sa destitution », y entend-on. Le locataire de la Maison-Blanche détourne ainsi à son avantage le coup de fil qu'il a passé le 25 juillet 2019 à Volodymyr Zelensky, tout nouveau président ukrainien, au cours duquel il a promis de libérer les fonds destinés par le Congrès à la guerre contre la Russie à la condition que l'Ukraine ouvre une enquête sur Joe Biden et son fils Hunter. La version présentée par l'équipe de Trump est biaisée, rien ne prouvant que Joe Biden ait œuvré à la mise à pied d'un magistrat ukrainien pour protéger son fils.

La vidéo circule pendant plusieurs jours sur Facebook, où elle sera vue plus de cinq millions de fois. Le 4 octobre, l'équipe Biden écrit une lettre à Mark Zuckerberg et Sheryl Sandberg pour exiger son retrait. Lettre qui reste sans réponse.

Le 7 octobre, Katie Harbath, chargée des relations avec les équipes de campagne des candidats, répond enfin. « La prise de parole politique est sans doute la plus scrutée », écrit-elle, ajoutant que la vidéo trompeuse ne sera pas vérifiée et qu'elle restera sur le site.

Le 17 octobre, Mark Zuckerberg se rend sur le campus de l'université de Georgetown, à Washington, pour un premier discours important sur les responsabilités de Facebook en tant que plateforme d'expression politique. Il vient défendre sa nouvelle position sur les *fake news* et braver les critiques émanant de l'équipe de campagne de Joe Biden et de dizaines de législateurs.

Il commence son discours par un mensonge.

Debout derrière un pupitre en bois, il s'adresse à 740 étudiants, professeurs et journalistes assemblés dans l'impressionnant Gaston Hall, lieu historique dont les murs ornés de fresques de jésuites et de héros de l'Antiquité grecque ont accueilli présidents, chefs religieux et monarques britanniques. Ce jour-là, le public est silencieux et l'humeur solennelle. Il y a quelques applaudissements polis. Rien à voir avec l'accueil réservé au sénateur Bernie Sanders ou au président Obama, quand les étudiants s'étaient levés et avaient acclamé les orateurs si fort qu'on les entendait à l'extérieur du bâtiment.

Les manches de son sweat-shirt noir retroussées jusqu'aux coudes, le patron de Facebook se met à lire son discours sur téléprompteur. Il commence par une genèse révisionniste de Facebook. Quand il étudiait à Harvard, raconte-t-il, les États-Unis venaient d'entrer en guerre avec l'Irak. « Sur le campus, on avait du mal à y croire », précise-t-il, avant d'ajouter que lui-même et quelques camarades auraient bien aimé entendre d'autres points de vue sur le conflit. « Ces années-là ont modelé ma conviction qu'en donnant la parole à chacun, on offre aux plus faibles la possibilité de se faire entendre, et on oblige la société à devenir meilleure avec le temps. »

En direct sur Twitter, journalistes et universitaires accusent Mark Zuckerberg de réécrire l'histoire. Tout le monde sait qu'à l'origine de Facebook il y a l'idée de noter les filles les plus chaudes de Harvard, très loin de ces objectifs sérieux qu'il évoque quinze ans plus tard à Georgetown. S'il est vrai que certains étudiants de Harvard et d'autres universités américaines ont protesté après l'invasion de l'Irak en 2003, le futur numéro 1 de Facebook ne parlait pas de la guerre à l'époque, pas plus qu'il ne manifestait d'intérêt pour le sujet, si l'on en croit certains amis, et son site était utilisé pour des thèmes bien plus terre à terre. « J'ai été très surpris d'entendre cette version, racontera Chris Hughes. Les gens utilisaient [Thefacebook] pour partager leurs avis sur des films ou de la musique – pas pour protester contre une guerre à l'extérieur du pays. »

Depuis l'arrivée de Facebook sur la scène mondiale, de l'eau a coulé sous les ponts. Mark Zuckerberg, autrefois considéré parmi les étudiants comme la star des hackers, est à présent un milliardaire de trente-cinq ans père de deux enfants. Les étudiants d'aujourd'hui font partie de la génération suivante, pour ainsi dire. Ils n'utilisent pas Facebook – le site est populaire auprès d'un public plus âgé – mais Instagram, et de plus en plus Snapchat et TikTok.

Georgetown était un choix délibéré pour les lobbyistes et l'équipe Politique publique, qui cherchaient un endroit à même de souligner la portée intellectuelle et historique de ce discours : à Washington, non loin de la Maison-Blanche et du Capitole, où se trouvent les personnes auxquelles s'adresse en priorité le propos de Zuckerberg. Il s'agit d'un événement politique majeur pour Facebook. Une équipe a donc été dépêchée pour faire le ménage dans la salle et organiser l'entrée du patron. On a installé des téléprompteurs à côté du pupitre en bois placé au centre de l'estrade. Cela fait plusieurs semaines que le numéro 1 de Facebook prépare son discours.

Discours qu'il poursuit en soulignant l'importance de la liberté d'expression dans le mouvement pour les droits civiques. Chaque fois que le peuple bouge, il y a répression. Zuckerberg évoque Black Lives Matter, Frederick Douglass et Martin Luther King, emprisonné pour avoir protesté pacifiquement. « Dans des périodes de tensions, dit-il, notre premier réflexe est souvent de limiter la liberté d'expression. Parce que nous voulons le progrès, mais pas les tensions qui vont avec la liberté d'expression. »

Internet a donné naissance à de nouvelles formes d'expression libre. Les « garde-fous » des médias traditionnels ont sauté, donnant à chacun un espace d'expression à portée potentiellement mondiale. Contrairement au « quatrième pouvoir », celui des médias devant lesquels rois et présidents devaient présenter des comptes, Facebook fait partie d'une force nouvelle, le « cinquième pouvoir », qui offre à ses 2,7 milliards d'utilisateurs la possibilité de s'exprimer sans filtre. Il y a un grand danger à tenter de faire taire les voix dissonantes. Bien sûr, la cacophonie générée peut se révéler déconcertante, mais le débat constitue un élément essentiel dans une démocratie saine. La population jouera le rôle de *fact-checker* si un responsable politique ment. Et prendre des décisions aussi lourdes de conséquences en termes de gouvernance, ce n'est pas le rôle d'une entreprise, conclut Mark Zuckerberg.

Fin du discours. Il ne répondra à aucune question.

La réaction est immédiate. « J'ai entendu le discours de #MarkZuckerberg, dans lequel il fait référence à mon père, tweete Bernice King, la fille de Martin Luther King. Je suis là si jamais Facebook a besoin d'aide pour mieux comprendre les difficultés que #MLK a dû affronter après les campagnes de désinformation des responsables politiques de l'époque – des campagnes qui ont mené à son assassinat. »

En vérité, Mark Zuckerberg n'a pas vraiment suivi de près les travaux de sa plateforme en matière de droits civiques. Quand Vanita Gupta, qui le poussait depuis longtemps à opérer des changements sur le réseau pour combattre la désinformation, lui a demandé lors d'une conversation téléphonique avant le discours de Georgetown s'il avait des experts du sujet parmi ses équipes, il lui a répondu qu'il avait engagé des anciens collaborateurs de l'administration Obama. Visiblement, il considère, dans son souci de répartir équitablement les sujets entre parti démocrate et parti républicain, que droits humains et droits civiques sont des causes démocrates et progressistes. Or, pour reprendre les termes de Vanita Gupta, « les droits civiques ne sont pas attachés à un parti politique ». La position du patron de Facebook est pour le moins troublante.

Les législateurs, groupes de défense des consommateurs et militants des droits civiques préviennent alors qu'ils vont devoir faire barrage à Facebook pour protéger la bonne tenue des élections de 2020. Sherrilyn Ifill, présidente à la NAACP du Legal Defense Fund (la branche juridique de la National Association for the Advancement of Colored People) et experte reconnue en matière de droit de vote, lance un avertissement : le patron de Facebook vient de manifester « un défaut de compréhension alarmant du monde politique et numérique dans lequel nous vivons ». Le mouvement évoqué par Mark Zuckerberg dans son discours, souligne-t-elle, se battait avant toutes choses pour la citoyenneté et les droits accordés aux Noirs par le quatorzième amendement, ratifié en 1868, pas pour la liberté d'expression qui fait l'objet du premier amendement de 1791. Premier amendement que d'ailleurs le numéro 1 de Facebook a mal interprété, oubliant qu'il protège la liberté d'expression contre la censure gouvernementale. Ceux que Mark Zuckerberg voudrait protéger – les hommes politiques – pourraient se révéler les plus nuisibles. Selon elle, « l'entreprise a refusé de reconnaître pleinement le risque de voir des électeurs découragés ou empêchés de voter ici, en Amérique, notamment par le fait d'utilisateurs qu'elle qualifie de "voix authentiques" – à savoir les hommes politiques et candidats qui se présentent aux élections[11]. »

Pour les universitaires, la nouvelle ligne de Facebook est faussement naïve. Le droit à la liberté d'expression n'est pas le droit à « l'amplification algorithmique » selon Renée DiResta qui, grâce à son travail sur les ingérences russes dans les élections, est devenue une experte reconnue en matière de réseaux sociaux et d'infox. Les outils technologiques créent des caisses de résonnance où des personnes de sensibilité proche partagent les mêmes contenus. Mark Zuckerberg gagne donc sur tous les plans. Facebook est devenu aussi puissant qu'un État-nation, avec une population qui dépasse celle des pays les plus peuplés. Sauf que les nations sont régies par des lois, et que leurs dirigeants investissent dans des services publics – les pompiers par exemple – pour protéger les citoyens. Alors que Zuckerberg ne prend pas en charge la protection des utilisateurs de son réseau.

Certains au sein même de l'entreprise abondent dans le sens de Renée DiResta. « Une parole libre, ce n'est pas la même chose qu'une parole qu'on paie, peut-on lire dans une lettre ouverte signée par des centaines d'employés de Facebook et adressée au grand patron. La diffusion de fausses informations nous affecte tous. Notre ligne actuelle en matière de vérification des contenus postés par des personnes détenant un mandat ou le briguant constitue une menace pour ce que FB représente. Nous exprimons notre opposition ferme à cette politique.

Au lieu de protéger les suffrages des électeurs, elle permet aux politiciens d'instrumentaliser notre plateforme en ciblant des personnes convaincues qu'un contenu posté par un homme politique est forcément fiable[12]. »

Une semaine après le discours de Georgetown, Mark Zuckerberg retourne à Washington pour une audience devant le Comité des services financiers de la Chambre des représentants au sujet de sa nouvelle marotte : Libra. Pour le patron de Facebook, la cryptomonnaie pourrait remplacer dans quelque temps les systèmes monétaires en place, ce qui ferait de son entreprise un leader dans ce domaine. Au cours de son séjour dans la capitale fédérale, il rencontre une nouvelle fois Donald Trump, cette fois-ci pour un dîner secret à la Maison-Blanche. Priscilla est venue avec lui. Melania Trump, la First Lady, Jared Kushner, Ivanka Trump, Peter Thiel et son mari, Matt Danzeisen, sont également conviés à cette soirée décontractée dont l'objectif est de faire se rencontrer les couples[13]. Le locataire de la Maison-Blanche s'est pris de sympathie pour le jeune entrepreneur, qui résiste avec un certain courage aux pressions exercées par les détracteurs de Facebook.

Lors de l'audience, Maxine Waters, représentante démocrate de Californie et présidente du Comité des services financiers, appelle tout d'abord Mark Zuckerberg à abandonner son projet de cryptomonnaie, un projet qui d'après elle présente une multitude de risques en termes de confidentialité, de sécurité, de discrimination et de criminalité. Ne pense-t-il pas que Facebook a déjà suffisamment de problèmes ? Cet entêtement à mettre en place Libra, poursuit-elle, reflète une culture d'entreprise sans pitié. Zuckerberg est prêt à « écraser tout le monde, ses concurrents, ses utilisateurs – femmes, personnes de couleur – et même notre démocratie pour parvenir à ses fins ». Pendant cinq heures, les législateurs attaquent le patron de Facebook sur ses choix et sa décision d'héberger sur sa plateforme des mensonges politiques. À supposer qu'il y ait quelques alliés de Facebook au sein du Comité, ils ne pipent mot.

Alexandria Ocasio-Cortez, fraîchement élue représentante démocrate de l'État de New York, demande alors de quelle latitude elle disposerait si elle voulait répandre des mensonges sur Facebook. « Est-ce que je pourrais publier des contenus visant des républicains et les accusant d'avoir voté aux primaires pour le *Green New Deal* [un projet porté surtout par l'aile gauche du parti démocrate, et elle-même en particulier] ? Vous ne voyez pas le risque qu'il y a à ne soumettre les clips politiques à aucune vérification ? » Réponse de Mark Zuckerberg : les mensonges, ça n'est pas « bien ». Mais il ajoute qu'il est « convaincu que les gens devraient pouvoir comprendre tout seuls ce que disent les hommes politiques pour lesquels ils envisageraient de voter ».

C'est maintenant le tour de Joyce Beatty de le questionner sur les violations des droits civiques au sein de son entreprise. Or il se montre incapable de dire combien d'Afro-Américains utilisent le réseau, alors que le chiffre est largement diffusé par le Pew Research Center (centre de recherches fournisseur de statistiques et de sondages). Puis elle l'interroge sur les recommandations de l'audit ordonné par Facebook sur ces questions. Mark Zuckerberg bafouille, boit une gorgée d'eau à sa grande bouteille en plastique. L'une des recommandations, dit-il, est de constituer une unité spéciale autour de Sheryl Sandberg. Là, Joyce Beatty réprime un ricanement. « Tout le monde sait que Sheryl Sandberg n'est pas vraiment portée sur les droits civiques, dit-elle. Je doute qu'on puisse trouver quoi que ce soit chez elle, dans son histoire, qui signale un engagement dans ce sens. » Mark Zuckerberg, accuse-t-elle, considère la discrimination et les droits civiques comme des questions insignifiantes. « Je trouve ça effroyable et écœurant », déclare-t-elle.

Les relations entre Mark Zuckerberg et le public se sont également dégradées, semble-t-il. Une enquête menée par le Factual Democracy Project en mars 2018 a conclu que seules 24 % des personnes sondées avaient une bonne opinion de lui[14].

Plus tard dans la semaine, lors d'une interview avec Lester Holt, de la chaîne NBC News, le patron de Facebook dira, à propos de la façon dont cette relation a évolué en quinze ans : « Pendant longtemps j'ai eu beaucoup de conseillers… qui me disaient que quand je m'exprimais en public, je devais prendre garde de ne choquer personne. Depuis j'ai grandi : je sais maintenant qu'il est plus important d'être compris que d'être aimé. »

Les apparitions publiques, Sheryl Sandberg a de plus en plus de mal avec, mais le « New Establishment Summit » organisé par le magazine *Vanity Fair* lui semble peu risqué. Le forum, présenté comme l'occasion de rassembler « des géants de la tech, du monde politique, de l'entreprise, des médias et des arts pour discuter des enjeux et des innovations pour le monde de demain », promet d'être davantage un espace d'échanges complices et de festivités qu'une confrontation avec des journalistes intransigeants. Étalé sur deux jours, du 21 au 23 octobre 2019, il doit accueillir entre autres l'actrice Gwyneth Paltrow, Bob Iger, le patron de Disney, et Anthony Scaramucci, ancien porte-parole de Donald Trump. Pour ne rien gâter, Sheryl Sandberg sera interviewée par Katie Couric, une journaliste expérimentée qui a présenté le journal de NBC pendant quinze ans, mais aussi une amie et confidente de longue date. De quoi se sentir parfaitement en confiance. L'expérience d'un veuvage prématuré a créé un lien entre les deux femmes : Katie Couric, qui a perdu son mari, foudroyé par un cancer du côlon à quarante-deux ans, a aidé Sheryl Sandberg à promouvoir son livre *Option B* en l'interviewant à plusieurs reprises.

Les deux femmes passent un certain temps dans le foyer des artistes à échanger des nouvelles. Katie Couric connaît Tom Bernthal, le nouveau compagnon de Sheryl Sandberg. Avant de créer son cabinet de consulting, il a travaillé comme producteur à la NBC, à une période où Katie Couric y était aussi. Les deux femmes montent sur scène, et commencent à plaisanter sur les caricatures projetées sur un immense écran derrière elles et qui sont censées les représenter.

Mais quand l'interview démarre vraiment, le ton change. Sheryl Sandberg ne pense-t-elle pas que la politique nouvellement définie par

Mark Zuckerberg en matière de spots politiques sape tous les efforts accomplis pour empêcher des ingérences dans le processus électoral ? « La Rand Corporation [une institution de recherche, notamment dans le domaine politique] utilise, poursuit Katie Couric, un terme pour définir ce dont je parle : "effritement de la vérité*". Et Mark en personne a justifié sa décision tout en se disant préoccupé par les exemples d'érosion de la vérité en ligne. Vous pouvez nous expliquer les raisons derrière tout ça ? »

Pendant pratiquement cinquante minutes, l'ancienne présentatrice de NBC bombarde Sheryl Sandberg de questions qui n'ont rien de complaisant. Elle l'interroge sur la réaction très critique de plusieurs leaders des droits civiques aux propos tenus par Mark Zuckerberg à Georgetown. Sur les phénomènes de harcèlement sur Instagram et Facebook. Elle la cuisine sur l'effet « caisse de résonnance » créé par Facebook et sur les algorithmes qui agissent à la défaveur d'hommes politiques centristes tel Joe Biden. Elle pousse la directrice des opérations à défendre Facebook contre l'appel lancé par Elizabeth Warren à démanteler le géant, puis lui demande avec un air dubitatif si les efforts auxquels elle s'est engagée permettront vraiment de modifier le modèle d'entreprise de Facebook, basé sur le concept de publicité virale.

Sheryl Sandberg bégaye parfois, fournit des réponses types. À plusieurs reprises, elle reconnaît que les problèmes sont complexes et que Facebook se sent responsable, mais sans aller jusqu'à dire que l'entreprise va vérifier les prises de parole. Elle fait remarquer qu'elle connaît Bernice King personnellement et s'est entretenue avec elle à propos du message qu'elle a tweeté après le discours de Georgetown. Elle avance que le différend entre la fille de Martin Luther King et Mark Zuckerberg offre un bel exemple d'échange verbal courtois, façon de souligner que Menlo Park croit à la liberté de parole et à la

* En anglais *truth decay*, jeu de mots sur *tooth decay*, « carie dentaire ». *(N. d. T.)*

confrontation d'idées opposées. Puis, pour tenter d'apporter un peu de légèreté au débat, elle ajoute qu'elle aurait préféré lire le message de Bernice King sur Facebook plutôt que sur Twitter. La plaisanterie est accueillie en silence par le public.

Alors que la conversation tire à sa fin, Katie Couric pose la question que peu de personnes ont eu l'audace de poser directement à Sheryl Sandberg : « Étant donné que votre nom est associé si étroitement à Facebook, diriez-vous que vous êtes préoccupée par l'impact que ce lien aura sur l'image que vous laisserez de vous-même ? »

Sans même marquer de pause, Sheryl Sandberg répète alors l'idée qu'elle a déjà exprimée quand elle venait d'arriver à Facebook. Le sentiment d'humiliation est cuisant, comme elle le confiera plus tard à son cercle rapproché, mais elle conserve son ton égal et son sourire. « Je crois réellement à ce que j'ai dit sur l'importance de donner la parole à tous. Il y a beaucoup de problèmes à régler. Des problèmes réels. J'ai là un vrai rôle à jouer. Et cela m'honore. »

La vérité est plus complexe. Devant ses pairs et ses amis, Sheryl Sandberg essaie de se démarquer des décisions de Mark Zuckerberg, mais en interne, elle les exécute. Quand le patron de Facebook a prononcé son discours à Georgetown, l'Anti-Defamation League (ADL) l'a mis en garde sur le fait que Facebook offrait un terrain favorable au racisme et à l'antisémitisme. Plusieurs groupes de défense des droits civiques, dont l'ADL, l'ont prévenu que sa nouvelle politique arrivait au moment même où les discours haineux explosaient sur le site. Même les généreux dons de Sheryl Sandberg ne pourraient pas réparer les dégâts de Facebook.

La directrice des opérations confie à ses proches qu'elle est impuissante à faire changer Mark Zuckerberg d'avis. Au consultant externe qui lui a envoyé une série de mails outragés, elle suggère de les transmettre à Nick Clegg et à d'autres personnes qui pourraient peut-être influencer le grand patron. L'inaction de Sheryl Sandberg rend ses collègues et ses collaborateurs furieux : Zuckerberg a pris des décisions en contradiction totale avec les valeurs qu'elle-même défend en public.

Sheryl Sandberg se justifie en soulignant la poigne avec laquelle Zuckerberg occupe ses fonctions de patron. « Elle choisissait prudemment les sujets d'affrontement », racontera un ancien employé. Elle est certes officiellement numéro 2, mais les impétrants ne manquent pas au sommet de la pyramide Facebook : Nick Clegg, Joel Kaplan ainsi que des cadres dirigeants tel Javier Olivan sont en train de jouer un rôle de plus en plus important, de même qu'Adam Mosseri, patron d'Instagram, et Guy Rosen, l'ancien cofondateur d'Onavo maintenant à la tête du département Intégrité. Nick Clegg donne de plus en plus d'interviews à la télévision, ce dont Sheryl Sandberg, d'après ses conseillers, se décharge avec plaisir.

Elle est devenue moins sûre d'elle. Les médias ne la ménagent pas et soulignent ses problèmes de leadership. Alors elle commence à se mettre en retrait en même temps qu'elle se place de plus en plus sur la défensive. « Elle voudrait donner l'impression qu'elle est parfaite, et du coup ça l'empêche de bien se défendre », d'après un ami.

Une organisation que Sheryl Sandberg soutient depuis des années s'apprête également à s'attaquer à Facebook – l'Anti-Defamation League. L'humoriste Sacha Baron Cohen doit prononcer en novembre un discours lors du congrès de l'ADL. Il a prévu de parler des discours haineux et antisémites qui envahissent les réseaux sociaux. Il a pris contact, pour l'aider à écrire son discours, avec Jim Steyer, de Common Sense Media, qu'il connaît par l'intermédiaire de son avocat, et avec d'autres membres de la « Coalition des Volontaires » constituée par Tim Wu et Scott Hemphill.

Le 21 novembre, l'humoriste livre en vingt-quatre minutes une condamnation sans appel des *Silicon Six*, six patrons d'entreprises de la tech qu'il accuse de répandre la haine. Pour lui, le discours de Georgetown, c'est « des conneries » : « Nous ne sommes pas en train de parler d'entrave à la liberté d'expression, poursuit-il, nous sommes en train de parler de gens – dont certains sont coupables des pires crimes au monde – auxquels on offre la plus grande plateforme de l'Histoire pour diffuser leur message à un tiers de la planète. »

Chaque année en janvier depuis plus de dix ans, Mark Zuckerberg poste sa résolution de l'année sur le site. En 2010, il avait décidé d'apprendre le mandarin. En 2015, de lire un nouveau livre toutes les deux semaines. En 2016, de créer un programme d'intelligence artificielle pour sa maison et de courir un mile (1,6 kilomètre) par jour[15].

À partir de 2018, ses résolutions revêtent un caractère plus urgent et plus grave. Cette année-là, il promet de résoudre les nombreux problèmes de Facebook : « Protéger notre communauté de la violence et de la haine, bloquer toute ingérence d'un État-nation, ou s'assurer que le temps qu'on passe sur Facebook est du temps passé utilement[16]. » En 2019, il annonce qu'il participera à une série de discussions avec des intellectuels influents portant sur le rôle de la technologie dans la société et dans le futur.

Pour 2020, l'objectif est plus ambitieux. Au lieu de se donner un défi, Mark Zuckerberg décide de s'attaquer à certains des problèmes les plus insolubles de la planète pour les dix prochaines années. Dans un post de 1 500 mots, il parle de son rôle de père et de ses initiatives philanthropiques pour combattre les maladies et allonger l'espérance de vie. Il se présente comme un vénérable chef d'État, à la manière de son mentor Bill Gates, qui le conseille et dont il espère suivre l'exemple pour se transformer en bienfaiteur de l'humanité. Cela fait plusieurs années qu'il s'agace du peu de respect et d'attention que lui valent ses actions caritatives, dit-il aux employés et sondeurs chargés de mesurer sa réputation à travers des enquêtes d'opinion régulières. L'association philanthropique qu'il a fondée avec sa femme Priscilla, la Chan Zuckerberg Initiative, est un exemple parfait. Sa création a été annoncée en décembre 2019 dans un grand battage médiatique. Pourtant, le concert de louanges des débuts a été noyé sous un flot de reportages critiquant sa décision d'enregistrer la fondation, à laquelle il consacre la majeure partie de sa fortune, sous le statut de *Limited Liability Corporation* (LLC, l'équivalent américain d'une SARL, société à responsabilité limitée), statut qui permet au jeune couple de milliardaires d'échapper à l'impôt sur les bénéfices. Secoué par tous les commentaires négatifs, Mark Zuckerberg, en villégiature dans sa maison de Hawaï, appelle Sheryl Sandberg et Elliot Schrage, qui ont aidé au lancement médiatique de la fondation. Ils ont merdé, hurle-t-il – une explosion de colère rarissime qui montre à quel point Mark Zuckerberg supporte mal de ne pas pouvoir s'attirer les regards bienveillants du public. « Il était furieux contre la presse, se souvient un employé de Facebook. Il disait : "Pourquoi les gens ne pensent pas la même chose de moi que de Bill Gates ?" »

Le 31 janvier 2020, Mark Zuckerberg participe au « Silicon Slopes Tech Summit », un congrès de la tech qui se tient à Salt Lake City. Invité à s'exprimer, il reconnaît qu'il ne communique pas bien. Depuis que Facebook existe, il s'est débrouillé, explique-t-il, pour ne pas mettre en avant ses propres intentions. Sauf que la boîte est devenue trop importante. En tant que leader, il se doit de défendre ses positions publiquement. Son entreprise est profondément attachée à la liberté d'expression.

« Il arrive un moment où il faut vraiment tenir la ligne, ajoute-t-il. C'est notre nouvelle approche, et je pense que ça va faire chier beaucoup de monde. Mais vous savez quoi ? Franchement, l'ancienne approche faisait également chier beaucoup de monde, alors autant essayer autre chose. »

Quand on lui demande s'il a l'impression de prendre des coups pour « toute l'industrie de l'Internet », il explose de rire. Il lui faut quelques secondes pour se reprendre. « Mettons. C'est ce qui se passe quand on est leader. »

14

Pour un monde meilleur

Mark Zuckerberg a compris, bien avant le gouvernement américain et quasiment tout le monde, que la Covid-19 se répandait dangereusement vite. Mi-janvier, des experts des maladies infectieuses travaillant pour la Chan Zuckerberg Initiative (CZI) ont commencé à lui transmettre des informations secrètes sur la diffusion du virus. Le docteur Tom Frieden, ex-directeur des Centers for Disease Control and Prevention (CDC), la principale agence de santé publique américaine, et Joe DeRisi, coprésident du Biohub financé par la CZI, lui ont expliqué que le gouvernement chinois et Donald Trump minimisaient le risque et que le virus touchait désormais une demi-douzaine de pays. Facebook a les moyens de jouer un rôle déterminant contre ce qui se dessine comme la première pandémie de l'âge de l'Internet.

Le 26 janvier, le patron de Facebook ordonne à son encadrement d'abandonner toutes les tâches non essentielles et de se tenir prêt[1]. L'équipe Engagement civique, qui, en prévision des élections présidentielles, a commencé à mettre au point de nouveaux outils, dont un hub dédié au partage d'informations sur le scrutin, se focalise maintenant sur la création d'un espace centralisant les informations en provenance du CDC et de l'OMS. On prévoit d'appliquer les procédés de *fact-checking* à l'identification des fausses informations afin de lutter contre les théories conspirationnistes se développant autour du virus. Les équipes Ressources humaines doivent définir un cadre permettant le télétravail, les bureaux chinois de Facebook étant quant à eux chargés de récolter des informations sur ce qui se passe réellement là-bas. Les relations personnelles que Mark Zuckerberg entretient avec les médecins et experts les plus célèbres seront mises à profit pour mettre en avant des figures d'autorité. Le patron de Facebook demande à ses équipes de faire leur rapport dans les quarante-huit heures. « On a affaire à un truc qui va devenir massif. Il faut être prêt », dit-il.

Le 30 janvier, quand l'OMS qualifie l'épidémie d'urgence de santé publique, l'équipe Relations publiques de Facebook a déjà préparé un post à ce sujet. En quelques heures, l'entreprise révèle son plan : agir contre les infox, permettre l'accès à des données émanant de sources d'autorité, et accorder à l'OMS et à l'agence de santé publique des crédits illimités pour diffuser toute annonce concernant le nouveau coronavirus. Facebook est la première entreprise de la Silicon Valley à réagir.

Mark Zuckerberg est également l'un des premiers chefs d'entreprise américains à fermer ses bureaux et à permettre aux employés de travailler depuis chez eux. Il leur envoie d'ailleurs une note détaillant ce que le virus va changer à Facebook. L'entreprise risque de perdre une part de ses revenus publicitaires à cause des effets ravageurs de la pandémie sur les entreprises tous secteurs confondus. Les infrastructures – les *data centers*, par exemple – vont être mises à rude épreuve puisque des milliards de connexions se feront simultanément.

Les médias saluent la réaction du géant du web, ce qui remonte le moral des troupes. Mark Zuckerberg tient là l'occasion de redorer son image de leader. Alors, accompagné de Priscilla, qui a exercé la médecine pendant des années à San Francisco, il invite le docteur Anthony Fauci, immunologue chevronné et conseiller de Trump pour la gestion de l'épidémie, à une interview Facebook live qui sera regardée par plus de cinq millions de personnes. Puis il fait plusieurs vidéos live avec d'autres figures d'autorité, parmi lesquelles Gavin Newsom, gouverneur de Californie, et le docteur Don Ganem, virologue et spécialiste des maladies infectieuses. Les télévisions commencent à l'inviter pour qu'il s'exprime sur les mesures prises contre l'épidémie.

Celle-ci sévit depuis un mois quand le numéro 1 de Facebook reçoit des chiffres montrant que l'offensive de relations publiques est en train de jouer sur l'image de la boîte. Cela faisait des années que le géant du web interrogeait quotidiennement ses utilisateurs sur l'opinion qu'ils avaient du site. Deux questions en particulier retenaient l'attention de Mark Zuckerberg : pensez-vous que Facebook « crée un monde meilleur » ; et : pensez-vous que Facebook « se soucie de ses utilisateurs » ? Le grand patron citait les taux de réponse à ces deux questions si fréquemment que dans les réunions on parlait de « GFW » (*good for the world*) et « CAU » (*care about users*). Début avril, le nombre de réponses affirmatives à la première question (GFW) est à la hausse pour la première fois depuis le scandale Cambridge Analytica.

Mais voilà que le 23 avril, au cours d'un briefing à la Maison-Blanche, Donald Trump suggère que les désinfectants et les rayons ultraviolets peuvent traiter le nouveau coronavirus. Un vrai crash-test pour Facebook. Rapidement critiqué par les professionnels du secteur médical, le message du président devient viral sur le site. Quelques heures plus tard, ce sont plus de cinq mille posts qui sont apparus sur Facebook et Instagram, générant dix millions de vues. La plateforme en retire quelques-uns, sans toucher au compte Facebook à l'origine de ces informations fausses et dangereuses – celui du président. Une fois de plus, Donald Trump teste les limites de la politique pleine de bonnes intentions prônée par Mark Zuckerberg. En effet, chaque fois que le patron de Facebook croit savoir comment un responsable politique aussi suivi que Trump utilisera la plateforme, le président fait invariablement mentir les prédictions en contournant les règles du site – et en s'attirant au passage une audience record.

Pendant plus de vingt-quatre heures, l'équipe Communication évite les questions de la presse. Les journalistes font remarquer que Mark Zuckerberg a un jour dit qu'exceptionnellement, la liberté accordée aux prises de parole politiques ne s'appliquerait pas aux fausses informations d'ordre médical. Ne se trouve-t-on pas avec cette crise sanitaire dans une situation où Facebook s'est engagé à agir ?

Les équipes Politique et Contenus se rencontrent alors pour discuter des mesures à prendre. Joel Kaplan rejoint ses collaborateurs sur l'idée que Trump, loin de formuler des *directives*, a juste *envisagé* un possible effet de l'eau de Javel et des rayons ultraviolets. Les communicants de Facebook font valoir la distinction auprès des journalistes et publient le communiqué suivant : « Nous continuons à retirer les contenus affirmant l'existence de pseudo-cures contre la Covid, y compris ceux qui évoquent un liquide désinfectant et des rayons ultraviolets. »

« À Facebook, on n'en revenait pas que ce soit le président qui prône des remèdes complètement farfelus contre la Covid, raconte un haut cadre de l'entreprise. On se retrouvait coincés dans une position intenable. Il fallait soutenir une décision permettant au président de répandre des théories médicales complètement loufoques en pleine pandémie. »

Le 29 mai 2020, décision inédite chez Twitter : le site appose un avertissement sur l'un des tweets de Donald Trump.

À 1 heure du matin, le président a posté un message sur ses comptes Facebook et Twitter au sujet des manifestations qui sèment le trouble dans certaines villes du pays. Les Américains sont descendus dans les rues en réaction à la mort de George Floyd, un homme noir de quarante-six ans qui s'est retrouvé le cou coincé sous le genou d'un policier de Minneapolis pendant plus de neuf minutes. Son crime ? Avoir acheté un paquet de cigarettes avec un faux billet de 20 dollars. Trump s'est dit inquiet de ces protestations : il a proposé à Tim Walz, gouverneur du Minnesota, l'aide de l'armée. « Si la situation dégénère, nous interviendrons, mais en cas de pillages… mitraillage ! » a-t-il écrit dans l'un de ses posts. Avec ses deux comptes combinés, le président touche plus de cent millions d'Américains. Ni Twitter ni

Facebook n'ont encore retiré ou signalé ses posts, en vertu d'une position commune aux deux sites, qui est que le président doit bénéficier d'un traitement spécial en matière de liberté de parole.

L'expression « en cas de pillages… mitraillage ! » fait écho aux termes utilisés par un chef de la police de Miami à la fin des années 1960 à la suite d'émeutes. Elle est doublement insultante : elle assimile des milliers de manifestants non violents à des pilleurs, et elle suggère que la police devrait ouvrir le feu sur les foules rassemblées pacifiquement. C'en est trop pour Twitter. Quelques heures plus tard, la plateforme ajoute au tweet présidentiel un avertissement indiquant que Donald Trump glorifie la violence. En retour, le locataire de la Maison-Blanche brandit la menace de régulations et de l'abrogation de la Section 230, un décret voté en 1996 qui protège les entreprises Internet. « Twitter n'agit pas contre les mensonges et la propagande diffusés par la Chine ou le parti gaucho-démocrate. Twitter s'en prend aux républicains, aux conservateurs et au président des États-Unis. La Section 230 doit être abrogée par le Congrès. En attendant, elle sera suspendue ! »

Depuis un an, Twitter s'écarte peu à peu des positions de Facebook en matière de liberté d'expression. La plateforme a interdit les spots politiques peu après le discours de Georgetown où Mark Zuckerberg réaffirmait sa décision de protéger toute parole venant de la sphère politique. Elle a également commencé à signaler les tweets présidentiels contenant des informations erronées ou trompeuses sur les élections. Cette même semaine, Twitter a inséré un lien vers un site de *fact-checking* dans deux tweets où Trump semait le doute sur le vote par correspondance. Mais les avertissements ajoutés aux tweets sur les manifestations de Black Lives Matter marquent un changement : il ne s'agit plus de corriger des propos fallacieux, mais de dénoncer le risque inhérent aux déclarations de Donald Trump. Ainsi, les dirigeants de Twitter se montrent pleinement conscients de l'utilisation potentiellement nocive que le président fait de leur plateforme.

Avec cette décision de Twitter, les dirigeants de Facebook se retrouvent mis en demeure d'agir contre la rhétorique dangereuse de Trump. La petite bande habituelle se réunit de nouveau pour discuter des options possibles. Joel Kaplan et le département Politique reprennent l'argument utilisé pour défendre les propos trumpiens sur l'eau de Javel : il ne s'agit pas d'une directive précise, et Trump ne donne pas l'ordre de tirer sur des manifestants. Le verdict est alors soumis à l'approbation du patron, et on explique à la Maison-Blanche qu'on est en train d'examiner attentivement les propos de Trump avant de prendre une décision.

Plus tard dans la journée, Donald Trump appelle Mark Zuckerberg pour plaider sa cause et s'assurer que son compte Facebook ne sera pas menacé. Le jeune patron lui dit être déconcerté par la nature clivante et incendiaire du post et peiné par le parallèle rhétorique entre « pillages » et « mitraillage ». Un employé de Facebook mis au courant de la conversation se rappelle : « Zuckerberg a surtout écouté, pendant que le président parlait en rond, comme à son habitude. Je ne dirais pas que Trump s'est excusé pour le post. Il a juste fait le minimum syndical pour que Facebook ne le retire pas. » Mark Zuckerberg tente alors d'aborder la question de la responsabilité. Le président, dit-il, doit personnellement s'assurer qu'il utilise avec raison l'immense influence dont il jouit sur Facebook. Mais le patron de Menlo Park est très clair : il ne retirera pas le post, pas plus qu'il ne fermera le compte de Trump.

Ce qui avait commencé comme une politique d'exception devient ainsi un choix assumé qui place les responsables politiques et les personnalités publiques dans une classe à part jouissant d'une protection spéciale. Choix que le numéro 1 de Facebook justifie sur sa page. Les déclarations de Trump l'ont personnellement choqué, dit-il. « Mais je me dois de réagir pas seulement en tant qu'individu, mais également en tant que dirigeant d'une institution qui défend ardemment la liberté d'expression. »

Le post du patron circule dans toute l'entreprise, accompagné d'un clip extrait d'une interview sur Fox News où Zuckerberg semble critiquer la façon dont Twitter traite le problème Trump. « Nous avons, je crois, une approche différente de celle de Twitter sur ce sujet, dit-il. Je suis tout simplement convaincu que Facebook ne doit pas s'ériger en arbitre décidant de la véracité de tout ce qui se dit en ligne[2]. »

Le contraste entre les deux entreprises de la tech désole les employés de Facebook. Sur leurs réseaux internes, ils demandent s'il y a des postes à pourvoir chez Twitter. Un ingénieur va encore plus loin : y a-t-il un poste « dans n'importe quelle entreprise qui se montre prête à assumer ses responsabilités morales – parce que visiblement, ce n'est pas le cas chez Facebook ». Un autre encore poste un sondage interne pour savoir si ses collègues approuvent la décision de Mark Zuckerberg. Plus de mille répondent que la boîte a fait le mauvais choix.

Le lundi, grève virtuelle surprise à Facebook : des centaines d'employés remplacent leur avatar Workplace par un poing blanc et noir. Certains prennent également la décision inédite de diffuser des messages publics sur leur réseau social et sur leur messagerie où ils reprochent directement au géant du web la décision prise. « La déclaration haineuse du président des États-Unis contre les manifestants noirs est indéfendable, même au nom du principe de la liberté d'expression, écrit Robert Traynham, un Afro-Américain responsable de la communication d'entreprise sur le réseau interne de Black@Facebook. Avec les employés noirs de l'entreprise, et tous ceux qui ont une conscience, j'appelle Mark Zuckerberg à retirer immédiatement le post dans lequel le président prône la violence meurtrière et les menaces directes contre les Noirs. » Le post de Robert Traynham résulte de plusieurs années de colère parmi les employés de couleur, nombreux à ne plus faire suffisamment confiance à leur patron pour exprimer leurs griefs sur Black@Facebook. Ils ont ainsi pris l'habitude de se retrouver en personne ou de parler des problèmes sur des applications chiffrées. Ce lundi-là, ils se regroupent pour soutenir la grève sauvage et pousser l'encadrement à réagir. « Pendant des années, Facebook a tenté de nous calmer en affirmant travailler sur la question de la diversité et être déterminé à mettre en place une plus grande justice sociale. Que vaut tout ça si Mark Zuckerberg donne carte blanche au président des États-Unis pour s'attaquer aux personnes noires sur Facebook ? écrit un autre membre du groupe Black@Facebook. Facebook, dis stop au racisme sur Facebook, et alors peut-être on voudra bien croire que tu défends la justice sociale. »

Trois jours plus tard, trente-trois anciens employés signent une lettre ouverte qu'ils transmettent aux médias, où ils disent ne plus reconnaître le Facebook des premières années. « Ce qui nous a poussés à écrire cette lettre, c'est que nous partageons la même tristesse. Nous sommes effondrés, car cette entreprise que nous avons construite et dont nous pensions qu'elle œuvrait pour un monde meilleur s'est complètement égarée. Nous voulons bien croire qu'il est difficile de répondre à ces questions à grande échelle, mais il était tout aussi difficile de construire la plateforme qui a créé ces problèmes. » La lettre se termine sur un appel direct à Zuckerberg : « S'il te plaît, revois ta position[3]. »

À la séance Q&A hebdomadaire, Mark Zuckerberg apparaît clairement ébranlé. Les divergences au sein de l'entreprise fuitent vers la presse à une vitesse record. Certes, cela fait des années que le *New York Times*, le *Washington Post*, le site The Verge ainsi que d'autres médias publient des infos confidentielles issues des Q&A. Sauf que maintenant, c'est en temps réel que Ryan Mac, journaliste à BuzzFeed, les tweete.

Pendant quatre-vingt-cinq minutes d'affilée, Mark Zuckerberg, assailli de questions sur sa décision de ne pas retirer le post de Trump, répond au pied levé sans s'écarter ne serait-ce que d'un millimètre de sa position. La liberté d'expression, c'est capital. Quand on lui demande s'il a consulté des employés de couleur avant de prendre sa décision, il mentionne Maxine Williams, membre de son cercle rapproché et responsable de la diversité chez Facebook depuis 2013. Le problème, c'est que les troupes n'ont aucune raison de faire confiance à Maxine Williams, vu le peu de progrès observés depuis son arrivée à ce poste. En 2014, Facebook déclarait que 2 % de ses employés étaient noirs et promettait d'inscrire la diversité sur la liste de ses priorités. Cinq ans plus tard, le pourcentage est de 3,8. Plusieurs membres du groupe Black@Facebook soulignent que Maxine Williams n'a pas défendu les employés noirs pendant les grèves sauvages. Le fait que Mark Zuckerberg la mette en avant n'augure rien de bon, pensent les participants à la Q&A. « Si on avait été là, en chair et en os, on aurait entendu grogner dans la salle », se souvient un employé.

Alors Mark Zuckerberg annonce que Maxine Williams sera placée sous l'autorité directe de Sheryl Sandberg – une décision censée attester de son engagement en faveur de la diversité et des employés noirs. Mais aussi bien à l'intérieur qu'à l'extérieur de l'entreprise, la mesure est perçue par beaucoup comme une opération de com'. Certains à Menlo Park ne croient plus en Sheryl Sandberg, arrivée dans la boîte avec une promesse – améliorer la diversité des recrutements – et une mission – lutter contre les violations des droits civiques sur la plateforme. Le problème, c'est que ses actions, notamment des audits annoncés avec tambours et trompettes et des recrutements de diplômés issus des universités traditionnellement noires (*historically black colleges and universities*, HBCU), n'entraînent pas d'amélioration significative. On comprend de moins en moins, au fil des crises qui se succèdent ces dernières années, quel est son rôle dans l'entreprise. C'est comme si elle s'était fondue dans le décor. Nick Clegg et Mark Zuckerberg se chargent le plus souvent des interviews et des discours et conférences. Sheryl Sandberg n'a pas évoqué publiquement ses désaccords avec la ligne tracée par Mark Zuckerberg en matière de liberté d'expression. « On a été très déçus, se souvient un ancien employé. On attendait qu'elle s'exprime à propos de Trump, surtout après le post où il menace de faire tirer sur les manifestants. Mais elle n'a rien dit. Soit elle n'a aucun pouvoir, soit elle est complice. Ou alors c'est les deux. »

Mark Zuckerberg, qui télétravaille depuis sa maison de Palo Alto ou sa propriété à Hawaï, a vu les images des manifestations qui se multiplient dans le pays, ainsi que celles de Trump se démenant pour jeter le doute sur la légitimité du vote par correspondance. En juillet 2020, il confie à Vanita Gupta, de la Leadership Conference on Civil and Human Rights, que la polarisation des débats, les phénomènes de désinformation et les effets des activités de Trump sur Facebook l'inquiètent. « J'ai vraiment peur pour notre démocratie », lui dit-il au téléphone. Les posts du président « jettent le discrédit sur [sa] politique et préparent le terrain de l'autoritarisme ». Celui qui profite le plus de l'extrême tolérance de Facebook en matière de prise de parole est en train d'exploiter honteusement ce privilège. Mark Zuckerberg demande alors à Vanita Gupta, qui s'agace de le voir traîner des pieds quand il s'agit de lutter contre la désinformation électorale, de l'aider à concevoir une ligne plus ferme avant les élections de novembre. Il s'engagera, dit-il, personnellement : « Je sens monter l'urgence. »

Une partie du problème réside dans le fait que les comportements les plus extrêmes se déroulent dans des groupes fermés ou privés. En encourageant les utilisateurs à former de nouveaux cercles, Facebook a rendu toute régulation encore plus difficile. Les recherches montraient que quand on faisait partie de plusieurs groupes, on passait en général plus de temps sur Facebook. Et Zuckerberg décrivait les groupes privés comme des espaces de discussion intime que ses utilisateurs apprécieraient certainement. Sauf que maintenant, ces mêmes utilisateurs rejoignent massivement des groupes conspirationnistes ou radicaux, pas les clubs de randonnée ou les associations de parents qu'il avait en tête. Et ça, c'est préoccupant.

« Il m'a semblé pour la première fois vraiment perturbé, émotionnellement et intellectuellement », raconte Vanita Gupta.

Il ne fait aucun doute que la petite voix – et pas celle de Kaplan – chuchotant à l'oreille de Zuckerberg y est pour quelque chose. Chris Cox, de retour à Facebook au poste de directeur des produits depuis un mois, a commencé à aborder la question de la liberté de parole en privé avec Mark Zuckerberg. Depuis sa démission il y a un an, il a travaillé comme conseiller auprès d'une ONG démocrate dans la perspective des prochaines élections, et a exprimé ouvertement sa conviction qu'il faut empêcher la diffusion virale des contenus toxiques et vérifier les spots politiques[4]. « Les réseaux sociaux et les messageries doivent agir de manière responsable vis-à-vis des contenus à grande circulation », a-t-il déclaré peu après sa démission lors d'un colloque de South Park Commons, une communauté de la tech fondée par Ruchi Sanghvi, cocréatrice avec lui du fil d'actualité[5]. Chris Cox a également fait beaucoup de méditation pendant son break, et sa pensée s'est radicalement écartée de ses convictions de jeune ingénieur s'étonnant des critiques exprimées sur le fil d'actualité et plusieurs autres produits. « Pour moi, ces problèmes d'infox et de non-respect de la vie privée, en gros la capacité à regrouper des données, sont vraiment graves et terrifiants, parce qu'ils créent une concentration asymétrique du pouvoir dont certaines personnes malintentionnées peuvent profiter. »

Ce n'est un secret pour personne que Zuckerberg et Cox sont restés proches après le départ du second, si bien qu'on accueille sans surprise la nouvelle d'une négociation discrète pour son retour au sein de l'encadrement. Que le grand patron le fasse revenir en dépit de ses propos très critiques sur la plateforme en dit long. De fait, certains à Menlo Park se demandent si on ne le réintègre pas justement à cause de ses positions divergentes. « Mark se fiait à Cox pour proposer un point de vue extérieur, parce qu'il savait qu'au fond Cox voulait la réussite de Facebook tout autant que lui-même. Sur ce plan, Cox était l'une des rares personnes en qui il pouvait avoir confiance, expliquera un cadre de Facebook. Que Chris revienne, ça l'a énormément aidé, en fait. C'était le retour de celui sur lequel il testait ses nouvelles idées. »

Quant à l'intéressé, il se sent tenu, en tant qu'ingénieur de la première heure, de réparer les dégâts générés par la technologie qu'il a contribué à créer. « Facebook et nos produits n'ont jamais été aussi pertinents pour construire l'avenir. Je connais la boîte, j'ai aidé à la développer, et il est normal que je me retrousse les manches pour donner un coup de main », écrit-il dans un post Facebook.

Rapidement réintégré dans le cercle restreint des cadres dirigeants, il se tient prêt à descendre dans l'arène pour prendre part aux discussions éminemment tendues sur la ligne à suivre chez Facebook. Le 7 juillet, Mark Zuckerberg, Sheryl Sandberg, Nick Clegg et Chris Cox participent à une visioconférence avec les organisateurs de *Stop Hate for Profit*, une campagne lancée par un collectif de détracteurs de Facebook, parmi lesquels Jim Steyer, de Common Sense, Sacha Baron Cohen et des défenseurs des droits civiques qui grâce à leurs réseaux dans le monde de l'entreprise, ont persuadé de nombreux annonceurs de cesser toute campagne publicitaire sur Facebook pendant un mois. Début juillet, Verizon, Starbucks, Ford et Walgreens ont annoncé qu'ils se joignaient au mouvement[6]. Sheryl Sandberg a alors passé en catastrophe une bonne centaine de coups de fil aux P-DG et directeurs du marketing concernés pour tenter de les faire changer d'avis – en vain.

Pendant la visioconférence, les défenseurs des droits civiques reprochent aux dirigeants de Facebook la montée des propos haineux sur le site. Jonathan Greenblatt, de l'ADL, exige de Zuckerberg qu'il lui explique pourquoi il laisse des négationnistes diffuser leurs idées sur le site. Rashad Robinson, de Color of Change, demande que Facebook suive au moins l'exemple de Twitter et signale le compte de Trump pour incitation à la violence et diffusion d'informations erronées sur le vote par correspondance.

Zuckerberg répond au pied levé à pratiquement toutes les questions. Il soutient que sa plateforme fait des efforts, que ses outils d'intelligence artificielle sont maintenant capables de détecter 90 % des messages et contenus haineux. Ce sont là des progrès majeurs, obtenus grâce à l'efficacité des technologies d'intelligence artificielle et à la consolidation des équipes de modérateurs. Mais vu que des centaines de millions de contenus sont générées tous les jours, les 10 % restants représentent des millions de posts haineux à débusquer – manuellement ou avec les moyens du bord. Pour Jonathan Greenblatt, le raisonnement de Zuckerberg est dangereux : qui oserait affirmer que boire un café ne contenant que 10 % de substances cancérigènes est sans risque ?

Puis Rashad Robinson attaque Joel Kaplan, absent de la visioconférence. « On pourrait continuer comme ça à exiger de vous une politique plus sévère, mais de toute façon vous ne l'appliqueriez pas parce que vous fonctionnez sur un système de primes à l'efficacité basé sur l'idée de ne pas mettre Donald Trump en rogne et d'éviter les régulations, souligne-t-il. C'est Joel Kaplan et votre bureau de Washington qui prennent les décisions. »

Cette critique sans détour semble irriter Zuckerberg. Il n'aime pas se retrouver le dos au mur. Sans compter qu'il se sent obligé de protéger Joel Kaplan, souvent dépeint par la presse comme un scélérat, un mercenaire capable de tout pour renforcer la position de Trump sur le site. « Vous essayez de nous coincer, réplique Zuckerberg en haussant la voix. Mais ici, c'est moi qui commande. »

Cela fait un certain temps que Sheryl Sandberg, Chris Cox et quelques autres demandent instamment au grand patron de revoir sa position sur les contenus négationnistes. Les inquiétudes exprimées par l'ADL et les autres organisations de défense des droits civiques sont justifiées : Facebook doit sévir contre les discours haineux et toxiques. Sa taille gigantesque et ses outils technologiques sont en train d'offrir à l'extrême droite radicale une caisse de résonnance inédite. Zuckerberg a fait du maintien de ce type de contenus une question de principe, mais on n'est plus devant un phénomène marginal. Il faut donc réévaluer le danger.

Par ailleurs, plusieurs données alarmantes sont portées à la connaissance du numéro 1 de Facebook. Un rapport interne révèle que le négationnisme et les théories conspirationnistes autour de la Shoah progressent sur la plateforme et qu'une proportion significative de la génération Y, celle née dans les années 1980-1990, partage ces idées. Certains utilisateurs sont convaincus qu'on a exagéré plusieurs aspects du génocide, d'autres que la tragédie – dans laquelle 6 millions de Juifs ont été tués par les nazis et leurs alliés – a été entièrement fabriquée. Zuckerberg est sous le choc. Il n'arrive pas à comprendre que des personnes de sa génération, qui ont grandi avec toutes les informations disponibles sur Internet, puissent nier la Shoah. Sheryl Sandberg et quelques autres le poussent à se poser la question : peut-il continuer à laisser circuler ces thèses, surtout dans un contexte où l'on voit se multiplier les attaques antisémites aux États-Unis et ailleurs ?

À la fin de l'été 2020, Mark Zuckerberg ordonne au département Politique publique de travailler sur des règles permettant de bannir les thèses négationnistes du site. « C'était un revirement total, mais bizarrement ce n'est pas ainsi que Zuckerberg le voyait. Il parlait d'"évolution", rapportera l'un des communicants de l'entreprise qu'on briefe alors sur comment expliquer aux médias la décision du patron. On était en train d'annoncer des changements de politique fondamentaux, tout en les présentant comme des décisions au cas par cas, isolées. »

Tout aussi alarmants sont les rapports internes qui montrent une augmentation régulière du nombre de groupes extrémistes et conspirationnistes. Le service Sécurité indique que des incidents violents se sont déroulés, et que des commentaires effrayants circulent au sein de groupes Facebook privés. Les spécialistes de l'analyse des données et de la sécurité relèvent entre juin et août 2020 une augmentation de 300 % des contenus liés à la mouvance conspirationniste QAnon. Les adeptes de QAnon font circuler une théorie fumeuse selon laquelle les élites progressistes et certaines célébrités comme Bill Gates, Tom Hanks et George Soros contrôleraient un réseau pédophile mondial. Ils se basent sur le « Pizzagate », une théorie du complot affirmant qu'Hillary Clinton et d'autres figures démocrates violent des enfants dans le sous-sol d'une pizzeria à Washington. Si cette théorie a été démontée à maintes reprises – le restaurant en question n'a même pas de sous-sol –, l'idée d'une conspiration fomentée par les élites mondiales persiste et gagne du terrain sous la présidence de Donald Trump.

Le 19 août, Mark Zuckerberg accepte de retirer certains contenus de QAnon susceptibles de mener à des actes violents. Un changement marginal d'attitude, ne concernant qu'une petite partie des contenus. Le même jour, Facebook annonce également le retrait de 980 groupes, dont ceux qui sont liés au mouvement d'extrême gauche Antifa, bête noire de Trump et des républicains qui les tiennent responsables des manifestations violentes. Un geste où certains voient une concession faite à Joel Kaplan, qui en interne pousse au rééquilibrage politique. « Je ne peux rien donner comme explications, déclare, agacé, un ingénieur de Facebook au journaliste qui l'interroge ce jour-là. Notre idée n'est pas de dire qu'il s'agit du même genre de groupes violents. Simplement, il fallait annoncer les deux décisions le même jour. C'est politique, OK ? Impossible de dire qu'on tape sur QAnon sans annoncer quelque chose d'équivalent à gauche. »

Les membres de l'équipe Facebook chargée de débusquer et de supprimer les contenus extrémistes jugent que la décision du patron constitue une première étape intéressante. Ils surveillent néanmoins de près les réactions de QAnon et des autres groupes d'extrême droite. Ils savent qu'à l'approche des élections, la probabilité d'actes violents peut monter. Le matin du 25 août voit la confirmation de leurs craintes. À 10 h 44, l'administrateur d'une page Facebook intitulée « Kenosha Guard » demande à ses membres éparpillés dans l'Ohio et dans les États voisins de « prendre les armes pour défendre [leur] ville contre les voyous ». Le soir, un post crée un événement intitulé « *Armed Citizens to Protect Our Lives and Property* » (Citoyens armés pour protéger nos vies et nos biens). Plus de 300 utilisateurs répondent qu'ils y seront, et plus de 2 300 manifestent leur intérêt. « Ce soir, j'ai l'intention ferme de tuer les pilleurs et les émeutiers », déclare quelqu'un dans un commentaire posté sur la page[7]. « Maintenant, il et [*sic*] temps de passer aux tirs à balles réelles, et mettre un terme à ces émeutes de gamins exaltés », commente un autre membre de la page. On ajoute des détails sur le type d'armes (le fusil semi-automatique AR-15) et de balles (à tête creuse, qui se déforment lors de l'impact pour causer plus de dommages).

Au cours de la journée, Facebook reçoit 455 alertes concernant la page et en particulier certains commentaires qui violent les règles en matière d'incitation à la violence. Mais l'heure approche, et la page reste en ligne.

Les affrontements entre les manifestants et un groupe d'hommes armés se présentant comme la « garde de Kenosha » commencent à la tombée de la nuit. À 23 h 45, heure locale, un jeune homme armé d'un fusil type AR-15 tue deux personnes et en blesse une troisième.

Zuckerberg est mis au courant dans la nuit. Il demande à ses équipes Politique générale de mener leur enquête. Six jours auparavant, la plateforme a mis en place une mesure interdisant précisément ce genre de groupes et de milices extrémistes. Pourquoi la page Kenosha n'a-t-elle pas été retirée ? demande le patron.

Le lendemain matin, alors que les organes de presse du pays guettent impatiemment la réaction de Facebook aux événements, il reçoit sa réponse. La page Kenosha a enfreint les règles, mais les modérateurs n'avaient pas encore été formés à gérer ce type de situation.

Les communicants de Facebook expliquent aux journalistes que le site a retiré la page Kenosha et que le tireur n'en était pas membre. Deux affirmations qui malmènent quelque peu les faits. S'il est vrai que le tireur n'est pas un membre de la page Kenosha, il est actif sur Facebook, où il consulte et commente les pages consacrées aux forces de police. Et s'il est vrai que Facebook a retiré l'événement du 25 août, la plateforme n'a en réalité rien fait sur la page de la « garde de Kenosha ».

C'est l'un des membres de la « garde », bénéficiant du statut d'administrateur, qui retire l'annonce[8].

Au cours de la Q&A du lendemain, Mark Zuckerberg explique qu'il y a eu une « erreur opérationnelle », certains modérateurs n'ayant pas été formés au signalement de ce genre de post. Mais lors du réexamen des contenus incriminés, ajoute-t-il, les employés travaillant sur le repérage des organisations dangereuses ont compris que la page violait les règles en vigueur, et « on l'a retirée ». Les explications de Zuckerberg ne passent pas bien auprès des employés. Le patron, estiment-ils, se décharge de ses responsabilités sur les modérateurs, les contractuels les moins bien payés sur l'échelle des salaires à Facebook. Et quand un ingénieur explique sur un réseau interne que Zuckerberg ne dit pas la vérité sur qui a effectivement retiré la page, beaucoup à Menlo Park se sentent floués. « Une fois de plus, Mark traitait l'affaire comme s'il s'agissait d'un simple loupé. Il tentait de rejeter la faute sur d'autres personnes. Il était incapable de voir qu'il y avait quelque chose qui clochait chez Facebook pour qu'un groupe comme celui-ci existe, et puisse de surcroît créer un événement et poster des messages appelant ouvertement au meurtre », dira un ingénieur, qui à l'époque confie ses inquiétudes à son supérieur et se voit répondre qu'il faut être « patient », le temps que Facebook mette en place ses nouvelles directives.

Sauf que dans les semaines qui suivent, des groupes d'extrême droite affichent leur solidarité avec le tireur de Kenosha. Des pages de fans sont créées sur Facebook, où certains qualifient ces actes de patriotiques. En un mois, Facebook supprime plus de 6 500 pages et groupes dédiés aux milices. Mais dès qu'une page est retirée, une dizaine d'autres viennent la remplacer en contournant les systèmes programmés pour les détecter.

La tragédie de Kenosha braque les projecteurs sur les faiblesses de la plateforme. En incitant les utilisateurs à rejoindre des groupes, Facebook a de fait aidé les mouvements marginaux, par exemple les milices et les conspirationnistes, à s'organiser et à recruter sur le site. Et même quand la plateforme décide d'instituer la suppression totale, beaucoup se glissent entre les mailles du filet, avec les conséquences terribles que l'on sait. Zuckerberg et Facebook continuent à opérer contre ces groupes au cas par cas, ce qui veut dire que la riposte vient souvent après coup, quand le groupe est devenu dangereux.

Un commentaire posté sur un forum interne par l'un des ingénieurs de la première heure est transmis à Zuckerberg. « Si nous cassons la démocratie, on se souviendra de nous pour cela, écrit l'ingénieur qui déplore les discours au vitriol, les politiques partisanes et les infox qui inondent la plateforme. Est-ce vraiment ça que nous voulons laisser derrière nous ? »

Nous sommes maintenant en octobre 2020. En six jours, Facebook fait deux annonces capitales. Le 6, il annonce le retrait total de tous les comptes QAnon sur son site. Et le 12, l'entreprise rend publique sa politique en matière de contenus négationnistes. Pendant ce temps, en coulisse, les employés du site suppriment des milliers de groupes de miliciens. Zuckerberg est en train de s'éloigner de convictions bien ancrées chez lui, mais personne chez Facebook, pas même l'intéressé, ne présente la chose comme un vrai changement de ligne. Le 15 octobre, au cours d'une Q&A avec ses employés, Zuckerberg repousse l'idée qu'il puisse être en train de renoncer à ses principes. « Quelques personnes m'ont demandé : "Pourquoi on fait ça maintenant ? C'est quoi la raison, et est-ce que ça veut dire qu'on change de philosophie ?" Alors je veux juste m'assurer que je peux aborder le sujet franchement avec vous. La réponse, c'est que non, ça ne veut pas dire qu'on change de philosophie ou qu'on cesse de défendre la liberté d'expression. Ce que ça veut dire, pour moi, c'est que le risque de violences et de troubles est plus élevé. »

Zuckerberg et son département Relations publiques présentent les mesures comme des décisions individuelles prises en même temps par pur hasard. « Tout le monde à Facebook a bien voulu gober l'histoire, mais ça, c'est juste le côté secte de la garde rapprochée de Mark. Personne n'a dit : "Minute, on a changé notre position pour ce qu'on autorise sur Facebook, oui ou non ? On explique ou pas ?" Personne n'a pris le temps de faire ça, racontera un employé qui participe à l'époque aux réunions avec le patron. On était un mois avant les élections, et on avait l'impression d'agir dans la précipitation. »

Plusieurs organisations, l'ADL par exemple, ou encore l'American Israel Public Affairs Committee (l'AIPAC, lobby américain visant à maintenir des liens forts entre Israël et les États-Unis), se félicitent certes des suppressions de pages, mais estiment que cela ne suffit pas. Elles veulent que la plateforme interdise les spots politiques la semaine précédant le scrutin et qu'elle sévisse contre les informations erronées, surtout dans le cas où un candidat, quel qu'il soit, se déclarerait vainqueur avant la proclamation officielle des résultats. Zuckerberg accepte. Ces dernières années, Facebook a introduit des outils visant à protéger les élections des infox, ce qui veut dire entre autres travailler avec des *fact-checkers* extérieurs, signaler des contenus erronés ou trompeurs, et supprimer des dizaines de milliers de comptes qui tentaient de reprendre la technique de « comportement aléatoire coordonné » utilisée par les Russes en 2016. Est également envisagée la création d'un bouton « Kill » qui neutraliserait les spots politiques après le 3 novembre si jamais un candidat contestait les résultats. « Clairement, plus on se rapprochait des élections, plus on se retrouverait avec le risque qu'un candidat utilise Facebook pour se proclamer vainqueur, racontera un membre de l'équipe Élections, qui compte des centaines de membres dans différents services de l'entreprise. On ne mentionnait pas le nom de Trump, mais forcément c'était de lui qu'on parlait. » Zuckerberg, qui s'est réuni tous les jours avec l'équipe Élections, confie à ses proches que le 3 novembre, pour la boîte, « ça passe ou ça casse ». « Il a dit que si on se loupait, plus personne n'aurait confiance dans Facebook. »

L'entreprise de Menlo Park sait que, quoi qu'elle mette en place, Trump a rassemblé autour de lui des utilisateurs Facebook d'une loyauté et d'un engagement à toute épreuve. Son audience sur la plateforme gonfle depuis plusieurs mois. Rien qu'en septembre, sa page Facebook a généré plus de 87 millions d'interactions – plus que CNN, ABC, NBC, le *New York Times*, le *Washington Post* et BuzzFeed réunis[9].

Il est encore tôt le matin ce 3 novembre 2020, et Alex Stamos fait les cent pas dans son séjour autour des bureaux qu'il a disposés en T. Deux ans après son départ de Facebook, il est toujours en lutte contre les dysfonctionnements de la plateforme. Il a constitué à l'université de Stanford une équipe d'universitaires, de chercheurs et d'experts qui travaillent sur les problèmes d'intégrité électorale, la *Election Integrity Team*. Il contribue à la publication de rapports réguliers sur les pays qui font de la désinformation sur Facebook et a établi un système de notation permettant d'évaluer la manière dont le géant du web et d'autres réseaux sociaux préparent les élections. Le jour du scrutin, il est sur le qui-vive, dans l'éventualité par exemple que des mails piratés soient envoyés par une puissance étrangère ou qu'une attaque soit lancée contre un bureau de vote aux États-Unis. Mais ce qui l'inquiète le plus, ce sont les infox maison diffusées aux Américains par des Américains.

« Clairement, le phénomène des infox était devenu un problème intérieur », dira Alex Stamos. Plusieurs sites Internet et médias variés ont réussi, dans les semaines et les mois précédant les élections, à disséminer sur les réseaux sociaux des informations mensongères à propos du vote. Ce 3 novembre, son équipe envoie des centaines de rapports à Facebook, Twitter, YouTube et d'autres réseaux sociaux pour leur signaler les *fake news* qu'elle a détectées. Facebook sera le premier à réagir et à supprimer les contenus nocifs.

Pourtant, des rumeurs circulent en ligne : les machines à voter transformeraient un vote Trump en vote Biden, les bureaux de vote accepteraient des électeurs se présentant sous le nom de leur chien ou de leur chat (ou d'un proche décédé), et enfin certains États se tromperaient sciemment dans le décompte des voix. Ces rumeurs sont sans fondement, mais comme elles sont relayées par le président Donald Trump et ses partisans, elles contribuent à créer l'impression sur Internet que les élections ont sans doute été truquées. « Le jour de l'élection, et le lendemain, nous avons été les témoins d'actions concertées de la part du président et de ses partisans, des actions qui se sont avérées bien plus efficaces que ce que les Russes avaient fait en 2016, remarquera Stamos. D'une certaine façon, leurs résultats dépassaient de loin ce que les Russes espéraient obtenir. »

Les employés de Facebook ont l'impression de se battre contre un véritable raz-de-marée d'infox. On leur demande de signaler tous les posts contenant des informations fausses sur les élections. Le problème, c'est que les signalements, dont un grand nombre se contentent de rediriger les utilisateurs vers le Voting Information Center de Facebook, sont inefficaces. Il est démontré que peu de gens les lisent ou renoncent à partager un contenu signalé. « Imaginez, se souvient un membre du service Sécurité de Facebook. C'est comme si l'industrie du tabac ajoutait sur les paquets de cigarettes quelque chose du genre : "Les autorités sanitaires ont des opinions sur les cigarettes. Lisez la brochure à ce sujet !" C'est exactement ce qu'on faisait. On ne disait pas : "C'est un mensonge. Il n'y a aucune preuve. La vérité, la voici." Peut-être qu'au bout de plusieurs années à laisser Trump dire ce qui lui passait par la tête, les gens se sont tout bonnement habitués à lire des trucs farfelus sur Facebook. »

À l'approche du petit matin, il apparaît clairement que les résultats de l'élection seront trop serrés pour proclamer les résultats. L'équipe Facebook comprend alors que son travail n'est pas terminé. Il faudra peut-être plusieurs jours, voire plusieurs semaines dans certains États, pour annoncer le vainqueur. Ce scénario, on s'y préparait, tout en espérant qu'il ne se produirait pas. Le lendemain du scrutin, les membres de l'équipe Élections sont en réunion virtuelle avec Mark Zuckerberg et lui demandent d'approuver de nouvelles mesures d'urgence exceptionnelles. Parmi les suggestions : changer l'algorithme gérant le fil d'actualité pour mettre en avant les contenus ayant un bon score dans le « News Ecosystem Quality ». Ce système de notation interne et secret évalue le degré de fiabilité des médias, avec d'un côté, ceux que Facebook juge fiables, comme le *New York Times* ou le *Wall Street Journal*, et de l'autre les publications des sites comme le Daily Caller, signalé à maintes reprises par les *fact-checkers* de Menlo Park pour ses articles fallacieux ou trompeurs. Si elle se fait, la modification des algorithmes donnera plus de visibilité aux contenus publiés par les médias bien notés.

Zuckerberg donne son accord. Pendant une période de cinq jours après le vote, les échanges sur Facebook semblent plus calmes, moins conflictuels. « On a commencé à parler du "fil d'actualité plus cool", se souvient un membre de l'équipe Élections. On entrevoyait ce que Facebook pouvait être. » Plusieurs personnes de l'équipe demandent si le « fil d'actu cool » ne pourrait pas être pérennisé.

Mais au fil des semaines, l'ancien algorithme est lentement réintroduit. Guy Rosen, directeur de l'équipe travaillant sur l'intégrité des élections, confirme que les changements, introduits dans l'urgence dans un contexte d'élections cruciales, étaient de toute façon prévus pour être provisoires. Les cadres dirigeants se sont inquiétés à mi-voix de la réaction des conservateurs au cas où des médias de droite se retrouvaient à jamais rétrogradés par l'algorithme. Une autre source de tracas : la durée des sessions a diminué depuis les changements. Depuis un an, les spécialistes des données mesurent les réactions des utilisateurs face à deux types de contenus : « ceux qui contribuent à un monde meilleur », et « ceux qui sont mauvais pour le monde ». Les résultats sont postés sur Facebook sous l'intitulé « P » (mauvais pour le monde), et la visibilité des posts que les gens considèrent comme nocifs est réduite. Les scientifiques constatent alors que, certes, les utilisateurs voient effectivement moins de publications « mauvais pour le monde » sur Facebook, mais qu'ils ouvrent beaucoup moins de sessions.

Or, le Graal de Zuckerberg et des ingénieurs, ce sont les chiffres, les *metrics*. On demande alors aux spécialistes de reprendre leur travail et d'assouplir légèrement leurs critères. Les publications nocives sont moins fréquemment supprimées, et le nombre de sessions se stabilise. Zuckerberg approuvera, dit-on à l'équipe scientifique, de légères modifications, mais uniquement si la nouvelle version ne provoque pas une réduction du taux d'engagement des utilisateurs.

« Le fond de l'histoire : il était hors de question de mettre en danger nos résultats financiers, observera un spécialiste des données qui a travaillé sur les changements d'algorithme. Mark tenait à ce que les gens utilisent Facebook le plus longtemps possible, le plus souvent possible. »

Assise dans un jardin inondé de soleil en face de sa maison de Menlo Park, Sheryl Sandberg est entourée de caméras à haute résolution qui vont diffuser en streaming l'interview qu'elle accorde à Reuters Next. Nous sommes le 11 janvier 2021 et dans quelques jours, Joseph Biden va devenir le quarante-sixième président des États-Unis. Le pays se remet tout juste d'une semaine agitée. Des centaines d'émeutiers ont pris d'assaut le Capitole à Washington au cours de ce qui ressemble à une insurrection en faveur de Donald Trump. Chaque jour, les reporters découvrent les empreintes laissées par les émeutiers sur les médias sociaux, des empreintes qui dessinent tout un réseau d'extrémistes de droite violents, convaincus d'agir dans l'intérêt du quarante-cinquième président.

On a dit à Sheryl Sandberg qu'elle serait interrogée sur le rôle de Facebook dans la préparation de cette émeute. La numéro 2 a été briefée par ses conseillers et son équipe de com sur les réponses à donner. Hors de question qu'elle sorte le même genre de formule que celle utilisée par Mark Zuckerberg en 2016, quand il avait qualifié l'ingérence russe dans les élections d'« idée complètement farfelue ». Il faut mettre en avant ce que Facebook a fait pour améliorer la qualité des prises de parole sur la plateforme et retirer les contenus haineux. Souligner les immenses efforts qui sont entrepris.

Quand la journaliste la questionne sur les événements qui ont poussé des centaines d'émeutiers à prendre d'assaut le Capitole le 6 janvier, Sheryl Sandberg laisse entendre qu'il faut chercher les responsabilités ailleurs, dans les nouveaux réseaux sociaux qui abritent l'extrême droite, Parler ou Gab par exemple. « Je pense que ces événements ont été en grande partie organisés sur des plateformes qui ne disposent pas d'outils comme les nôtres contre la haine en ligne, qui n'ont pas notre niveau d'exigence, ni notre degré de transparence[10] », poursuit-elle. Cette phrase est reprise par les médias dans le monde entier. Outrés, certains membres du Congrès américain ainsi que des chercheurs spécialistes des groupes d'extrême droite accusent alors Facebook de ne pas assumer ses responsabilités. « Sheryl Sandberg, démissionnez ! » titre *The New Republic*.

Quelques jours plus tard, les inculpations commencent à pleuvoir contre les assaillants. Dans le cadre de la procédure, les avocats rassemblent des preuves trouvées sur des réseaux sociaux comme Facebook ou Twitter, qui montrent sans aucune ambiguïté comment les acteurs de l'assaut – organisateurs et participants – ont utilisé la plateforme de Facebook.

Dans l'un des actes d'accusation, on apprend que dans les semaines précédant l'attaque, Thomas Caldwell et les membres de sa milice, les « Oath Keepers » (les Gardiens du serment), ont discuté sur Facebook du choix des chambres d'hôtel, des billets d'avion et de tous les éléments de logistique pour l'organisation de leur voyage à Washington. Le 24 décembre, Caldwell, en réponse au post d'un ami sur Facebook, décrit l'itinéraire qu'il va prendre. Le 31 décembre, il tente de persuader ses copains de se joindre à lui et se déclare prêt à

« manifester dans la rue ». « Le point d'ébullition, ajoute-t-il, est atteint. » Le 1er janvier, il évoque un hôtel à Washington dont l'emplacement lui permettrait la nuit de traquer les membres des groupes d'extrême gauche qui, pense-t-il, sont présents à Washington.

D'autres actes d'accusation démontrent que les « Oath Keepers », les « Proud Boys » et d'autres groupes communiquaient par Facebook sur leur projet de venir à Washington avec des armes pour en découdre sur place. Une page Facebook intitulée « Red-State Secession » – référence au rouge, couleur des républicains, et à la guerre de Sécession – poste le message suivant le 5 janvier : « Si vous n'êtes pas disposés à faire usage de la force pour défendre la civilisation, alors préparez-vous à accepter la barbarie », message que des dizaines de personnes commentent en ajoutant des photos de l'arsenal qu'ils comptent amener au rassemblement du 6 janvier en faveur du président.

Les équipes de Facebook, conscientes de ces activités sur la plateforme, s'alarment. Le matin du 6 janvier, quand des journalistes rapportent à Facebook l'existence de la page « Red-State Secession », on leur répond quelques heures plus tard que l'équipe Sécurité l'a examinée soigneusement et qu'elle va être supprimée illico. Mais s'il est vrai que la plateforme retire très vite les groupes et pages appelant à la violence, il est impossible de neutraliser la colère sourde qui s'exprime depuis plusieurs mois à travers des milliers de pages Facebook. Encouragées par le groupe « Stop the Steal » qui prétend que les démocrates tentent de voler la victoire électorale à Donald Trump, des milliers de personnes se sont mobilisées et ont fait le trajet jusqu'à Washington pour passer à l'action.

Une fois dans la capitale fédérale, tout ce petit monde s'envoie des posts sur Facebook et Instagram avec des images des foules venues entendre Donald Trump. Quelques minutes après le discours du président, qui se termine sur un appel à « descendre Pennsylvania Avenue » en direction du Capitole, où se trouvent des centaines de membres du Congrès, des dizaines de personnes utilisent leur téléphone pour filmer et diffuser en direct les affrontements avec la police et l'assaut contre les barrières protégeant l'édifice. Beaucoup, dont Caldwell, reçoivent des messages sur Facebook Messenger de personnes qui les soutiennent et observent leur avancée de loin.

Alors qu'il approche du bâtiment officiel, Caldwell reçoit le message suivant : « Tous les membres [du Congrès] sont dans le tunnel sous le Capitole. » Puis, toujours en parlant des membres du Congrès : « Coincez-les. Allumez le gaz. »

Quelques secondes plus tard, Caldwell poste sur Facebook : « J'y suis. »

Il commence tout de suite à recevoir des instructions précises par le biais d'une avalanche de messages Facebook qui l'encouragent à « dégager cette salope ». « Tom, les législateurs sont dans les tunnels au troisième sous-sol », lui écrit-on. Un autre message lui demande de fouiller chaque étage « de fond en comble » et lui indique quels couloirs emprunter. Il traque les membres du Congrès. Cette mission, lui et les autres groupes d'extrême droite la voient comme un acte insurrectionnel et révolutionnaire.

À des milliers de kilomètres de là, dans leurs maisons des banlieues verdoyantes autour de Menlo Park, les cadres de Facebook regardent les images, horrifiés. Sur les conseils de l'équipe Sécurité, qui craint une explosion de violence à Washington, les dirigeants de Facebook ont organisé une réunion virtuelle ce matin pour discuter d'un plan d'urgence. Les élections présidentielles se sont tenues il y a deux mois, mais les cadres ont l'impression que la tension n'a pas baissé depuis le 3 novembre. « Personne parmi nous n'avait eu l'occasion de souffler. On se levait encore le matin avec l'impression que les élections n'étaient pas terminées, et que tout le monde attendait de voir comme on réagirait face à Trump et à son refus de concéder la victoire à Biden », se souvient un cadre.

L'une des questions les plus importantes abordées lors de la réunion virtuelle, c'est la façon dont Trump pourrait utiliser son compte Facebook. Cette semaine-là, le site a commencé à signaler une grande partie des posts où le président parle de fraude électorale. Mais que faire s'il va plus loin et déclare sur Facebook qu'il ne compte pas laisser sa place ? Les cadres débattent également de la réponse à donner si Trump demande lui-même à ses milliers de partisans amassés à Washington d'avoir recours à la violence. Zuckerberg, même s'il n'est pas présent à la réunion, est tenu régulièrement au courant de la teneur des discussions. À un moment, ses lieutenants envisagent de lui demander d'appeler le président pour voir ce que ce dernier va dire. Puis finalement on renonce à l'idée, par peur que la presse soit mise au courant, ce qui rendrait Facebook complice de ce que Trump aurait fait ce jour-là.

Les cadres de Menlo Park décident donc d'attendre et de voir si Trump va répéter dans un post Facebook ce qu'il a dit dans son discours – qu'on lui a volé la victoire. Ils regardent sur leur écran les émeutiers prendre d'assaut le Capitole et les reporters éberlués montrer les images des législateurs évacués du site par les gardes. L'équipe Sécurité leur dit que certains des assaillants utilisent leur compte Facebook ou Instagram pour se filmer en balade dans les couloirs du Capitole. Chaque heure, les usagers leur signalent presque quarante mille contenus violents, dix fois plus que dans la matinée[11]. Mark Zuckerberg encourage alors ses lieutenants à mettre en place des mesures d'urgence et à retirer toute vidéo montrant les émeutiers à l'intérieur du Capitole.

Le temps passe, et les cadres regardent maintenant les images de Trump reprochant à Mike Pence, son vice-président, de ne pas soutenir son projet de forcer le Congrès à lui accorder un second mandat. Ils le voient dire aux émeutiers qu'il les « aime ». Des dizaines de milliers de personnes se font l'écho du président sur Facebook et chargent les assaillants de pourchasser le vice-président.

Tandis que Zuckerberg et les autres dirigeants de Facebook discutent des mesures à prendre, ingénieurs, chefs de production, concepteurs et membres du département Politique publique sont de plus en plus nombreux à s'exprimer sur les réseaux internes pour demander que Facebook bannisse Trump de sa plateforme une bonne fois pour toutes.

« On n'est plus dans la théorie, là. Il a effectivement incité à la violence, écrit un ingénieur. Je ne vois pas comment on peut justifier de conserver son compte ouvert. »

« Accrochez-vous, les gars », écrit Mike Schroepfer, le directeur en chef des technologies, sur un réseau destiné à toute l'entreprise.

« Sans vouloir vous offenser, vous ne trouvez pas qu'on a eu largement le temps d'apprendre comment gérer les contenus pour ne pas ouvrir la porte à la violence ? » répond un employé, qui s'attirera, comme beaucoup de ceux qui expriment leur insatisfaction, des centaines de *likes* de la part de ses collègues. « Ça fait pas mal de temps qu'on l'alimente, cet incendie. Alors on ne devrait pas s'étonner qu'il soit maintenant hors de contrôle. »

Le mercredi, en milieu d'après-midi, alors que le dernier émeutier quitte le Capitole sous escorte, Zuckerberg annonce qu'il a pris la décision de retirer deux des posts du président et de bloquer son compte pendant vingt-quatre heures.

Le patron de Facebook s'était toujours refusé à prendre une telle mesure, et au sein de la boîte, rares sont ceux qui pourraient dire s'il s'agit d'une décision exceptionnelle pour une situation inédite ou bien si elle inaugure des changements plus pérennes. Les débats ont été intenses dans le cercle rapproché de Zuckerberg. « À un moment, l'un de nous a dit à Zuckerberg que si on faisait ça, on allait devoir répondre à ceux qui nous demanderaient : pourquoi maintenant, et pas avant ? se souviendra un haut cadre, qui ajoute que dans d'autres pays, dont les Philippines, l'Inde et l'Éthiopie, Facebook n'a pas censuré ni banni des chefs de gouvernement, même quand ils prônaient la violence. Est-ce que ça veut dire qu'on applique une règle pour les États-Unis, et une autre pour le reste du monde ? Qu'on agit uniquement quand les choses se passent en Amérique ? C'est pas joli-joli, ça. »

Entre l'après-midi et la tombée de la nuit, Mark Zuckerberg parle beaucoup des mesures qu'il devrait prendre à l'encontre de Trump, sans rien dire de précis. Jeudi, c'est décidé : Facebook prolongera le blocage de Trump jusqu'à la fin de la période de transition. Zuckerberg ordonne aux employés chargés de la sécurité de faire preuve de sévérité contre certains groupes pro-Trump qui ont aidé à organiser le rassemblement violent du 6 janvier, dont la campagne « WalkAway » et des centaines de groupes « Stop the Steal ».

« Nous sommes convaincus que le public mérite un accès aussi large que possible aux messages politiques, explique-t-il dans un post sur Facebook. Mais le contexte actuel est complètement différent : notre plateforme a été utilisée pour pousser à l'insurrection violente contre un gouvernement élu par des voies démocratiques. » Il ajoute que « laisser le président utiliser [la] plateforme présente trop de risques, tout simplement ».

Il s'agit de la mesure la plus forte qu'un média social ait jamais prise contre Trump. Seulement voilà, Zuckerberg conclut son post sur une note ambiguë : il prolonge certes le blocage des comptes Facebook et Instagram de Trump « indéfiniment », mais il précise : « à savoir, pendant au moins deux semaines jusqu'à ce que la période de transition du pouvoir soit terminée. »

En d'autres termes, Facebook ne se ferme aucune porte.

ÉPILOGUE

Le long terme

En mai 2020, Facebook annonce la nomination des vingt premiers membres d'un jury indépendant chargé de statuer sur les cas les plus épineux en termes de liberté d'expression. Le conseil de surveillance se compose d'experts du monde entier, avec d'anciens leaders politiques et des spécialistes des droits civiques, qui examineront les requêtes publiques d'appel sur des décisions prises par Facebook. Il pourra aller jusqu'à exiger la suppression de publications ou de comptes d'utilisateurs. Zuckerberg mijote l'idée depuis des années ; il conçoit la chose comme une sorte de Cour suprême, qui votera sur les cas et motivera ses avis par écrit. Le conseil est financé par Facebook mais habilité à rendre des décisions contraignantes, qui ne peuvent être annulées ni par Zuckerberg ni par aucun autre membre de la direction. « Facebook ne doit pas prendre seul toutes ces décisions importantes qui engagent la liberté d'expression et la sécurité », explique-t-il dans un post de présentation du conseil.

L'une des premières décisions du conseil concerne un post venant de Birmanie, initialement supprimé par Facebook car considéré comme « insultant ou offensant » envers les musulmans. Dans son jugement, le conseil de surveillance conclut que le poste ne prône pas la haine ni n'incite à la violence directe, mais reconnaît le rôle dangereux que la plateforme a joué dans le pays auparavant.

La décision tombe à un moment étrange pour l'entreprise, alors qu'elle vient de sévir contre les discours haineux en Birmanie, d'augmenter le nombre de modérateurs parlant le birman et de resserrer ses liens avec les ONG locales. En août 2020, près de deux ans après avoir rejeté la demande de Matthew Smith, qui appelait Facebook à fournir aux Nations unies des preuves potentielles des crimes de guerre commis par l'armée birmane, la plateforme remet un dossier d'archives à l'organisation.

Les autres cas sélectionnés par le conseil sont des plaintes relativement mineures, allant du retrait d'une photo de téton dans une campagne contre le cancer du sein à la promotion de traitements contre la Covid-19 en France. Mais le 21 janvier 2021, Zuckerberg lui confie une décision capitale. Au lieu de se prononcer lui-même sur l'exclusion définitive de Donald Trump, au lendemain de l'investiture de Biden, il délègue la décision au conseil de surveillance. Celui-ci a jusqu'au mois d'avril pour rendre son jugement.

Le conseil apporte à Facebook l'issue idéale. Zuckerberg a réussi à se débarrasser de la patate chaude, cette question ardue et lourde de conséquences : que faire de Trump ? C'est une stratégie commode qui a l'avantage de couvrir plusieurs fronts. Après l'exclusion de Trump, des groupes de défense des droits civiques dans le monde entier vont exiger le même traitement pour des autocrates tels que le président turc Recep Tayyip Erdoğan ou le président du Venezuela Nicolás Maduro, pour incitation à la haine et dissémination de fausses informations. En quoi l'insurrection contre le Capitole américain est-elle pire que le génocide et les violences en Birmanie, au Sri Lanka ou en Éthiopie ? Beaucoup d'employés et d'utilisateurs se demandent aussi pourquoi Trump a été puni pour des posts incitant à la violence lors des émeutes du Capitole, mais pas pour ses appels au « mitraillage » après les pillages qui ont accompagné les manifestations de Black Lives Matter. Dorénavant, tout cela est entre les mains du conseil.

Une fois de plus, Facebook a trouvé le moyen d'abdiquer ses responsabilités tout en se donnant l'air d'agir pour un monde meilleur. L'entreprise n'a aucune intention d'engager de vraies réformes et préfère se concentrer sur « des actions cosmétiques », pour reprendre l'expression de la sénatrice Elizabeth Warren décrivant la suite de décisions prises par le réseau social en matière de discours politique[1].

Les poursuites engagées au mois de décembre précédent, tant au niveau fédéral que dans différents États, pour non-respect des lois antitrust, vont être plus difficiles à esquiver. La gravité et l'étendue des allégations, ainsi que l'appel à démanteler Facebook, ont surpris la direction. Deux mois plus tôt, les avocats de l'entreprise ont publié un article expliquant qu'en cas de démantèlement de la plateforme, l'entretien de systèmes distincts coûterait des milliards, la sécurité serait affaiblie et l'expérience utilisateur serait gâchée. « Il est donc inenvisageable de "démonter" Facebook[2] », concluaient-ils.

Pendant l'été, Zuckerberg et Sandberg ont témoigné devant la FTC et les États. Leurs conseillers pensaient que leurs arguments étaient inattaquables. Sandberg a témoigné à distance, de chez elle : après avoir tranquillement envoyé valser ses chaussures et replié les jambes sous elle, comme elle le fait souvent en réunion, elle a répondu aux questions tout en prélevant délicatement la mousse de son cappuccino à la petite cuillère. Elle a fidèlement suivi le scénario préparé : Facebook avait de nombreux concurrents et n'exerçait aucun monopole. L'entreprise avait fait tout son possible pour aider Instagram et WhatsApp à s'épanouir en son sein. Comme avec les représentants de la FTC une décennie plus tôt, sa désinvolture en a désarçonné plus d'un et a semblé indiquer qu'elle ne comprenait pas le sérieux de leurs intentions. On aurait dit qu'elle bavardait avec des amis, comme s'en souviendrait l'un d'eux. Pour quelqu'un dont l'instinct politique avait tellement été vanté, elle se révélait une fois de plus étonnamment peu consciente des enjeux et trop sûre d'elle.

Facebook, cependant, assure ses arrières. L'entreprise a engagé d'anciens représentants de la FTC pour militer en sa faveur auprès des défenseurs des lois antitrust et pour rédiger des livres blancs soutenant sa position. Plus d'une centaine de juristes en interne et sous contrat sont mobilisés, y compris les principaux avocats du cabinet de contentieux Kellogg Hansen et un ancien avocat général de la FTC, passé chez Sidley Austin. Les avocats maison sont d'avis que la FTC et les États ont un dossier fragile, reposant sur une interprétation fantaisiste des lois antitrust – selon laquelle Facebook chercherait à écraser un futur rival –, et l'entreprise est prête à mettre toutes ses forces dans la bataille. La FTC appelle essentiellement à une révision des fusions-acquisitions, auxquelles elle ne s'est pourtant pas opposée lorsqu'elle a expertisé l'accord il y a des années. « Donc en gros, ils veulent dire aux tribunaux qu'ils se sont trompés et "écoutez-nous maintenant" ? » a résumé un représentant de Facebook.

Zuckerberg veille soigneusement à garder ses opinions pour lui. Dans une lettre au personnel, il recommande à tous de ne faire aucun commentaire public sur les questions juridiques. Mais il signale sa volonté de se battre sur le long terme. Les procès ne sont « qu'une étape dans un processus qui risque de durer des années ». Face aux poursuites judiciaires, Facebook recourt à sa tactique habituelle de diversion et d'attitude défensive, pointant du doigt des menaces plus grandes dans d'autres entreprises. Ses avocats préparent d'éventuelles actions antitrust contre Apple, qui impose de nouvelles restrictions de confidentialité à des applis telles que Facebook. Ils brandissent la menace de la Chine et d'une loi envisagée en Australie qui exigerait que Facebook paie les éditeurs d'info pour héberger des articles sur le réseau social.

Pendant ce temps, le bureau de Washington s'active pour s'adapter au changement de la garde à la Maison-Blanche. Au début de chaque nouvelle administration, la sous-économie du lobbying au Capitole doit être réinitialisée. Toutes les entreprises réorientent leur personnel et leurs priorités en vue de mieux servir le nouveau parti au pouvoir. Pour Facebook, cela s'apparente à faire faire un tête-à-queue à un paquebot. L'entreprise était allée si loin pour complaire à Trump que les effusions avec lesquelles Zuckerberg accueille l'administration Biden sonnent faux aux oreilles des employés comme des leaders politiques. Et son colossal service de lobbying va devoir être entièrement remanié.

Mais le bureau washingtonien de Facebook n'est pas un outsider, loin de là. L'entreprise a déjà dépensé plus que toutes les autres, ou presque, pour muscler sa défense. En 2020, elle se classait au deuxième rang des entreprises individuelles, tous secteurs confondus, en matière de lobbying, déboursant près de 20 millions de dollars : plus qu'Amazon, Alphabet ou les lobbys du pétrole, des labos pharmaceutiques, de la grande distribution. Les années passées à cultiver les relations avec les deux partis et les liens avec d'éminents chefs d'entreprise et dirigeants politiques portent leurs fruits. Jeff Zients, ex-membre du conseil d'administration de Facebook, est nommé à la tête de l'équipe de lutte anti-Covid de Biden. Erskine Bowles, également un ancien administrateur, joue un rôle dans l'équipe de transition de Biden, tout comme Jessica Hertz, avocate de Facebook qui a travaillé sur l'enquête Cambridge Analytica et a été ensuite nommée secrétaire du cabinet du président.

Les démocrates du bureau de Washington se disputent les plus hauts postes de lobbying direct avec la Maison-Blanche et le Congrès. Nick Clegg a beau connaître Biden depuis l'époque où il était vice-Premier ministre du Royaume-Uni, Sandberg est de nouveau la démocrate la plus puissante de l'entreprise. Pendant la transition, la presse a parfois laissé entendre qu'elle pourrait bien partir pour l'administration Biden, et même prendre un ministère. Mais certains décideurs démocrates jugent sa réputation et la marque Facebook trop toxiques. Alors, comme l'a dit un conseiller de Biden pendant la transition : « Même pas en rêve. »

Dans le cas de certains, les décisions prises sous Joel Kaplan pendant le mandat de Trump ont fini par les épuiser. La lobbyiste démocrate Catlin O'Neill part en janvier. Elle explique à ses amis que c'est dû à une accumulation d'actions qu'elle a désapprouvées, notamment celle de ne pas supprimer la vidéo truquée de son ancienne patronne, la présidente de la Chambre des représentants Nancy Pelosi. D'autres sont plus à l'aise pour critiquer Kaplan et ses états de service. « Si Joel est si doué, pourquoi notre P-DG doit-il encore témoigner ? persifle un salarié qui travaillait sur la politique d'entreprise lorsque Zuckerberg a été convoqué par le Comité judiciaire du Sénat pour témoigner sur la censure des médias sociaux, quelques jours avant l'élection. Dans n'importe quelle autre boîte, le bureau de Washington aurait été viré en bloc. »

Mais Kaplan n'a pas de souci à se faire pour son poste. Même avec une Maison-Blanche démocrate et une majorité démocrate au Congrès, il reste vice-président chargé de la politique publique internationale. Il a gagné sa place dans le cercle rapproché de Zuckerberg. Il compte faire profil bas vis-à-vis de la nouvelle administration et laisser à d'autres les contacts directs avec la Maison-Blanche, mais Zuckerberg lui conserve sa confiance sur toutes les questions de stratégie politique. « Joel partira quand Joel sera prêt. Mark se fie à très peu de gens en matière de politique, et Joel est au centre de ce cercle de confiance », commente un membre de l'équipe. Cox et Boz, eux aussi, restent fermement arrimés dans ce cercle.

La relation entre Sandberg et Zuckerberg, aussi, reste sûre. Sandberg a parfois déçu les attentes de son patron, certes, mais Clegg prend sur lui une partie des reproches en endossant le rôle d'ambassadeur de l'entreprise, laquelle figure parmi les plus critiquées au monde – un rôle dont Sandberg est ravie de se débarrasser, d'après des sources proches. Selon ces mêmes sources, poursuivre sa carrière dans la politique ne l'intéresse pas ; elle trouve qu'elle a encore trop de choses à réparer chez Facebook. En outre, elle est satisfaite de sa vie personnelle et souhaite éviter les perturbations pour ses enfants au collège ; elle-même et son compagnon, Tom Bernthal, forment une famille recomposée. Les trois enfants de Bernthal ont déménagé de Los Angeles à Menlo Park où ils sont scolarisés. Quelques salariés font remarquer qu'ils ne la voient plus aussi souvent dans les réunions de la direction, mais ses assistants soutiennent que c'est dû à un changement dans le programme des réunions en raison de fuites dans la presse, et au télétravail institué à cause de la Covid-19. Ragots mis à part, il ne fait aucun doute qu'elle continue d'assurer sa partie de l'association avec Zuckerberg : le flot continu de profit généré par l'activité publicitaire qu'elle a brillamment mise en place.

Le 27 janvier 2021, Zuckerberg et Sandberg font une fois de plus la démonstration de leur dynamique particulière lors d'une réunion sur le rendement avec des analystes financiers, où ils font passer des messages très différents. Dans une nouvelle volte-face sur la liberté de parole, Zuckerberg annonce que Facebook prévoit de mettre la sourdine sur les contenus politiques dans le fil d'actualité car « les gens ne veulent pas que la politique et les conflits dominent leur expérience de notre service ». C'est encore lui qui tranche les grandes décisions politiques. L'annonce est aussi une reconnaissance tacite de l'échec de Facebook à contrôler la rhétorique dangereuse qui gangrène depuis des années le réseau social, particulièrement en période électorale. « Nous allons nous démener pour que des millions de personnes supplémentaires puissent s'impliquer dans des communautés saines et pour être une force qui rapproche les gens[3] », dit-il.

Puis, Sandberg passe aux bonnes nouvelles. « Nous avons fait un très bon trimestre », annonce-t-elle. Le chiffre d'affaires au quatrième trimestre, en hausse de 33 %, atteint 28 milliards de dollars, « le taux de croissance le plus rapide en plus de deux ans ». Pendant la pandémie, les utilisateurs se sont connectés plus que jamais – 2,6 milliards de personnes ont utilisé quotidiennement l'une des trois applis de Facebook – et les annonceurs se battent pour les atteindre.

Le temps que ce livre arrive entre vos mains, il se peut que Facebook ait beaucoup changé. Zuckerberg aura peut-être cédé son poste de P-DG pour consacrer plus de temps à ses actions philanthropiques. Les gens ne se connecteront peut-être plus à Facebook sur leur téléphone, mais sur un autre appareil, par exemple des casques de réalité augmentée. Le service le plus populaire ne sera peut-être plus les publications et les partages, mais quelque chose comme les paiements par blockchains pour des biens de consommation ou la production et la distribution de divertissements grand public.

Avec 55 milliards de dollars de trésorerie, l'entreprise a une infinité de choix pour acheter, innover et investir dans de nouveaux secteurs, comme l'a fait Google avec les véhicules autonomes et Apple avec les services de santé. Même pendant son *annus horribilis* de 2020, Zuckerberg a gardé les yeux tournés vers l'avenir. Dans son désir d'intégrer le champ lucratif du software de communication d'entreprise, fin novembre 2020, Facebook a racheté Kustomer pour 1 milliard de dollars. La popularité de l'outil Zoom pendant la pandémie est restée en travers de la gorge de Zuckerberg, qui a mis son personnel au défi de créer un outil de vidéoconférence rival. Il a consacré davantage de ressources d'ingénierie à l'expansion de fonctionnalités de réalité virtuelle et de casques de réalité augmentée, qu'il a décrits comme la « nouvelle frontière » de la communication du futur. L'entreprise a aussi joué avec l'idée d'outils d'édition pour les utilisateurs, quinze ans après le jour où Donald Graham, du *Washington Post,* a voulu prendre des parts dans la start-up. Et malgré la pression des instances de régulation, Zuckerberg a persisté à développer son projet de cryptomonnaie Libra, rebaptisé Diem[4].

Au cours des dix-sept ans d'existence de Facebook, les profits énormes du réseau social ont régulièrement été réalisés aux dépens de la vie privée des consommateurs et de la sécurité et de l'intégrité des systèmes démocratiques. Et pourtant, sa réussite n'en a jamais souffert. Zuckerberg et Sandberg ont construit une irrépressible machine à profit, qui pourrait bien se révéler trop puissante pour être brisée.

Une chose est certaine. Même si Facebook entreprend une transformation radicale dans les années à venir, il y a peu de chances que ce changement vienne de l'intérieur. L'algorithme qui lui sert de cœur battant est trop puissant et trop lucratif pour cela. Et la plateforme est construite sur une dichotomie fondamentale, peut-être irréconciliable : sa mission affirmée est de faire avancer la société en connectant les gens, mais elle le fait en profitant d'eux. C'est là le dilemme de Facebook, et son inquiétante vérité.

REMERCIEMENTS

Ce livre n'aurait pas été possible sans le concours des nombreuses sources qui nous ont accordé leur confiance. Elles ont accepté de nous parler, souvent malgré de véritables risques personnels et professionnels. Nous leur sommes très reconnaissantes, pour leur participation, leur patience et leur engagement dans la recherche de la vérité. Tandis que certaines ont quitté Facebook depuis, beaucoup font encore partie de l'entreprise et tentent de la faire changer de l'intérieur.

Merci à toute l'équipe de chez Harper d'avoir cru en ce livre et d'avoir pris en charge la gigantesque tâche de diriger une histoire qui se déroule en temps réel et qui plus est écrite par deux autrices vivant sur les côtes opposées des États-Unis. Jennifer Barth, notre éditrice, s'est engagée pour ce sujet et a rassemblé la maison d'édition tout entière, menée par Jonathan Burnham, derrière un projet qui a connu de nombreux rebondissements au fil de l'évolution de Facebook. Nous avons été sensibles au dévouement, à la curiosité, aux idées et à la ténacité de Jennifer tout au long de ce projet très difficile.

L'équipe de Little, Brown, menée par Tim Whiting, a fait preuve d'un enthousiasme sans bornes. Elle a apporté un point de vue international et nous a rappelé de garder un œil sur les conséquences de la portée mondiale de Facebook.

Nous sommes aussi reconnaissantes envers le *New York Times*, où l'idée de ce livre a germé dans une série d'histoires échangées entre de nombreux collègues au-dessus des bureaux, et ce avec le soutien des rédacteurs en chef. Tout d'abord, nous remercions notre éditeur tenace et d'un grand soutien,

Pui-Wing Tam, qui nous a posé une question toute simple à l'été 2017 : Que se passe-t-il en interne chez Facebook alors que l'entreprise enchaîne les scandales ? Elle ne s'est pas satisfaite d'un rapide coup d'œil. C'est elle qui nous a poussées à creuser toujours plus profond. Ses questions pointues et son raisonnement perspicace ont fait de nous de meilleures journalistes.

Nos agents, Adam Eaglin et Elyse Cheney, nous ont accompagnées à chaque étape. Ils ont cru à la nécessité d'un livre sur Facebook, pour que le monde comprenne cette puissante entreprise et la force qu'elle exerce au sein de la société. Ils ont relu chapitres et plans, et ont largement dépassé nos attentes pour produire le meilleur manuscrit possible – notre tout premier, à toutes les deux. Nous remercions aussi toute l'équipe de Cheney Agency pour avoir fait la promotion de notre travail dans le monde entier. Merci à Isabel Mendia, Claire Gillespie, Alice Whitwham, Allison Devereux et Danny Hertz.

Rebecca Corbett ne s'est pas contentée de nous faire entrer dans la rédaction du *New York Times*, mais a été une voix importante dans le processus d'écriture, grâce aux grandes idées qu'on lui connaît, à ses nouvelles appréciations, à son scepticisme et à son habileté à construire structure, thèmes et personnages. Après ses journées passées à travailler sur des enquêtes de presse à gros budget, Rebecca reprenait le travail le soir et les week-ends pour nous parler de nos chapitres et de ses idées. Gareth Cook, lui, est arrivé plus tôt dans l'aventure, pour nous aider à trier quantité d'informations, détacher une vision d'ensemble et préparer notre plan. Sa passion pour le sujet et sa dextérité à structurer et former des arguments nous ont permis d'affiner nos thèmes.

Nos fact-checkers, Hilary McClellan et Kitty Bennett, qui ont aussi fait des recherches pour nous, nous ont été d'une aide inestimable. Chargées de plusieurs centaines de sources d'informations, elles se sont montrées méticuleuses et engagées à fournir le meilleur travail possible.

Beowulf Sheehan a réalisé un tour de magie avec nos photos d'auteurs. Nous n'avons pas pu nous rencontrer en personne, mais il nous a photographiées à distance et a fusionné nos photos à la perfection. Nous remercions Beowulf pour son magnifique talent artistique, sa patience et son goût de l'aventure.

Nous avons été très touchées par les incroyables travaux de nos collègues du *New York Times*, trop nombreux pour être tous cités. En résumé, Nicholas

Confessore, Matthew Rosenberg et Jack Nicas sont les anciens de l'équipe, et ont travaillé ensemble sur un article en novembre 2018 qui a frappé la conscience du public comme il arrive rarement. Mike Isaac, Kevin Roose, Scott Shane et d'autres ont fait partie d'une formidable équipe de reporters engagés à comprendre la puissance de Facebook. Nous devons beaucoup au reste du pôle technologie, une équipe de reporters incroyablement talentueux et travailleurs dévoués à surveiller les géants de la Silicone Valley. Nous nous sommes beaucoup appuyées sur leur travail et sommes reconnaissantes pour leur camaraderie. Nos éditeurs, Joe Plambeck et James Kerstetter, ont été les défenseurs de notre travail auprès du journal et au sein de ce projet. La direction du *New York Times* – Dean Baquet, Joe Kahn, Matt Purdy, Rebecca Blumenstein et Ellen Pollock – nous a apporté un soutien de taille et a rendu ce livre possible en nous autorisant à prendre congé de la rédaction pour écrire. Les gentils messages de A. G. Sulzberger sur notre reportage étaient toujours de bonnes surprises dans notre boîte mail, et son enthousiasme pour notre travail sur le numérique a été une source d'inspiration.

Ce livre s'appuie également sur les écrits de bien d'autres journalistes qui ont travaillé sans relâche à montrer la vérité sur cette entreprise. Pour en nommer quelques-uns : Ryan Mac, Craig Silverman, Sarah Frier, Deepa Seetharaman, Casey Newton, Julia Angwin, Kara Swisher, David Kirkpatrick, Steven Levy, Jeff Horowitz, Lizza Dwoskin, Julia Carrie Wong, Brandy Zadrozny et Ben Collins.

Nos relecteurs – Kashmir Hill, Jessica Garrison, Kevin Roose, Natasha Singer, Scott Shane et Brian Chen – ont été d'une immense générosité. Ils nous ont proposé des pages entières de remarques – allant des commentaires les plus abstraits et philosophiques aux remises en question les plus précises de notre travail et de nos idées. Toutes leurs remarques ont été intégrées d'une façon ou d'une autre dans la version finale du livre.

DE LA PART DE CECILIA : Ce livre existe grâce au soutien de ma merveilleuse famille. Ils ont dû supporter trop de nuits et de week-ends sans ma présence alors que je me terrais pour écrire. Oltac, mon chéri, est mon meilleur soutien. Il s'est rallié à mes idées et m'a aidée à préciser ma compréhension des marchés et de la philosophie des affaires et de la politique. Mes chers enfants, Leyla et Tigin, ont été mes éditeurs les plus impitoyables, grâce à leurs retours sans concessions sur la narration et le style. Ils m'ont encouragée et ont vraiment cru en moi. Mes parents, William et Margaret, ont été mes guides. Papa a gardé des classeurs entiers de chacun des articles que j'ai écrits, à commencer par ceux de Séoul, quand j'étais encore reporter junior. Leur histoire me rappelle qu'écrire est un grand privilège ; c'est eux qui ont rendu ma carrière possible. Sabrina, Felicia, Grace et Drew ont examiné méticuleusement mes chapitres, se sont investies émotionnellement et ont encouragé mes ambitions. Felicia a apporté sa vigueur intellectuelle aux débats liés à l'histoire américaine et aux lettres classiques. Elles m'ont rappelé qu'il était important de raconter l'histoire de Facebook. Ce livre est dédié à ma famille.

DE LA PART DE SHEERA : À ma famille, qui a toujours su que je pouvais écrire un livre : On l'a fait ! Je ne serais pas journaliste, ni même écrivain, si mon premier supporter, Grand-père Louis, n'avait pas partagé avec moi son amour des journaux. C'est assise à son vieux secrétaire que j'ai écrit ce livre. Mes grands-mères, Yona et Malka, auraient cassé un œuf sur ma tête pour me porter chance. Mes parents, Mike et Irit, m'ont élevée à rechercher le défi, à poser des questions et à ne jamais abandonner. Talia, qui apporte passion et créativité à chaque discussion, était aussi enthousiaste que moi à propos de ce livre. Elan, avec son originalité, m'a encouragée à toujours prendre en considération différents points de vue.

Tom, mon amour, a rendu tous mes rêves possibles. Il m'a offert l'espace, le temps et le soutien dont j'avais besoin pour écrire. J'étais enceinte d'Ella quand j'ai commencé à travailler sur l'article du *New York Times* qui allait devenir ce livre, en 2017, et c'est enceinte d'Eden que j'ai rédigé les premiers chapitres. Je m'estime heureuse que leur premier mot n'ait pas été « Facebook ». J'ai peut-être porté Ella et Eden pendant le processus, mais elles ont été mon véritable soutien. Maman vous aime ad hashamayim.

NOTES

PROLOGUE

1. « NY Attorney General Press Conference Transcript : Antitrust Lawsuit against Facebook », 9 décembre 2020.

2. *State of New York et al. v. Facebook, Inc.*, affaire antitrust déposée devant la cour de district des États-Unis pour le district de Columbia, Case 1 : 20-cv-03589-JEB, document 4, classée le 9 décembre 2020. https://ag.ny.gov/sites/default/files/state_of_new_york_et_al._v._facebook_inc._-_filed_public_complaint_12.11.2020.pdf

3. John Naughton, « "The Goal is to Automate Us" : Welcome to the Age of Surveillance Capitalism », *Observer*, 20 janvier 2019.

4. Elise Ackerman, « Facebook Fills No. 2 Post with Former Google Exec », *Mercury News*, 5 mars 2008.

5. Facebook, « Facebook Reports Fourth Quarter and Full Year 2020 Results », dossier de presse, 27 janvier 2021.

CHAPITRE 1

1. Vindu Goel et Sydney Ember, « Instagram to Open Its Photo Feed to Ads », *The New York Times*, 2 juin 2015.

2. Barton Gellman et Ashkan Soltani, « Russian Government Hackers Penetrated DNC, Stole Opposition Research on Trump », *The Washington Post*, 30 octobre 2013.

3. Jenna Johnson, « Donald Trump Calls for "Total and Complete Shutdown of Muslims Entering the United States" », *The Washington Post*, 7 décembre 2015.

4. Sheera Frenkel, Nicholas Confessore, Cecilia Kang, Matthew Rosenberg et Jack Nicas, « Delay, Deny and Deflect : How Facebook's Leaders Fought through Crisis », *The New York Times*, 14 novembre 2018.

5. Issie Lapowsky, « Here's How Facebook *Actually* Won Trump the Presidency », *Wired*, novembre 2016.

6. Sarah Frier et Bill Allison, « Facebook "Embeds" Helped Trump Win, Digital Director Says », Bloomberg, 6 octobre 2017.

7. Andrew Marantz, « The Man Behind Trump's Facebook Juggernaut », *The New Yorker*, 9 mars 2020.

8. Jeffrey Gottfried, Michael Barthel, Elisa Shearer et Amy Mitchell, « The 2016 Presidential Campaign : A News Event That's Hard to Miss », journalism.org, 4 février 2016.

9. Deepa Seetharaman, « Facebook Employees Pushed to Remove Trump's Posts as Hate Speech », *The Wall Street Journal*, 21 octobre 2016.

10. Renée DiResta, « Free Speech Is Not the Same as Free Reach », *Wired*, 30 août 2018.

CHAPITRE 2

1. Katharine A. Kaplan, « Facemash Creator Survives Ad Board », *The Harvard Crimson*, 19 novembre 2003.

2. Laura L. Krug, « Student Site Stirs Controversy », *The Harvard Crimson*, 8 mars 2003.

3. Aaron Greenspan, « The Lost Chapter », aarongreenspan.com, 19 septembre 2012.

4. Claire Hoffman, « The Battle for Facebook », *Rolling Stone*, 15 septembre 2010.

5. Nicholas Carlson, « "Embarrassing and Damaging" Zuckerberg IMs Confirmed by Zuckerberg, The New Yorker », Business Insider, 13 septembre 2010.

6. Erica Fink, « Inside the "Social Network" House », site Internet de CNN, 28 août 2012.

7. Noam Cohen, « The Libertarian Logic of Peter Thiel », *Wired*, 27 décembre 2017.

8. https://thielfellowship.org/

9. https://www.pulitzer.org/winners/washington-post

10. Seth Fiegerman, « This is What Facebook's First Ads Looked Like », Mashable, 15 août 2013.

11. https://accel.com/relationships/facebook.

12. Anne Sraders, « History of Facebook : Facts and What's Happening », TheStreet, 11 octobre 2018.

13. Allison Fass, « Peter Thiel Talks about the Day Mark Zuckerberg Turned down Yahoo's $1 Billion », Inc., 12 mars 2013.

14. Nicholas Carlson, « 11 Companies that Tried to Buy Facebook Back When it Was a Startup », Business Insider, 13 mai 2010.

15. A. Fass, « Peter Thiel Talks about the Day Mark Zuckerberg Turned down Yahoo's $1 Billion », art. cit.

16. « Mark Zuckerberg : How to Build the Future », 16 août 2016, l'interview par Sam Altman est disponible sur YouTube.

17. Stephen Levy, « Inside Mark Zuckerberg's Lost Notebook », *Wired*, 12 février 2020.

18. Steven Levy, *Facebook. The Inside Story*, New York, Blue Rider Press, 2020.

19. Tracy Samantha Schmidt, « Inside the Backlash against Facebook », *Time*, 6 septembre 2006.

20. « UCTV : Mapping the Future of Networks with Facebook's Chris Cox », disponible sur YouTube : https://www.youtube.com/watch?app=desktop&v=SV-Pran908cY.

21. Taylor Casti, « Everything You Need to Know about Twitter », Mashable, 20 septembre 2013.

22. Zuckerberg, cité dans Ray Hafner et Derek Franzese, *Now Entering. A Millennial Generation*, 2008.

CHAPITRE 3

1. Contrat de divorce de Sheryl K. Sandberg et Brian D. Kraff, Florida Circuit Court, Dade County, classé le 25 août 1995.

2. Sandberg, interview par Reid Hoffman, « Masters of Scale », podcast, 6 octobre 2017.

3. *Ibid.*

4. Peter Holley, « Dave Goldberg, Husband of Facebook Exec Sheryl Sandberg, Dies Overnight, Family Says », *The Washington Post*, 2 mai 2015.

5. Brad Stone et Miguel Helft, « Facebook Hires a Google Executive as No. 2 », *The New York Times*, 5 mars 2008.

6. Patricia Sellers, « The New Valley Girls », *Fortune*, 13 octobre 2008.

7. Kara Swisher, « (Almost) New Facebook COO Sheryl Sandberg Speaks ! », AllThingsD, 10 mars 2008.

8. FTC, « FTC Staff Proposes Online Behavioral Advertising Principles », dossier de presse, 20 décembre 2007.

9. Henry Blodget, « The Maturation of the Billionaire Boy-Man », *New York*, 4 mai 2012.

10. Vauhini Vara, « Facebook CEO Seeks Help as Site Grows », *The Wall Street Journal*, 5 mars 2018.

11. Andrew Bosworth, post Facebook, 1er décembre 2007.

12. Katherine Losse, *The Boy Kings*, New York, Simon and Schuster, 2012, p. 24.

13. Bianca Bosker, « Mark Zuckerberg Introduced Sheryl Sandberg to Facebook Staff by Saying They Should All "Have a Crush on" Her », Huffington Post, 26 juin 2012, https://www.huffpost.com/entry/mark-zuckerberg-sheryl-sandberg-facebook-staff-crush_n_1627641.

14. David Kirkpatrick, *The Facebook Effect*, New York, Simon and Schuster, 2010, p. 257, et interviews.

15. Janet Guyon, « The Cookie that Ate the World », Techonomy, 3 décembre 2018.

16. Katharine Q. Seelye, « Microsoft to Provide and Sell Ads on Facebook, the Web Site », *The New York Times*, 23 août 2006.

17. Francesca Donner, « The World's Most Powerful Women », *Forbes*, 19 août 2009.

18. Josh Constine, « How the Cult of Zuck Will Survive Sheryl's IPO », TechCrunch, 1er mars 2012.

19. Jessica Guynn, « Facebook's Sheryl Sandberg Has a Talent for Making Friends », *Los Angeles Times*, 1er avril 2012.

20. *Ibid.*

21. Louise Story et Brad Stone, « Facebook Retreats on Online Tracking », *The New York Times*, 30 novembre 2007.

22. *Ibid.*

23. John Paczkowski, « Epicurious Has Added a Potential Privacy Violation to Your Facebook Profile ! », AllThingsD, 3 décembre 2007.

24. Mark Zuckerberg, « Announcement : Facebook Users Can Now Opt-Out of Beacon Feature », article du blog de Facebook, 6 décembre 2007.

25. Donner, « The World's Most Powerful Women », art. cit.

26. Sandberg, panel « Welcome to the Cloud », conférence Dreamforce 2008, San Francisco, FD (Fair Disclosure) Wire, 3 novembre 2008.

27. Shoshana Zuboff, « You Are Now Remotely Controlled », *The New York Times*, 24 janvier 2020.

28. Julie Bort, « Eric Schmidt's Privacy Policy is One Scary Philosophy », Network World, 11 décembre 2009.

29. Leena Rao, « Twitter Added 30 Million Users in the Past Two Months », TechCrunch, 31 octobre 2010.

30. Bobbie Johnson, « Facebook Privacy Change Angers Campaigners », *The Guardian*, 10 décembre 2009.

31. Jason Kincaid, « The Facebook Privacy Fiasco Begins », TechCrunch, 9 décembre 2009.

32. Cecilia Kang, « Update : Questions about Facebook Default for New Privacy Rules », *The Washington Post*, 9 décembre 2009.

33. Ryan Singel, « Facebook Privacy Changes Break the Law, Privacy Groups Tell FTC », *Wired*, 17 décembre 2009.

34. Bobbie Johnson, « Privacy No Longer a Social Norm, Says Facebook Founder », *The Guardian*, 11 janvier 2010.

35. *In the Matter of Facebook, Inc.*, plainte déposée par EPIC à la FTC le 17 décembre 2009, https://epic.org/privacy/inrefacebook/EPIC-Facebook Complaint.pdf.

CHAPITRE 4

1. Michael Nuñez, « Mark Zuckerberg Asks Racist Facebook Employees to Stop Crossing out Black Lives Matter Slogans », Gizmodo, 25 février 2016.

2. *Ibid.*

3. *Ibid.*

4. Michael Nuñez, « Former Facebook Workers : We Routinely Suppressed Conservative News », Gizmodo, 9 mai 2016.

5. John Herrman et Mike Isaac, « Conservatives Accuse Facebook of Political Bias », *The New York Times*, 9 mai 2016.

6. Zachary Warmbrodt, Ben White et Tony Romm, « Liberals Wary as Facebook's Sandberg Eyed for Treasury », Politico, 23 octobre 2016.

7. Mike Isaac et Nick Corasaniti, « For Facebook and Conservatives, a Collegial Meeting in Silicon Valley », *The New York Times*, 18 mai 2016.

8. Brianna Gurciullo, « Glenn Beck on Facebook Meeting : "It Was Like Affirmative Action for Conservatives" », Politico, 19 mai 2016.

9. Daniel Arkin, « Boston Marathon Bombing Victim Sues Glenn Beck for Defamation », site Internet de NBC News, 1er avril 2014.

10. Ryan Mac, Charlie Warzel et Alex Kantrowitz, « Growth at Any Cost : Top

Facebook Executive Defended Data Collection in 2016 Memo – and Warned that Facebook Could Get People Killed », BuzzFeed News, 29 mars 2018.

11. Facebook, « Facebook Names Sheryl Sandberg to Its Board of Directors », communiqué de presse, 25 juin 2012.

12. Miguel Helft, « Sheryl Sandberg : The Real Story », *Fortune*, 10 octobre 2013.

13. Keith Collins et Larry Buchanan, « How Facebook Lets Brands and Politicians Target You », *The New York Times*, 11 avril 2018.

14. David Cohen, « Facebook Officially Launches Lookalike Audiences », *Adweek*, 19 mars 2013.

15. « Facebook Executive Answers Reader Questions », blog « Bits » du *The New York Times*, 11 mai 2010.

16. Sarah Perez, « More Cyberbullying on Facebook, Social Sites than Rest of the Web », *The New York Times*, 10 mai 2010.

17. « CR Survey : 7.5 Million Facebook Users are Under the Age of 13, Violating the Site's Terms », *Consumer Reports*, mai 2011.

18. Lisa Belkin, « Censoring Breastfeeding on Facebook », blog « Motherlode » du *New York Times*, 19 décembre 2008.

CHAPITRE 5

1. Équipe éditoriale, « CrowdStrike's Work with the Democratic National Committee : Setting the Record Straight », CrowdStrike, 5 juin 2020.

2. ThreatConnect Research Team, « Does a BEAR Leak in the Woods ? », ThreatConnect, 12 août 2016. Secureworks Counter Threat Unit, « Threat Group 4 127 Targets Hillary Clinton Presidential Campaign », Secureworks, 16 juin 2016.

3. Motez Bishara, « Russian Doping : "An Unprecedented Attack on the Integrity of Sport & the Olympic Games" », site Internet de CNN, 18 juillet 2016.

4. Jonathan Martin et Alan Rappeport, « Debbie Wasserman Schultz to Resign DNC Post », *The New York Times*, 24 juillet 2016.

5. Scott Detrow, « What's in the Latest WikiLeaks Dump of Clinton Campaign Emails », NPR, 12 octobre 2016.

6. Arik Hesseldahl, « Yahoo to Name TrustyCon Founder Alex Stamos as Next Chief Information Security Officer », Vox, 28 février 2014.

7. Joseph Menn, « Yahoo Scanned Customer Emails for US Intelligence », Reuters, 4 octobre 2016.

8. Michael S. Schmidt, « Trump Invited the Russians to Hack Clinton. Were They Listening ? », *The New York Times*, 13 juillet 2018.

9. Ian Bogost et Alexis C. Madrigal, « How Facebook Works for Trump », *The Atlantic*, 17 avril 2020.

10. Davey Alba, « How Duterte Used Facebook to Fuel the Philippine Drug War », BuzzFeed News, 4 septembre 2018.

11. Ben Chapman, « George Soros Documents Published "by Russian Hackers" say US Security Services », *The Independent*, 15 août 2016.

12. Jennifer Ablan, « Russia Bans George Soros Foundation as State Security "Threat" », Reuters, 3 novembre 2015.

CHAPITRE 6

1. Robert Costa, « Former Carson Campaign Manager Barry Bennett is Quietly Advising Trump's Top Aides », *The Washington Post*, 22 janvier 2016.

2. Kerry Sanders et Jon Schuppe, « Authorities Drop Battery Charges against Trump Campaign Manager Corey Lewandowski », site Internet de NBC News, 14 avril 2016.

3. Adrienne Jane Burke, « Facebook Influenced Election ? Crazy Idea, Says Zuckerberg », Techonomy, 11 novembre 2016.

CHAPITRE 7

1. Salvador Rizzo, « Did the FBI Warn the Trump Campaign about Russia ? », *The Washington Post*, 20 septembre 2019.

2. Kate Losse, « I Was Zuckerberg's Speechwriter. "Companies over Countries" Was His Early Motto », Vox, 11 avril 2018.

3. Kyle Cheney et Elana Schor, « Schiff Seeks to Make Russia-linked Facebook Ads Public », Politico, 2 octobre 2017.

CHAPITRE 8

1. Matthew Rosenberg, Nicholas Confessore et Carole Cadwalladr, « How Trump Consultants Exploited the Facebook Data of Millions », *The New York Times*, 17 mars 2018.

2. Carole Cadwalladr et Emma Graham-Harrison, « Revealed : 50 Million Facebook Profiles Harvested for Cambridge Analytica in Major Data Breach », *The Guardian*, 17 mars 2018.

3. Rosenberg, Confessore et Cadwalladr, « How Trump Consultants Exploited the Facebook Data of Millions », art. cit.

4. Vidéo de C-SPAN : https://www.c-span.org/video/?443543-1/facebook-ceo-mark-zuckerberg-testifies-data-protection.

5. *State of New York et al. v. Facebook.*

6. Paul Lewis, « "Utterly Horrifying" : Ex-Facebook Insider Says Covert Data Harvesting Was Routine », *The Guardian*, 20 mars 2018.

7. CPO Team, « Inside the Facebook Cambridge Analytica Data Scandal », CPO Magazine, 22 avril 2018.

8. Cecilia Kang et Sheera Frenkel, « Facebook Says Cambridge Analytica Harvested Data of Up to 87 Million Users », *The New York Times*, 4 avril 2018.

9. Brooke Seipel et Ali Breland, « Senate Judiciary Dem Calls on Zuckerberg to Testify before Committee », The Hill, 17 mars 2018.

10. Reuters staff, « Republican Senator Joins Call for Facebook CEO to Testify about Data Use », Reuters, 19 mars 2018.

11. Cher, « 2day I did something very hard 4me », tweet posté le 20 mars 2018.

12. Casey Newton, « Facebook Will Hold an Emergency Meeting to Let Employees Ask Questions about Cambridge Analytica », The Verge, 20 mars 2018.

13. Cecilia Kang, « Facebook Faces Growing Pressure over Data and Privacy Inquiries », *The New York Times*, 20 mars 2018.

14. FTC, « Facebook Settles FTC Charges that it Deceived Consumers by Failing to Keep Privacy Promises », dossier de presse, 29 novembre 2011.

15. Mark Scott, « Cambridge Analytica Helped "Cheat" Brexit Vote and US Election, Claims Whistleblower », Politico, 27 mars 2018.

16. « Pursuing Forensic Audits to Investigate Cambridge Analytica Claims », NewsroomPost, 19 mars 2018.

17. Harry Davies, « Ted Cruz Using Firm that Harvested Data on Millions of Unwitting Facebook Users », *The Guardian*, 11 décembre 2015.

18. « Salesforce CEO Marc Benioff : There Will Have to Be More Regulation on Tech from the Government », vidéo publiée sur CNBC, 23 janvier 2018.

19. « Remarks Delivered at the World Economic Forum », site Internet de George Soros, 25 janvier 2018.

20. « Organizer of "Revolution 2.0" Wants to Meet Mark Zuckerberg », site Internet de NBC Bay Area, 11 février 2011.

21. « Sheryl Sandberg Pushes Women to "Lean In" », « 60 Minutes », CBS, 10 mars 2013, la vidéo est disponible sur YouTube.

22. Maureen Dowd, « Pompom Girl for Feminism », *The New York Times*, 24 février 2013.

23. Jack Turman, « Lawmakers Call on Facebook to Testify on Cambridge Analytica Misuse », CBS News online, 21 mars 2018.

24. Julia Angwin et Terry Parris Jr., « Facebook Lets Advertisers Exclude Users by Race », ProPublica, 28 octobre 2016.

25. Natasha Singer, « What You Don't Know about How Facebook Uses Your Data », *The New York Times*, 11 avril 2018.

26. Sandy Parakilas, « Opinion : I Worked at Facebook. I Know How Cambridge Analytica Could Have Happened », *The Washington Post*, 20 mars 2018.

27. https://www.opensecrets.org/federal-lobbying/clients/lobbyists?cycle=2018&id=D000033563.

28. Emily Stewart, « Lawmakers Seem Confused about What Facebook Does – and How to Fix It », Vox, 10 avril 2018.

29. Laura Bradley, « Was Mark Zuckerberg's Senate Hearing the "Worst Punishment of All?" », *Vanity Fair*, 11 avril 2018.

30. Zach Wichter, « 2 Days, 10 Hours, 600 Questions : What Happened When Mark Zuckerberg Went to Washington », *The New York Times*, 12 avril 2018.

31. Natasha Bach, « Mark Zuckerberg's Net Worth Skyrocketed $3 Billion during His Senate Testimony and Could Rise Again Today », *Fortune*, 11 avril 2018.

CHAPITRE 9

1. Tom Miles, « UN Investigators Cite Facebook Role in Myanmar Crisis », Reuters, 12 mars 2018.

2. *Open Hearing on Foreign Influence Operations' Use of Social Media Platforms (Company Witnesses) : Hearing before the US Senate Select Committee on Intelligence*, 5 septembre 2018. Vidéo sur le site : https://www.intelligence.senate.gov/.

3. Michael Tan, « Tech Makes Inroads in Myanmar », CNET, 6 juillet 2014.

4. Shashank Bengali, « Monk Dubbed "Buddhist Bin Laden" Targets Myanmar's Persecuted Muslims », *The Los Angeles Times*, 24 mai 2015.

5. Mark Zuckerberg, « Is Connectivity a Human Right », article du blog de Facebook, 21 août 2013.

6. Jane Perlez, « A Chat in Chinese with Mark Zuckerberg, as Tech Giants Jostle for Face Time », *The New York Times*, 24 septembre 2015.

7. Lev Grossman, « Inside Facebook's Plan to Wire the World », *Time*, 15 décembre 2014.

8. Tim Hume, « Curfew Imposed after Deadly Clashes between Buddhists, Muslims in Myanmar », site Internet de CNN, 6 juillet 2014.

9. David Goldman, « Facebook Treats You Like a Lab Rat », site Internet de CNN, 30 juin 2014.

10. Anisha Yu et Sami Tas, « Taking Into Account Time Spent on Stories », article du blog de Facebook, 12 juin 2015.

11. Paul Mozur, « A Genocide Incited on Facebook, With Posts from Myanmar's Military », *The New York Times*, 15 octobre 2018.

12. https://iimm.un.org/.

CHAPITRE 10

1. Josh Constine, « Facebook Changes Mission Statement to "Bring the World Closer Together" », TechCrunch, 22 juin 2017.

2. Ben Horowitz, « Peacetime CEO/Wartime CEO », billet de blog sur le site Internet de a16z, 14 avril 2011.

3. Ben Horowitz, « Ben Horowitz on the Lessons He Learned from Intel's Andy Grove », 22 mars 2016, l'interview par Bloomberg est sur YouTube.

4. Kurt Wagner, « Facebook Is Making its Biggest Executive Shuffle in Company History », Vox, 8 mai 2018.

5. Elizabeth Dwoskin, « WhatsApp Founder Plans to Leave after Broad Clashes with Parent Facebook », *The Washington Post*, 30 avril 2018.

6. *State of New York et al. v. Facebook.*

7. Sarah Frier, « Instagram Founders Depart Facebook after Clashes with Zuckerberg », Bloomberg, 24 septembre 2018.

8. *State of New York et al. v. Facebook.*

9. Mike Isaac, « Rifts Break Open at Facebook over Kavanaugh Hearing », *The New York Times*, 4 octobre 2018.

10. Maxine Williams, « Facebook 2018 Diversity Report : Reflecting on Our Journey », article du blog de Facebook, 12 juillet 2018.

11. Dan Nosowitz, « Mark Zuckerberg Gives Awkward, Sweaty Interview at D8 : Touches on Privacy and Scandal », Fast Company, 3 juin 2010.

12. Hadley Freeman, « Sandy Hook Father Leonard Pozner on Death Threats : "I Never Imagined I'd Have to Fight for My Child's Legacy" », *The Guardian*, 2 mai 2017.

13. Kara Swisher, « Facebook CEO Mark Zuckerberg on Recode Decode », 18 juillet 2018, le podcast de l'interview et sa transcription sont disponibles sur le site Internet de Vox.

14. Kara Swisher, « Mark Zuckerberg Clarifies : "I Personally Find Holocaust

Denial Deeply Offensive, and I Absolutely Didn't Intend to Defend the Intent of People Who Deny That" », Vox, 18 juillet 2018.

15. Casey Newton, « Facebook Wants a Social Media Supreme Court So It Can Avoid Hard Questions », The Verge, 3 avril 2018.

16. « Removing Bad Actors on Facebook », article du blog de Facebook, 31 juillet 2018.

17. Sheera Frenkel et Nicholas Fandos, « Facebook Identifies New Influence Operations Spanning Globe », *The New York Times*, 21 août 2018.

18. Frenkel, Confessore, Kang, Rosenberg et Nicas, « Delay, Deny and Deflect », art. cit.

CHAPITRE 11

1. Chris Hughes, « Opinion : It's Time to Break up Facebook », *The New York Times*, 9 mai 2019.

2. L'interview de Zuckerberg du 10 mai 2019 par Laurent Delahousse pour France 2 est disponible sur le site francetvinfo.

3. *Ibid.*

4. Lauren Feiner, « Facebook Says the FTC Privacy Inquiry Could Cost as Much as $5 Billion », site Internet de CNBC, 24 avril 2019.

5. Mike Isaac, « Zuckerberg Plans to Integrate WhatsApp, Instagram and Facebook Messenger », *The New York Times*, 25 janvier 2019.

6. Mark Zuckerberg, « A Privacy-Focused Vision for Social Networking », article du blog de Facebook, 6 mars 2019.

7. M. Isaac, « Zuckerberg Plans to Integrate WhatsApp, Instagram and Facebook Messenger », art. cit.

8. US House Subcommittee on Antitrust, Commercial and Administrative Law of the Committee of the Judiciary, *Investigation of Competition in Digital Markets*, 6 octobre 2020, p. 136.

9. Mike Isaac, « When Zuckerberg Asserted Control, Instagram's Founders Chafed », *The New York Times*, 25 septembre 2018.

10. Sarah Frier, *No Filter. The Inside Story of Instagram*, New York, Simon and Schuster, 2020, p. 226-228.

11. Vindu Goel et Sydney Ember, « Instagram to Open Its Photo Feed to Ads », *The New York Times*, 2 juin 2015.

12. Emily McCormick, « Instagram Is Estimated to Be Worth More than $100 Billion », Bloomberg, 25 juin 2018.

13. Sarah Frier, « Zuckerberg's Jealousy Held Back Instagram and Drove off Founders : An Excerpt from *No Filter* », Bloomberg, 7 avril 2020.

14. Parmy Olson, « WhatsApp Cofounder Brian Acton Gives the Inside Story on #DeleteFacebook and Why He Left $850 Million Behind », *Forbes*, 26 septembre 2018.

15. Isobel Asher Hamilton, « Emails Show Mark Zuckerberg Personally Approved Facebook's Decision to Cut off Vine's Access to Data », Business Insider, 5 décembre 2018.

CHAPITRE 12

1. Emily Birnbaum, « Facebook COO Sheryl Sandberg Meets with Senators on Privacy », The Hill, 7 mai 2019.

2. Nancy Pelosi, post Facebook, 22 juillet 2015.

3. Drew Harwell, « Faked Pelosi Videos, Slowed to Make Her Appear Drunk, Spread across Social Media », *The Washington Post*, 23 mai 2019.

4. Ed Mazza, « WHOOPS : Giuliani Busted with Doctored Pelosi Video as He Tweets about Integrity », Huffington Post, 23 mai 2019.

5. Sarah Mervosh, « Distorted Videos of Nancy Pelosi Spread on Facebook and Twitter, Helped by Trump », *The New York Times*, 24 mai 2019.

6. « Speaker Pelosi at CAP Ideas Conference », la vidéo du 22 mai 2019 est disponible sur le site de C-SPAN.

7. Brian Fung, « Why It Took Facebook So Long to Act against the Doctored Pelosi Video », site Internet de CNN, 25 mai 2019.

8. David Cicilline, « Hey @facebook, you are screwing up », tweet posté le 24 mai 2019.

9. Brian Schatz, « Facebook is very responsive to my office when I want to talk about federal legislation », tweet posté le 24 mai 2019.

10. Ryan Browne, « New Zealand and France Unveil Plans to Tackle Online Extremism without the US on Board », site Internet de CNBC, 15 mai 2019.

11. « Sheryl Sandberg Talks Diversity and Privacy at Cannes Lions », 19 juin 2019, la vidéo est disponible sur Facebook.

12. Nick Clegg, « Breaking up Facebook Is Not the Answer », *The New York Times*, 11 mai 2019.

13. Ryan Mac, « Mark Zuckerberg Tried Hard to Get Facebook into China. Now the Company May be Backing Away », BuzzFeed News, 6 mars 2019.

14. Cecilia Kang, David Streitfeld et Annie Karni, « Antitrust Troubles Snowball for Tech Giants as Lawmakers Join In », *The New York Times*, 3 juin 2019.

15. John D. McKinnon, « States Prepare to Launch Investigations into Tech Giants », *The Wall Street Journal*, 7 juin 2019.

16. Cecilia Kang, « House Opens Tech Antitrust Inquiry with Look at Threat to News Media », *The New York Times*, 11 juin 2019.

17. Casey Newton, « All Hands on Deck », The Verge, 1er octobre 2019.

CHAPITRE 13

1. Chip Somodevilla, « President Donald Trump Welcomes NATO Secretary General Jens Stoltenberg to the White House », www.getty.images.com, News Collection #1139968795.

2. Maya Kosoff, « Trump Slams Zuckerberg : "Facebook Was Always Anti-Trump" », *Vanity Fair*, 27 septembre 2017.

3. Natasha Bertrand et Daniel Lippman, « Inside Mark Zuckerberg's Private Meetings with Conservative Pundits », Politico, 14 octobre 2019.

4. Don Alexander Hawkins, « Welcome to Rosslyn, Team Trump. Here's All You Need to Know », Politico, 16 décembre 2018.

5. Grace Manthey, « Presidential Campaigns Set New Records for Social Media Ad Spending », ABC7 News online, 29 octobre 2020.

6. Bryan Clark, « Facebook Confirms : Donald Trumped Hillary on the Social Network during 2016 Election », TNW, 4 avril 2018.

7. Jeff Amy, « Advocates Fault Facebook over Misleading Posts by Politicos », Associated Press, 26 septembre 2019.

8. « Facebook's Civil Rights Audit Progress Report », 30 juin 2019. Le PDF est disponible sur le site Internet de Facebook, about.fb.com.

9. Nick Clegg, « Facebook, Elections and Political Speech », article du blog de Facebook, 24 septembre 2019.

10. A.R. Shaw, « Facebook's Sheryl Sandberg Confronts Race, Diversity at "Civil Rights x Tech" », Rolling Out, 4 octobre 2019.

11. Sherrilyn Ifill, « Opinion : Mark Zuckerberg Doesn't Know His Civil Rights History », *The Washington Post*, 7 octobre 2019.

12. « Read the Letter Facebook Employees Sent to Mark Zuckerberg about Political Ads », *The New York Times*, 28 octobre 2019.

13. Ben Smith, « What's Facebook's Deal with Donald Trump ? », *The New York Times*, 21 juin 2020.

14. Andrea Germanos, « Poll Shows Facebook Popularity Tanking. And People Don't Like Zuckerberg Much Either », Common Dreams, 30 mars 2018.

15. Mary Meisenzahl et Julie Bort, « From Wearing a Tie Every Day to Killing His Own Meat, Facebook CEO Mark Zuckerberg Has Used New Year's Resolution to Improve Himself Each Year », Business Insider, 9 janvier 2020.

16. Mark Zuckerberg, post Facebook, 4 janvier 2018.

CHAPITRE 14

1. « WHO/Coronavirus International Emergency », 30 janvier 2020, la vidéo est disponible sur le site Internet de UNifeed.

2. Yael Halon, « Zuckerberg Knocks Twitter for Fact-Checking Trump », Fox News online, 27 mai 2020.

3. https://assets.documentcloud.org/documents/6936057/Facebook-Letter.pdf.

4. Kif Leswing, « Top Facebook Exec Who Left this Year Says Political Ads Should Be Fact-checked », CNBC online, 8 novembre 2019.

5. « Fireside Chat with Chris Cox, Former CPO of Facebook », 16 juillet 2019, la vidéo est disponible sur YouTube.

6. Kim Lyons, « Coca-Cola, Microsoft, Starbucks, Target, Unilever, Verizon : All the Companies Pulling Ads from Facebook », The Verge, 1er juillet 2020.

7. Ryan Mac et Craig Silverman, « How Facebook Failed Kenosha », BuzzFeed News, 3 septembre 2020.

8. *Ibid.*

9. Kevin Roose, « Trump's Covid-19 Scare Propels Him to Record Facebook Engagement », *The New York Times*, 8 octobre 2020.

10. Reuters, « An Interview with Facebook's Sheryl Sandberg », 11 janvier 2021, la vidéo est disponible sur YouTube.

11. Jeff Horwitz, « Facebook Knew Calls for Violence Plagued "Groups", Now Plans Overhaul », *The Wall Street Journal*, 31 janvier 2021.

ÉPILOGUE

1. Elizabeth Warren, « Facebook Is Again Making Performative Changes to Try to Avoid Blame for Misinformation in its platform », post Facebook, 7 octobre 2020.

2. Jeff Horwitz, « Facebook Says Government Breakup of Instagram,

WhatsApp Would Be "Complete Nonstarter" », *The Wall Street Journal*, 4 octobre 2021.

3. « FB Q4 2020 Earnings Call Transcript », 28 janvier 2021, site Internet de Motley Fool.

4. Diem, « Announcing the Name Diem », le communiqué de presse datant du 1er décembre 2020 est disponible sur Diem.com.

Composition : IGS-CP
Impression : CPI Bussière en septembre 2021
Éditions Albin Michel
22, rue Huyghens, 75014 Paris
www.albin-michel.fr
ISBN : 978-2-226-45170-5
N° d'édition : 24048/01 – N° d'impression : 2057210
Dépôt légal : octobre 2021
Imprimé en France